全国高等教育自学考试指定教材
社区护理学专业（独立本科段）

护理学研究（二）

（2007年版）

（附：护理学研究（二）自学考试大纲）

全国高等教育自学考试指导委员会　组编

主　编　刘　宇

编　者　（按姓氏笔画为序）

　　　　王志稳　刘　宇　张俊娥

　　　　陆　虹　侯淑肖　赵　雁

主　审　肖顺贞

参　审　刘华平　康晓平

北京大学医学出版社

图书在版编目（CIP）数据

护理学研究. 2/刘宇主编. —北京：北京大学医学出版社，2007.6（2023.1重印）

全国高等教育自学考试指定教材. 社区护理学专业

ISBN 978-7-81116-107-6

Ⅰ. 护… Ⅱ. 刘… Ⅲ. 护理学—高等教育—自学考试—教材 Ⅳ. R47

中国版本图书馆CIP数据核字（2007）第060781号

护理学研究（二）（2007年版）

主　　编：刘　宇
出版发行：北京大学医学出版社
地　　址：(100191) 北京市海淀区学院路38号　北京大学医学部院内
电　　话：发行部 010-82802230；图书邮购 010-82802495
网　　址：http://www.pumpress.com.cn
E - mail：booksale@bjmu.edu.cn
印　　刷：北京市荣盛彩色印刷有限公司
责任编辑：张立群　　责任校对：杜　悦　　责任印制：罗德刚
开　　本：787 mm×1092 mm　1/16　　印张：11.75　　字数：291千字
版　　次：2007年6月第1版　2023年1月第13次印刷
书　　号：ISBN 978-7-81116-107-6
定　　价：18.50元

版权所有，违者必究

（凡属质量问题请与本社发行部联系退换）

组编前言

21世纪是一个变幻莫测的世纪，是一个催人奋进的时代。科学技术飞速发展，知识更替日新月异。希望、困惑、机遇、挑战，随时随地都有可能出现在每一个社会成员的生活之中。抓住机遇，寻求发展，迎接挑战，适应变化的制胜法宝就是学习——依靠自己学习，终身学习。

作为我国高等教育组成部分的自学考试，其职责就是在高等教育这个水平上倡导自学、鼓励自学，为每一个自学者铺就成才之路。组织编写供读者学习的教材就是履行这个职责的重要环节。毫无疑问，这种教材应当适合自学者增强创新意识、培养实践能力、形成自学能力，也有利于学习者学以致用，解决实际工作中所遇到的问题。具有如此特点的书，我们虽然沿用了"教材"这个概念，但它与那种仅供教师讲、学生听，教师不讲、学生不懂，以"教"为中心的教科书相比，已经在内容安排、形式体例、行文风格等方面都大不相同了。希望读者对此有所了解，以便从一开始就树立起依靠自己学习的坚定信念，不断探索适合自己的学习方法，充分利用已有的知识基础和实际工作经验，最大限度地发挥自己的潜能，达到学习的目标。

祝每一位读者自学成功。

本教材由全国考委医药学类专业委员会遴选作者、安排编写、组织审稿，保证了医学药类自考教材的质量。

欢迎读者提出意见和建议。

全国高等教育自学考试指导委员会
2007年1月

编者的话

随着我国社区卫生服务的不断深入开展，社区护理作为社区卫生领域中的一门重要学科，迫切需要通过大量的研究工作来解决社区护理实践中存在的问题，完善其独特的理论体系，同时通过研究成果的推广与应用来提高社区护理服务质量。

《护理学研究（二）》就是在此背景下产生的，是为全国高等教育自学考试社区护理学专业（独立本科段）考生编写的自学教材。本书力求体现护理学科的专业特点，并与社区护理学专业自考本科生的培养目标保持一致。本教材以实施社区护理研究的基本过程为教材内容的组织框架，全书共由7章组成，详细介绍了在进行社区护理研究过程中应掌握的基本理论、基本知识和基本技能。同时本教材注意反映当前国内外护理学科的发展，着重理论联系实际，在全书中结合社区护理研究实例进行理论的解释，以使得自学考生能在学习理论的同时与自己的实际社区工作相结合。

《护理学研究（二）》作为一门实践性课程，必然需要通过护理科研实践来达到知识的真正掌握。自学考生在学习初期可以先以本教材各知识点的记忆和初步理解为主，依照大纲进行考核内容的反复学习。本教材中有部分章节内容不作为考核内容，但却可为自学考生进行社区护理科研实践时提供进一步的理论指导。在课程实践阶段，自学考生应大胆尝试开展社区护理科研活动，从而将本书中所介绍的理论与方法能运用于实践工作中。

本书为自学考试社区护理学专业的教学用书，也可为广大社区和临床护理工作者在进行科研活动时提供参考。限于水平，疏漏和不当之处难免，敬请广大读者指正，不胜感激！

刘 宇

2007年1月

目　录

护理学研究（二）

第一章　绪论 …………………………………………………………………………（1）
　　第一节　概述 ……………………………………………………………………（1）
　　第二节　护理科研中的伦理原则 ………………………………………………（5）
第二章　社区护理研究的基本程序 …………………………………………………（11）
　　第一节　研究工作的准备 ………………………………………………………（11）
　　第二节　研究资料的收集 ………………………………………………………（19）
　　第三节　研究资料的整理与分析 ………………………………………………（20）
　　第四节　研究结果的总结与应用 ………………………………………………（24）
第三章　文献的查询与利用 …………………………………………………………（26）
　　第一节　基本概念 ………………………………………………………………（26）
　　第二节　医学文献检索工具及数据库 …………………………………………（31）
　　第三节　提高查阅文献效率的方法 ……………………………………………（43）
第四章　社区护理研究中科研设计的内容与方法 …………………………………（48）
　　第一节　量性研究和质性研究 …………………………………………………（48）
　　第二节　实验性研究、类实验性研究和非实验性研究 ………………………（51）
　　第三节　抽样方法 ………………………………………………………………（59）
　　第四节　社区护理研究中的偏倚与控制 ………………………………………（63）
第五章　社区护理研究中常用的资料收集方法 ……………………………………（69）
　　第一节　问卷调查法 ……………………………………………………………（69）
　　第二节　访谈法 …………………………………………………………………（75）
　　第三节　观察法 …………………………………………………………………（77）
　　第四节　测量法与档案记录法 …………………………………………………（81）
　　第五节　研究工具性能的测定 …………………………………………………（82）
第六章　社区护理研究中常用的统计学方法 ………………………………………（88）
　　第一节　概述 ……………………………………………………………………（88）

第二节　计量资料常用的统计学分析方法 ……………………………………(91)
　　第三节　计数资料常用的统计学分析方法 ……………………………………(97)
　　第四节　等级资料常用的统计学分析方法 ……………………………………(102)
　　第五节　相关分析 ………………………………………………………………(105)
　　第六节　统计表和统计图 ………………………………………………………(107)
　　附　SPSS统计软件在社区护理研究中的应用 ………………………………(112)
第七章　社区护理研究论文的撰写 …………………………………………………(134)
　　第一节　护理科研论文的书写方法 ……………………………………………(134)
　　第二节　护理经验（体会）论文和个案研究论文的书写方法 ………………(142)
　　第三节　护理综述论文的书写方法 ……………………………………………(149)
附录1　随机数字表 ……………………………………………………………………(156)
附录2　t 界值表 ………………………………………………………………………(157)
附录3　χ^2 界值表 ……………………………………………………………………(158)
附录4　T 界值表（两样本比较的秩和检验用）……………………………………(159)
附录5　问卷示例 ………………………………………………………………………(160)
主要参考文献 …………………………………………………………………………(161)
后　记 …………………………………………………………………………………(162)

附　护理学研究（二）自学考试大纲

课程自学考试大纲出版前言 …………………………………………………………(165)
目　录 …………………………………………………………………………………(166)
Ⅰ　课程性质与设置目的 ……………………………………………………………(167)
Ⅱ　课程内容与考核目标 ……………………………………………………………(168)
Ⅲ　有关说明与实施要求 ……………………………………………………………(176)
附录　试题类型举例 …………………………………………………………………(178)
后　记 …………………………………………………………………………………(180)

第一章 绪 论

护理学是科学性很强的一个专业，它作为医学领域中一门独立的学科，需要通过大量的研究工作及研究成果的推广与应用来促进学科的发展，完善其独特的理论体系。运用科学的方法，进行相应的科学研究，将使得护理人员更好地解决护理中存在的问题，进一步提高护理质量。同时，通过护理研究可以使得护理学科与其他学科的发展相并行，从而保持护理学的独立性和科学性的特征。

第一节 概 述

一、护理研究的基本概念

科学（science）是由拉丁文 Scare 而来，意指"探讨自然现象和其间关系的知识体系"。实际上，科学就是反映自然、社会、思维等客观规律的知识体系。而科学研究则是一种有系统地探索和解决问题的活动，研究过程就是对未知事物的认识过程。所以说，科研工作具有探索性、创造性和连续性，通过科研工作可以描述事物的现状，发现事物的内在联系和本质规律，引出定律或者产生理论。通过科研工作，也可以进一步在实践中验证理论，进而阐明实践与理论间的关系。

护理研究采用了与其他学科相类似的研究方法，它的研究范围涉及与护士及护理工作相关的一系列问题和现象，目的是构建护理学科的知识体系以指导护理实践。开展护理研究的过程就是从护理工作实践中发现需要解决的护理问题，然后通过系统的方法研究和评价护理问题，得出结果再用以指导护理实践的过程。

因此，护理研究就是运用科学的方法反复探索护理领域中的问题，并用以直接或者间接地指导护理实践的过程。

通过不断进行科学而系统的护理研究，可以发展护理专业知识，促进护理学科向专业化发展，为护理人员提供有效护理的依据，从而促进护理质量的提高。同时，开展护理研究可以促进护士的专业成长和素质的提高，从而最终向社会呈现护理专业的价值，体现护理专业对人类健康所做出的贡献。

二、护理研究的发展概况

（一）国外护理研究的发展概况

国外护理科研的发展经历了一个长期的过程。世界上最早从事护理研究的学者就是南丁格尔女士（1820～1910），世界上第一篇护理研究报告就是她所写的有关医院内感染控制方面的文章。研究资料与数据来自她在参加克里米亚战争时所观察和记录的资料。南丁格尔女士在她的《护理札记》（Notes on Nursing）中描述了她最初的研究活动，着重描述了健康的环境对促进患者身心健康的重要性。她把主要通过观察和记录到的现象作为改善护理工作的依据，并确定了环境因素如通风、清洁、温度、水的清洁度和饮食等对患者健康的影响。1860年南丁格尔女士在伦敦圣托马斯医院建立了第一所南丁格尔护士学校，开始有系统地进行护理教育，这对于护理事业的发展起到了重要的推动作用。

护理研究的发展主要是从20世纪初美国护理教育发展、学校内护理教育体制的建立以及护理研究人才的培养开始的。如在1906年M. A. Nutting发表了一份护理教育调查报告，此后相继有许多医学专家和护理学者开展了护理方面的研究工作，取得了很大的成绩。美国在护理研究方面居于较领先的地位，因此，下面以美国为例，介绍一下护理研究的发展历程。

1. 20世纪初期到40年代　有关护理方面的研究活动很有限，但是有关护理教育方面的若干研究却得到了开展，研究结果促使越来越多的护士学校建立在大学的教育环境中。20世纪40年代，护理研究的焦点是如何组织和提供护理服务。这些研究包括护理人员的种类和数量、排班方式、患者分类系统、患者和工作人员的满意度、护患关系、病区的安排等。如1948年E. L. Brown发表了论文《护理的未来》（Nursing for the Future）和《护理专业的程序》（A Program for the Nursing Profession）。不同护理种类的护理效果，如综合性护理、家庭护理的效果也被通过研究进行了评价。

2. 20世纪50年代和60年代　1950年后是护理研究的快速发展期。如1952年美国《护理研究》（Nursing Research）杂志创刊，这是一本以刊登护理研究论文为主的专业杂志，促进了护理科研成果的发表。美国护士学会（ANA）于1950年开始了一项为期5年的有关护理功能和护理活动的研究。该研究让2万名护士讲述他们的护理工作经历。基于这项研究的结果，ANA于1959年形成了关于美国专业护士的资格要求、标准并对其功能进行陈述。与此同时，临床护理研究开始向一些专业方向延伸，例如社区健康、儿科护理、内外科护理、精神科护理、产科护理，并形成了相应的护理标准或护理常规。这些由ANA和各专业组织所做的研究为制定指导专业护理实践的标准奠定了基础。在这一时期，教育方面的研究确定了为培养合格的注册护士所需要的最有效的教育准备，包括护理教育的层次和相应的学习年限。同时，在大学的护理系和护理硕士课程班均开设了护理研究方法的课程。在1953年，美国哥伦比亚大学师范学院首先开办了"护理教育研究所"。20世纪60年代，临床研究数量增长，且集中在护理质量和形成护理标准以测量患者结局等方面。对有关护理措施的效果、排班方式和护理的经济有效性的调查研究也得到了进一步的开展。

3. 20世纪70年代　70年代护理研究成果最多，同时出现了更多的护理杂志，如《护理科学进展》（Advance in Nursing Science）、《西部护理研究杂志》（Western Journal of Nursing Research）等。护理程序成为当时许多研究的焦点，同时伴有对护理评估技术和一些特定护理措施的调查研究。在此时期，护理教育方面的研究大多数是关注于对教学方法的评价和对学生的学习经历方面的研究。在临床实践方面，责任制护理及其运行方式和结果是临床研究中的一个热点问题。20世纪60年代末和70年代，护理学者们开始发展用于指导护理实践的护理概念和理论。这些护理理论家的工作成果为进一步的护理研究提供了方向。在此时期，护理专业中的博士教育项目的数量和具有博士学位的护士数量得到了较快的增长，具有博士学位的护士们在做护理研究方面投入了更多的精力，并增加了护理研究的复杂性。可以说，美国护理的发展和领先与重视护理科研和高等教育是分不开的。

4. 20世纪80年代和90年代　临床护理研究是这一时期的研究重点，特别是在此时期出现的结局研究（outcome research）成为了一种记录健康保健服务的有效性的重要方法。在护理教育方面，很多护士获得了硕士和博士学位。美国护士学会通过研究确认了具有不同教育程度的护士在护理研究中的参与程度，并指出在所有教育层次上的护士都在护理研究中有其相应的角色。具有大专水平的护士可以在确认研究问题和资料收集方面提供帮助，并在高层次护士的指导下使用研究结果；具有本科水平的护士要在实践中使用研究结果，具有评判研究结果在实践中的实用性的能力；具有硕士水平的护士要在研究项目中相互合作，具有对研究项目提供临床经验和专业指导的能力；具有博士水平的护士要积极开展护理研究，并争取研究项目的经费支持，通过科学研究发展护理学科知识，为护理理论和护理专业的发展贡献力量。尽管对不同层次的护士其科研工作职责进行了划分，但美国仍支持和鼓励所有层次的护士都从事护理研究。

在1986年，美国国家护理研究中心（National Center for Nursing Research，NCNR）成立，它隶属于美国国家卫生研究院（National Institutes of Health，NIH）。它的成立为护理研究人员的培训、提供护理研究资金、促进护理研究的发展起到了非常重要的作用。

在20世纪90年代，一些有关临床护理研究和临床效果的期刊相继出现，如1992年《临床护理研究》（Clinical Nursing Research）杂志创刊，为促进护理研究与临床实践相结合、深入开展护理研究、以及建立以实证为基础的临床护理实践起到了很大的作用。

（二）国内护理研究的发展概况

我国护理科研工作起步较晚，发展较慢，尚属薄弱环节。自1954年《中华护理杂志》创刊以来，1985年后又陆续增加了《护士进修杂志》、《实用护理杂志》、《护理学杂志》等刊物，到目前为止，我国已发展有近17本护理专业杂志，对促进护理研究论文的发表和交流起到了促进作用。

护理教育水平的提高是培养高素质护理人才和加强护士队伍建设的基础，也是提高我国护理科研水平的必要前提。自1984年我国恢复高等护理教育以来，高等护理教育迅速发展。截至2003年，开办护理本科教育的院校达到132所，护理研究课程已经纳入护理本科生教学计划之中，成为必修课。1992年北京医科大学护理系（现为北京大学护理学院）首先开办了护理硕士学位教育，截至2003年，开办护理研究生教育的院校已达到13所，为国家培养了较高层次的护理科研人才。多年来全国各省市护理学会和杂志社都继续举办了多种形式的护理论文交流和论文写作讲习班，护理人员积极参与，广大护士的科研工作热情和科研意识不断提高。1993年中华护理学会第21届理事会在北京召开首届护理科技进步奖颁奖及成果报告会，并宣布"护理科技进步奖获得标准"及每两年评奖一次的决定，我国的护理研究走上了一个更高的台阶。

1952年中华护理学会开始参加国际学术交流，与前苏联、南斯拉夫等国家和地区进行广泛的护理学术交流活动。1980年以后，国际学术交流日益增多，中华护理学会及各地护理学会多次举办国际学术会议、研讨会等，并与多个国家开展互访交流和互派讲学，提供相互学习、交流、了解和提高的机会。至今为止，我国的护理研究工作已经有了很大的进展，但尚需加快适应现代医学知识迅猛发展的形势，赶上国际护理科研开展的水平。

社区护理在我国开展仅仅十余年，有关社区护理的理论、实践等内容都在不断探索和完善时期。其中，社区护理科研更有待深入开展，期望更多的社区护理人员能够运用科学的方法，开展社区护理科研工作，从而提高社区护理的服务质量，完善社区护理的理论体系。美国在

1984年和1986年分别创立了专门面向社区护理的《社区保健护理杂志》(Journal of Community Health Nursing)和《社区护理杂志》(Journal of Community Nursing),大大地促进了美国社区护理研究的发展。目前我国尚没有一本专为社区护理开办的专科期刊,但可喜的是,目前很多护理专业期刊及有关社区卫生服务的专业期刊(如《中国全科医学》)都开设了相应的社区护理论文交流专栏,这势必对促进社区护理科研的开展起到良好的推动作用。

(三) 护理研究的发展趋势

护理研究可以分为基础性研究和应用性研究,目前大部分护理研究内容着重于应用性研究,但基础性研究也在逐渐得到开展,如通过实验室的动物实验或分子生物学实验来探讨某些护理问题的发生机制以及某些护理措施有效性的作用原理等。总之,凡是与护理工作有关的问题,如促进健康、预防疾病、协助康复和减轻痛苦等方面的问题,都属于护理研究的范畴。在21世纪,健康保健的研究和资助重点将从疾病的治疗扩展到健康促进和疾病预防干预,护士将在探讨和开展有关个体、家庭和社区如何促进健康、预防疾病的有效措施上发挥重要的作用。因此,在未来的发展中,护理研究的领域将不断扩大。

1. 研究范围将越来越广阔　研究者要注意时代的发展、现在和未来的临床护理工作的重点,使研究课题能与客观发展相配合,从而使研究更加有价值。如近年来国际护理界对妇幼卫生、健康教育、中老年病预防保健、长期照顾以及终末护理等方面的相关研究课题非常关注。另外,随着社会的发展、人口老龄化和工作压力增加等问题的出现,使老年人的照顾问题、心理健康问题和护理教育发展等问题逐渐突出,这些都需要护理研究工作的配合,从而推动护理科研的发展和丰富护理工作的内容。

2. 研究规模和方法将不断改进　目前护理研究已从自选的、分散的小型研究趋向于整体性和综合性的研究,如医院内感染控制的研究、护理管理质量评审标准的研究等都属于综合性研究。由横断面的研究趋向于前瞻性的研究,研究时程的延长,将有助于了解护理问题的动态变化过程以及某些护理干预措施的长期效果等。护理研究者还应考虑在实验室研究和动物实验研究等方面多多开展工作,以对护理过程中遇到的一些问题进行其机制方面的探讨。另外,由于护理学是自然科学和社会科学相结合的一门学科,因此护理研究者除了使用自然科学的研究方法如流行病学研究方法、实验室研究方法等之外,还应吸收其他人文社会学科如心理学、社会学的研究方法,以使得某些护理问题的探讨更加深入和具有科学性。

3. 加强多学科、多专业的协作　护理研究人员在护理研究过程中应进一步加强多学科、多专业的协作,如与医生的合作、与化验诊断科室研究人员的合作、与社区工作者的合作等,以使得科研问题的探讨更加深入。同时,在合作过程中,也使得其他专业的研究人员进一步认识护理科研工作的本质和护理专业的学科意义。

三、社区护理研究的内容与特点

近10年来,我国的社区卫生服务得到了广泛而深入的开展。社区护理队伍作为社区卫生服务队伍中的一个重要组成部分,也在积极地发挥其应有的作用。社区卫生服务集预防、医疗、保健、康复、健康教育、计划生育技术指导等六项功能为一身,而社区护理的作用也正是要促进这"六位一体"功能更有效地发挥。在社区护理的发展过程中,尚有很多问题有待进一步探讨和解决,因此就需要社区护理人员具备一定的科研能力,开展一系列的科学研究。由于社区护理自身的特点,使得社区护理研究在研究的对象与场所、研究的内容以及研究的方法上也具有一定的特殊性：

1. 社区护理研究的对象与场所　开展社区护理研究所涉及的研究对象多样，如老年人、妇女、儿童、残疾人、中年人、青少年等。这就需要社区护理研究者有较强的沟通交流能力，能与所服务社区内的各种类型人群进行有效沟通。同时，社区护理研究的对象可以是个体，也可以是群体；可以是家庭，也可以是社区；可以是患者，也可以是健康人。这一特点就要求社区护理研究人员不仅要具备针对个体或者某种疾病的患者进行研究的能力，同时也要具备进行群体研究的知识和技能。

由于社区护理是在社区的环境下开展护理工作，因此社区护理研究的场所也应主要定位于社区、家庭，以及社区中的团体组织、企事业单位等。而临床护理研究则主要集中在医院环境中。这就需要社区护理研究人员要有很强的环境适应性，根据科研开展的特殊环境采用适宜的科研方法，如科研设计的类型及收集资料的方法等都应尽可能适应所处环境的特殊要求。

2. 社区护理研究的内容　社区护理研究的内容除了与临床护理专科的研究内容相似之外，也具有一定的特殊性。根据社区卫生服务的"六位一体"功能，社区护理除了要促进患者康复、减轻患者痛苦之外，还应重点放在预防、保健、健康教育、计划生育技术指导等多方面。这是社区卫生服务的目标所在，也是社区护理研究的重点范畴。因此，社区护理科研人员在选择社区护理研究课题、开展社区护理研究时，一定要紧密结合社区护理的内容与功能，这样才能真正促进社区护理质量的提高。

3. 社区护理研究的方法　开展社区护理研究的方法也与临床护理研究有所不同，除了具备针对个体进行研究的研究方法之外，还应具备进行群体研究的知识与技能，如流行病学的理论、流行病学的某些研究方法如普查、筛查等。在开展研究过程中，社区护理人员一定要重视流行病学资料在社区护理研究中的重要性，应用各自现有的流行病学资料，如人口统计资料（人口普查、户籍登记特殊调查的资料），罹病资料（各种传染病的法定报告、医院的门诊及住院资料、社区居民的罹病资料及医疗保险等资料），有关死亡登记资料等作为社区护理工作的开展基础，指导进一步的科研方向。如某社区的流行病学调查资料显示，该社区人群的心血管疾病的患病率较高，护理人员应根据此结果进一步调查分析该社区病人群自我护理的知识和行为情况，并根据调查结果中所显示的不足之处开展进一步的护理干预，如健康教育、定期入户查体等，以减少疾病并发症的发生，促进人群自我疾病管理能力的提高。

第二节　护理科研中的伦理原则

由于护理研究在很多情况下是以人为研究对象的，社区护理研究中更是如此，因此护理人员在研究中经常会遇到有关人类权利和科研道德等方面的伦理问题。例如，在使用观察法观察研究对象的行为时，由于担心研究结果受到影响而不告知受试者相关信息的行为将会触犯伦理原则；而如果告知的话则有可能产生霍桑效应，影响研究结果的真实性。因此，如何在研究中尊重人的生命、权利和尊严，尤其当科学和伦理产生冲突时，遵循伦理原则指引护理研究就显得尤为重要。

近几十年来，保护人类受试者的权利在科学和医疗卫生保健领域中越来越受到高度的重视。当人（无论是患者还是健康人）成了科学研究的对象时，如何最大地保障被研究者的人权，需要研究者在具体的研究设计中给予足够的重视和详细的描述，并经过医学伦理委员会或被研究对象的代理人对研究方案的仔细审查，以确保被研究者的权利能够得到最大的保护。因此，护理研究者需要认真学习、掌握和运用医学研究中的伦理原则，既要达到以最严谨的研究设计获取新知识的目的，也要在研究过程中严格遵守保护受试者权益的伦理原则。

一、有关人体实验的伦理规范

"人体实验"是指把健康人或患者作为受试对象，用人为的试验手段，有目的、有控制地对受试对象进行研究和观察的行为过程。它是在基础理论研究和动物实验之后、临床应用之前的一个中间环节。国际上著名的有关人体实验的伦理规范主要包括《纽伦堡法典》(Nuremberg Code)和《赫尔辛基宣言》(Declaration of Helsinki)。

(一)《纽伦堡法典》

也称《纽伦堡准则》，是于第二次世界大战后提出的关于人体医学研究行为准则的第一个国际性公约。1947年8月19日，第二次世界大战战犯法庭在德国纽伦堡市判决23名德国被告，其罪名是强迫战俘接受人体实验。随后制定的《纽伦堡法典》要求进行人体实验必须恪守10项基本原则，包括：

1. 以人体为实验对象时，事先征得受试者的自愿同意是绝对必要的。
2. 人体实验必须在绝对必要时才可以进行，研究必须是为了社会的利益。
3. 人体实验必须有充分的理论基础，如动物实验的结果、疾病自然过程的知识或其他研究问题的预测结果等。
4. 人体实验必须避免对受试者造成不必要的生理和心理的痛苦和伤害。
5. 如果有理由认为此实验将带来死亡或残疾，则此人体实验不可做，除非研究者本人也将作为受试者。
6. 实验的危险程度绝对不可超过实验所能解决问题的重要程度。
7. 实验必须有适当的准备和充足的人员、设备，保护受试者现在甚至将来免于受到任何伤害、残障或死亡的可能。
8. 实验必须由合格的科学人员进行。
9. 在整个实验过程中，受试者可在任何时候自由决定退出该研究。
10. 在实验进行中，如果继续实验可能会引起受试者伤害、残疾或死亡时，必须随时终止此研究。

(二)《赫尔辛基宣言》

1964年，在芬兰首都赫尔辛基召开的第18届世界医学大会上，通过了《赫尔辛基宣言：涉及人类受试者医学研究的伦理学原则》。该宣言以更丰富的条款补充和修正了《纽伦堡法典》中较为抽象和简单的伦理原则，进一步规范了人体医学研究的道德行为。该宣言于1975年进一步做了修改，已成为更具有针对性的法规性文件。该伦理规范将治疗性研究和非治疗性研究进行了区分。治疗性研究为受试对象提供了一个接受实验性治疗的机会，且会产生有益的结果。而非治疗性研究的目的是增进科学知识的进步，研究结果可能会对未来的患者有益处，而暂时不能对受试者本人带来益处。《赫尔辛基宣言》的详细内容如下。

1. 基本原则

（1）临床研究必须符合道德及科学原则，且应以实验室、动物实验或其他科学依据为基础。

（2）临床研究必须由合格的研究人员领导，并由合格的人员监督。

（3）临床研究的重要性与给受试者带来的危险性不成正比，则该研究不得实施。

（4）每一个临床研究计划，必须首先详细评估其危险性，并比较受试者或他人能够预见的利益。

（5）施行容易导致受试者人格改变的实验时，必须特别小心。

2. 治疗性的临床研究

（1）如果断定某一新的治疗方法具有挽救生命、恢复健康或减轻痛苦的作用，应首先采用。但在采用前，应向患者解释清楚，征得患者的同意。对无行为能力的患者，必须事先取得其法定代理人的同意。

（2）研究者可以采用临床研究与专业性医疗并行的方式，但是，临床研究的范围，应以对患者具有治疗价值为限。

3. 非治疗性的临床研究

（1）对人体施行科学性的临床研究时，研究者仍有保护受试者生命与健康的义务。

（2）必须对受试者说明该研究的性质、目的和危险性。

（3）在受试者尚未完全知情及表示同意之前，不可对其施行临床研究。若其为无行为能力者，则必须取得其法定代理人的同意。

（4）受试者在精神、身体及法律三方面，应能完全行使其选择权。

（5）受试者的同意，须以书面为凭。临床研究的责任，由研究者承担，受试者即使行使同意权，也不必负责。

（6）研究者应尊重受试者自身完整性，尤其当受试者对研究者有依赖关系时。

（7）在研究过程中，受试者或其监护人（代理人），随时可以撤销其承诺。研究者若认为继续试验将对受试者有害时，应立即终止研究。

二、护理研究中的伦理原则

20世纪60年代以前，很少提到有关护理研究的伦理问题。60年代以后，美国、加拿大及英国的护理学会陆续制定了自己的伦理原则。护理研究中应遵循的伦理原则也就是生物医学研究中需要遵循的基本伦理原则。1978年美国生物医学和行为科学研究委员会制定并通过了贝尔蒙报告（Belmont Report）。该报告提出了医学研究中保护人类受试者的3条基本的伦理学原则，即有益（beneficence）的原则、尊重人的尊严（respect for human dignity）的原则和公正（justice）的原则，在很多领域被当作伦理典范来执行。另外，研究者还应做到知情同意，并遵循研究的客观性、真实性、平等性等准则。

（一）有益的原则

有益的原则是指维护研究参与者的利益，并尽可能地使受试者免于遭受伤害。这是生物医学研究中首先应该考虑的一项重要原则。受益可能包括获得知识的发展，技术和措施的改进，从而促进护理专业的发展和社会的进步。同时，受试者本人可能从中获得健康相关的知识，从干预措施中获得益处等。伤害包括身体、心理、社会和经济等方面：① 身体伤害：包括疼痛、不适、药物副作用、侵入性措施造成的损伤等；② 心理伤害：由于泄漏受试者的隐私造成的心理伤害，谈及个人对敏感话题（如性偏好）的态度和行为引起受试者的紧张、内疚、尴尬甚至痛苦等；③ 社会伤害：由于泄漏受试者的隐私或身份公开，对受试者的工作、人格、名誉、社会地位等产生不利影响等；④ 经济伤害：由于参与研究给受试者带来额外的经济负担，如因研究让研究对象接受额外的检查项目和检查费用等。伤害可能是实际存在的，也可能是潜在的；可能是一过性的，也可能是永久性的；可能是轻微的，也可能是严重的。研究者不能进行可能会对受试者造成伤害的研究，也不能将不成熟的干预措施应用到人体。在研究实施之前，研究者应谨慎评估该项研究可能给受试者带来的受益和风险，最大限度地增大受益和降低风险。如果风险大于受益，应修改研究的设计内容，将伤害或痛苦降到最低。如果研究可能会给受试者造成严重或永久性伤害，不管结果会带来多大的效益，该研究也绝对不可在人体上实施。

（二）尊重人的尊严原则

尊重人的尊严原则是指医学研究应当充分尊重人的生命、健康、隐私与人格等固有的尊严、人权和基本自由，而且应当以维护参与者的利益高于单纯的科学或社会利益为原则。在研究过程中，应尊重受试者的自主决定权、隐私权、匿名权和保密权。

1. 自主决定权　自主决定权指在研究过程中，受试者应被看作是自主个体，研究者应告知整个研究的相关事宜，受试者有权决定是否参加研究，并有权决定在任何时候终止参与，且不会受到治疗和护理上的任何惩罚和歧视。在研究过程中，研究人员不应利用强制、隐蔽性收集资料或欺骗等手段而使受试者的自主决定权遭到侵犯。

2. 隐私权　一个人的隐私包括他的态度、信仰、行为、意见以及各种档案、记录等。当未经本人允许或违背本人意愿而将其私人信息告之他人时，即造成对受试者隐私权的侵犯。其危害很大，如使受试者失去尊严、友谊、工作，或者使其产生焦虑、犯罪感、窘迫、耻辱感等。护理研究中对受试者隐私权的侵犯常发生在资料收集过程中。例如，在会谈中提出一些侵入性问题，"你是私生子吗？""你的性行为如何？""你吸毒吗？"等，或是在受试者不知道的情况下，进行隐蔽性收集资料。随着技术手段的进步，资料传播速度的加快，美国于1974年出台了隐私保护法规，规定收集资料的方法需要被有关部门审查后方可执行，没有受试者同意，不可收集资料。同时，未经受试者同意，任何人无权获得其记录资料。

3. 匿名权和保密权　在隐私权的基础上，受试者有权享有匿名权和要求所收集资料被保密的权利。在大多数研究中，研究者以向受试者保证不对任何人公开受试者身份或许诺所得信息不向任何人公开的方式来达到对受试者匿名权的保护。保密权指没有得到受试者同意，不得向他人公开受试者的任何个人信息。通常情况下，保密的原则包括以下几个方面：① 个人信息的公开及公开程度必须经受试者授权；② 个人有权选择可与其分享其私人信息的对象；③ 接受信息者有保守秘密的责任和义务。

对受试者保密权的侵犯经常发生在以下情况：当研究者有意或无意使未被授权者得到原始资料；当汇报或公开发表研究报告时由于偶然的因素使受试者身份被公开等。保密权的侵犯，除了影响受试者与研究者之间的信任关系外，最主要的是会对受试者心理和社会等方面造成损害。所以，在护理研究中应明确下列要求：没有受试者同意，任何人，包括医护人员、家庭成员、亲密的朋友等都无权得到受试者的原始资料。

（三）公正的原则

该原则是指在人人平等原则的指导下，确保所有人得到公正与公平的对待，以及将利益与风险做出公平的分配。其内容主要包括两方面，即公平选择受试者和公平对待受试者。

1. **公平选择受试者** 指在选择受试者和进行分组时，应取决于研究问题本身的需要，利益和风险公平分配，而不应根据受试者的权利、地位、金钱、文化程度、是否容易合作、研究者个人对受试者的态度等因素来决定。一些研究者因为喜欢受试者、希望受试者从研究中获益，或迫于权利、金钱等因素而将某受试者纳入试验组，而把不容易合作、文化或经济地位低的受试者纳入对照组，这些都是有悖伦理原则的做法。

2. **公平对待受试者** 公平对待受试者主要指以下几项内容：① 研究者和受试者在研究中的角色事先应达成协议，研究过程中应严格按照协议内容进行，未经受试者允许，不得擅自更改；② 如果和受试者约好会面时间，研究者应准时到达，并应在彼此认为合适的时间内终止资料的收集；③ 研究者许诺给受试者的事情应努力做到；④ 对受试者应不论年龄、性别、种族、经济水平等一视同仁。

（四）知情同意

知情同意是指参与者已被充分告知有关研究的信息，并且也能充分理解相关的信息，具有自由选择参与或退出研究的权利。

"知情同意"的概念来自于第二次世界大战后的纽伦堡审判。纽伦堡审判期间，在纳粹集中营中强迫受害者接受人体实验的触目惊心的事实，引起了人们对利用没有征得同意的受试者进行人体实验这一严重问题的特别关注。纽伦堡审判后，"知情同意"逐渐成为涉及人类受试者的生物医学研究中最受人们关注的伦理学问题之一。国际社会正在普遍接受不取得受试者在自由意志下的知情同意就不允许对他们进行任何人体实验的伦理学原则。

知情同意实际上包括两个不可缺少的方面，即知情和同意。知情是指让受试者知晓和明了与人体实验有关的必要信息；同意是指受试者自愿确认其同意参加该项研究的过程。有些研究者只重视获得知情同意书的签字，却对受试者的知情重视不够。这是与知情同意的概念相违背的，因为受试者知情不充分就谈不上自愿地同意。因此，知情同意的前提不仅包括研究者将所有有关实验内容告诉受试者，同时也包括受试者必须真正理解所有内容。这就要求受试者在行使同意权时具备一定的理解力和判断力，以及法律上的行为能力和责任能力。特殊情况下，精神障碍者、神志不清者、临终患者、小孩等无行为能力或限制行为能力者，如犯人，其同意权须由法定监护人或代理人行使。

研究者需要根据受试者的知识基础和不同的研究题目向受试者进行详细介绍和举例说明。语言应通俗易懂，避免专业术语、含糊其辞。同时，当研究者完成对研究的具体内容的介绍后，应了解受试者的理解程度。

按照国际惯例和要求，知情同意书的基本内容应该包括：研究目的、研究所使用的方法和步骤、受试者的参与程序、需花费的时间、可能给受试者带来的受益和风险、对受试者个人资料保密的承诺、参加或中途退出研究的选择权、研究者的联系方式等，并让受试者签字。

（五）研究者应遵循的其他伦理准则

1. **真实性** 指研究者应对研究方法和结果的真实性负责，研究结束后应将原始资料完整保留并存档，不能在原始资料上进行擅自修改或增添内容，也不能为达到期望目的做不真实的报告，或将认为不利于研究结果的资料隐瞒。

2. **客观性** 指研究者在研究设计、收集资料、分析资料、论文撰写等整个研究过程中应保持客观性，防止因价值观、个人认识偏差或集团利益等因素导致对结果分析和资料解释的正确性和公正性受到影响；或为了强调某种新措施的有效性而单纯报告阳性结果，忽略阴性结果或该措施出现的负性效应。

3. 平等性　研究者在工作中除了对研究对象遵循公正原则以外，对研究中的有关工作人员和合作者应以平等的态度对待，在报告研究结果和发表论文时，应对提供帮助者致谢。在作者署名时，应在平等的原则上，根据每个人在该项研究中贡献的大小或事先达成的协议排列先后次序。

三、护理研究中伦理问题的监督机制

在生物医学研究中，除了强调要让受试者充分地知情同意，并且对无法征得知情同意的受试者个人或者群体采取基本的保护措施等原则要求外，另一个保障贯彻实施伦理学原则的重要措施就是注重对生物医学研究项目进行科学性和伦理学的审查。

伦理审查委员会（Institutional Review Board，IRB）是由医学专业人员、法律专业人员及非医务人员组成的独立组织，其职责是审查临床试验方案是否符合医学伦理学的要求，确保受试者的安全、健康和权益得到保护，是生物医学研究伦理审查体系的重要组成部分。在我国，伦理委员会分为国家伦理委员会、省（市）级伦理委员会和单位伦理委员会。伦理委员会的工作应当相对独立，以《赫尔辛基宣言》等作为指导原则，并受我国法律、法规的约束，不应受临床试验组织和实施者的干扰或影响。

按照国际惯例，伦理审查委员会的成员应该包括多方面的人士，这样可以全面、充分地审议提交的科研设计。一般需5人以上，包括医学专业和非医学专业人员、男性和女性均有，最好有伦理或法律专业人员参加。为了保证伦理委员会的公正性，至少应有一名非本单位的成员。另外，如果其中某成员代表某个利益集团或涉及某个项目，则需注意回避。在一些尚未设置伦理审查委员会的机构，对于护理研究项目，通常可以由具有一定护理科研知识和经验的权威人士，例如学生的导师或者开题报告的评议组专家代表伦理审查委员会审查研究项目的科学性以及是否符合伦理学原则，并给予反馈。

伦理委员会审查的内容包括：① 研究的科学性：医学科研工作者在人体实验过程中应信守科学规范的道德原则，从研究设计到实施都应严格遵循普遍认可的科学原理、实验方法和分析方法，以保证研究的安全可靠；② 伦理学的审查：是指审查研究设计中是否有关于伦理方面的考虑和陈述以及知情同意书等。如受试者的选择有无偏向，预期受益和风险分析，应用对照组的理由，知情同意书所表达信息的充分性和知情同意过程，所收集上来的资料如何进行保密的方法等。

通过审查，伦理委员会可以决定研究项目是否可以进行。在研究进行期间，研究方案的任何修改均应在得到伦理审查委员会的批准后才能执行。研究中发生的任何严重不良事件，也必须及时向伦理审查委员会报告。

总之，由于护理研究的对象大多数情况是人，因此在护理研究的各个阶段都可能会遇到各种各样的伦理问题，这就要求护理研究者应始终以伦理原则作为指引，使受试者的利益和权利得到最大限度的保护。

（刘　宇）

第二章　社区护理研究的基本程序

在开展社区护理研究时，研究者应遵循一定的程序，科学而系统地进行严谨的研究过程。社区护理研究的步骤与医学或其他学科的研究步骤基本相同，大致包括以下几部分内容：① 研究工作的准备阶段，包括选题、建立科研假设、进行研究设计、制定研究计划等；② 研究资料的收集阶段；③ 研究资料的整理与分析阶段；④ 研究结果的总结与应用阶段。以上各个基本步骤之间并不是截然孤立的，有些步骤常常是同时进行或者反复进行的。

第一节　研究工作的准备

很多社区护理人员都有愿望开展社区护理研究，对于研究者而言，研究工作的准备阶段是整个社区护理研究的第一步，起着非常关键的作用。准备阶段主要包括研究课题的选择、建立科研假设、进行科研设计以及其他的一些准备工作等。

一、研究课题的选择

社区护理领域中需要研究的问题和尚待验证的理论很多，而选择和确定研究课题则是科研工作的开始，也是科研工作最关键的阶段。通过选题，可以在一定程度上反映科研工作的水平和研究成果的价值，同时也决定了最后所撰写论文的水平。爱因斯坦曾说过："提出一个问题，往往比解决一个问题更重要，因为解决问题也许仅是一个数学上或实验上的技能而已，而提出新问题、新的可能性，从新的角度看旧的问题，则需要创造性的想象力，而且标志着科学的真正进步。"

(一) 科研课题的来源

一般而言，科研课题的来源大体上可以分成两类：

1. 指令性或招标性课题　指由国家或各级主管部门根据医疗卫生事业发展规划的需要而下达的明确的科研任务，课题方向明确，目标清楚，一般均为专项拨款和限期完成，如我国卫生部曾委派某些高等护理院校进行有关我国社区护理人员工作现况的调查。或者某些科研课题由基金资助或公开招标方式，通过专家评议，择优选择承担课题（或项目）的单位和研究者，如国家自然科学基金、青年科学基金、单位科研基金等招标课题。

2. 自选课题　主要是指本单位或者个人自由选题，课题选择范围广，通过研究工作取得有价值的成果后，可以进一步申报指令性或招标性课题。

由于我国护理科研起步较晚，护理研究的能力还有待提高，而社区护理又刚刚发展不久，因此指令性或招标性课题相对较少，大部分课题还是来自于自选课题，但相信随着护理研究水平的提高，以及社区护理的深入开展，指令性或者指标性课题将会越来越多。同时，研究者也一定不要忽视自选课题，其虽在科研的深度和广度等方面不如指令性或招标性课题，但也是科学发展所必须的。同时也只有将自选课题的题目做好了，有了一定的科研基础，才更有可能争取到指令性或招标性课题。

(二) 自选课题的选题思路

选题过程是研究工作的重要阶段，也是一个发现问题的过程。如何发现和选择研究问题常是社区护士开展科研工作的难点，很多护理人员往往不知道从何下手。选择一个好的研究问题常常需要护理人员平时多观察、多思考和多翻阅文献。可以说，好的科研课题的确立是一个长期积累的过程。具体而言，课题的来源可主要有以下几个方面。

1. 来源于护理实践　社区护理人员首先可以从自身的社区护理实践入手，去思考是否在工作中遇到一些无法解决的问题或者不能很好解释的现象，围绕这些问题或者现象就会产生一些初步的科研方向。可以说，社区护士每天的工作实践就是护理研究问题的宝贵来源。在实践中那些迫切需要解决的问题就是研究者所要研究的课题，有很强的实践意义。如某社区卫生服务站准备为所服务的社区提供健康教育讲座，但是从哪方面的讲座开始？是从慢性病的自我照顾行为开始进行讲座还是从如何保持健康的生活方式入手，就需要护理人员事先进行相应的调查研究。如该社区的人口构成情况、疾病构成情况、人群的健康保健意识和生活方式等，在调查结果的基础上，才可以有针对性地开展社区的健康教育，真正起到为该社区居民服务的目的。

2. 来源于阅读的文献　社区护理人员要养成经常阅读科研文献的好习惯。在阅读文献的过程中，一方面可以获取某些新观点和新方法，另一方面也可以对未来的科研方向给予提示。如某社区护理人员在阅读文献时发现肾移植术后患者生活质量偏低，该文献作者提出需要通过家庭和社会的支持来帮助肾移植患者提高其生活质量。这里无形中为护理人员提供了下一步的科研方向，即患者的家庭支持和社会支持程度到底处于何种水平，应给予什么样的护理干预可以提高患者的家庭支持和社会支持，从而提高其生活质量。这些都是可以进一步开展研究的课题。另外，某些题目的形成也可以从国外文献的阅读中获得启示。如照顾者负担是国外护理研究中较为重要的一个研究方向，很多研究者对痴呆患者的照顾者负担、脑卒中患者的照顾者负担等都进行了深入的研究。但是由于中国国情以及文化理念的不同，中国照顾者的照顾负担是否与国外照顾者的照顾负担相似还是不同，社区护理人员如何帮助照顾者减轻照顾负担等都是社区护理研究人员可以进行研究的题目。因此，社区护理人员在阅读文献时要养成边阅读、边动脑思考的习惯，另外也要及时地将所阅读的文献进行简单的摘录，以便积累文献、为今后的研究工作做好准备。具体的文献摘录格式可以参照本书第三章第三节中所介绍的方法。

3. 来自于某些社会问题　在某些时刻，研究课题的选择可以与当时所处社会的热点问题相关联。如近几年来，我国政府大力倡导开展艾滋病知识的相关教育，作为社区护理人员，可以从该社区的居民入手，调查了解其相应的预防艾滋病的知识，所愿意接受的宣教方式等，并在调查结果的基础上进一步开展有针对性的健康教育，评价健康教育的效果等。

总之，社区护理人员的科研课题可以来自于多个方面，在产生初步的科研方向之后，护理人员可以通过进一步的文献查询和理论指导，逐渐形成解决某问题的具体设想和方法。

【例 2-1】某社区护理人员所工作的社区医院承担着该社区内人群的健康体检工作，其中有一定的机关干部人群。通过体检后发现，此人群中脂肪肝的患病率较高。该护士通过查阅相关文献及阅读某些理论书籍后进一步明确，脂肪肝的发生多与人们不良的生活方式有关。因此，该护士认识到应对此类人群开展相应的健康教育，以促进人群的健康状态，避免并发症的发生。但是应该如何进行健康教育？健康教育的内容应该包括哪些方面？何种宣教形式是此类人群所喜欢和接受的？这些都是有待于进一步深入研究的问题。该护士通过进一步查阅相关的文献，遵循问卷设计的原则，自行设计了相关问卷，对机关干部的日常生活方式、疾病和健康的相关知识以及所喜欢的宣教方式等内容进行了调查，得到了有价值的研究结果，用于指导进一步的护理干预。

【例 2-2】某护理人员在进行产妇产后访视过程中发现，由于她所负责的社区位于城乡交界处，产妇大部分为外来工或者农村产妇。由于这一人口统计学资料的特殊性，她考虑到对此类产妇进行产后访视的内容和方法是否应有一定的特殊性。她查阅了有关文献，发现大部分文献是关于城市内或者农村地区产妇产后访视和产后宣教的，没有查阅到有关外来工或者城乡交界处产妇产后访视内容的，因此她根据以往的文献和产后访视内容设计了调查表，调查产妇对于产后访视内容的理解程度、希望重点讲解的内容、希望使用的宣教方法和访视方式等。研究结果为其今后的产后访视工作提供了更多有用的信息。

（三）选题的注意事项

1. 选题范围不可过大　选题范围过大，则使题目不易深入。如"社区慢性病患者健康教育的探讨"，该题材选题范围太大，很难开展研究和写好文章。因为社区慢性病患者包括很多类型，如高血压病患者、糖尿病患者、冠心病患者等。他们的健康教育需求和健康教育方式肯定有所不同。另外，健康教育一词，包括很多含义，如健康教育的内容、健康教育的方式、健康教育的效果等，如果都写到文章中，将使得文章显得浅而不实，每一方面都没有写透彻。再如"家庭照顾者的心理特点及社区护理干预"，题目也是过大，它要求应对不同患者家庭照顾者的心理特点进行了解，然后再进行有关社区护理干预内容的探讨，这些内容将很难在一个题目中完成。所以，选题要注意具体、明确，范围不可过大，内容越具体越好，如"直肠癌术后患者人工肛门自我护理状况的调查"、"××社区人群健康状况的调查研究"等都是具体、可行的题目。初做科研的社区护理人员，切忌选择研究范围过大的题目，应本着先易后难、由小到大的原则循序渐进地进行研究。

2. 选择自己熟悉的领域进行研究　社区护理工作者在进行社区护理科研选题时，最好选择自己熟悉的领域进行研究。这样做不仅可以了解自己的知识水平、技术能力、研究工作经验以及研究对象的来源等，还能对自己课题方向的有关进展状况、现有水平等有较为清楚的了解，这些都有利于研究项目的最后成功。如是社区护理管理人员，可以选择护理管理的题目进行研究，如围绕社区护士的人力资源的使用、社区护士的排班特点、社区护士的培训及继续教育等方面进行研究。从事社区护理实践的护士可以选择自己的实践领域进行研究，如某些护理人员从事预防保健工作或者产后访视工作等，就可以考虑从中选择一些自己所遇到的问题进行研究，如有的护理人员选择研究哪些因素会影响社区人群进行每年一次的健康体检，有的则研究哪些因素会影响产妇产后坚持进行母乳喂养等。这些都是非常有意义的研究课题。

3. 注意创新，避免完全重复他人的工作　在选题过程中，要多选别人没有想到或很少想到的内容进行研究分析，其结果将能在社区护理领域内达到新的水平。创新也可以是部分创新，即在前人研究的基础上增加新的内容。因此，在确定题目之前一定要进行充分的文献查询，必要时要进行科技查新，以避免与他人正进行或已完成的题目相重复，造成不必要的人力、物力、财力、时间等的浪费。

4. 注意研究问题的可行性　任何研究都会受到时间、经费、设备、合作者、技术等多方面条件的限制，如是否在研究期限内可以找到足够数目的研究对象、研究的时间是否充足、是否有足够的合作者愿意一起参与完成研究、所在社区的领导以及社区卫生服务机构的领导是否支持、研究对象是否愿意配合等。另外还要考虑研究问题是否存在不符合伦理原则的情况，如有违背，给研究对象造成伤害，再好的研究都将是不可行的。

随着研究工作的不断开展，研究内容的不断扩大和深入，研究者围绕一个中心内容，可以逐步构成一系列的研究课题，从而形成稳定的研究方向。如围绕妇女乳房自检的行为，研究者可以调查其所服务社区的妇女其乳房自我检查的情况、探讨促进乳房自检行为发生的干预手段、并测评干预的短期和长期效果等，从而形成自己的研究领域。

二、建立研究假设

（一）假设的概念

假设（hypothesis）是指研究者对已确立的研究问题，提出一个预期性的结果或暂时的答案，需要通过研究最后来证实或者否定。假设不是随便产生的，它是研究者通过仔细周密的思考，根据相关理论和知识进行归纳推理后而产生的。

（二）假设的作用

假设具有以下两个主要作用：

1. 帮助研究者明确研究的目标，避免盲目性　由于研究假设是根据已有的研究结果和理论知识，对科学研究中某一问题提出的可能的答案或解释，是研究者期望得到的研究结果，因此整个研究设计都是以证实假设为目的的。研究者会根据提出的假设确定方向，进行主动和有计划的研究，可以避免研究的盲目性。

2. 验证旧理论，提出新理论　研究假设一般是根据相关理论产生的，是有理论依据的。通过实验来验证已有的理论，可以不断地完善旧理论，发现新理论。人们借用假设的手段，不断地充实依据，逐步地从现象到本质，加深对自然规律的认识，建立正确的科学理论。

【例2-3】在有关"乳腺癌患者家庭支持与生活质量有无关系的研究"中，研究者提出假设是"乳腺癌患者的家庭支持程度会影响其生活质量，感受的家庭支持越高，生活质量越好"，据此进行的研究设计则应选择乳腺癌患者为研究对象，在符合伦理原则的情况下，选择家庭支持量表和乳腺癌患者生活质量量表作为测评工具，使用问卷法进行资料的收集，根据收集上来的资料进行结果分析，用以证实或者否定假设，并可进一步对所提出的研究问题做出解释，增加对此问题的新的认识。

假设的形成是任何研究工作中一项很重要的步骤，对提出的研究问题建立假设后，进行有针对性的科研设计和观察，其结果才有可能用来解释和回答所提出的研究问题。

三、进行科研设计

在研究问题确立后，研究者应按照研究目的和科研假设进行科研设计，也就是对研究中的具体内容和方法进行设想及安排，它是课题的具体深化和展开。没有仔细、周详的科研设计，也就不可能得到科学、严谨的研究结果。科研设计的内容主要包括以下几点。

（一）明确研究对象

研究对象也即受试对象，是根据研究目的而确定的观察目标总体。研究对象可以为人，为仪器，也可以为实验动物或者细胞、分子等。在社区护理研究中，研究对象一般是人，包括健康的和患病的人，也包括个体、家庭和群体。在选择人作为研究对象时，应考虑到人体是一个十分复杂的生命体，有其独特的心理、社会因素，即使在同一环境下（例如在同一个社区内）也存在着个体差异。因此，在研究进行前必须根据研究目的的不同，对研究对象的条件做严格的规定，以保证研究对象间的同质性。

1. 研究者应根据研究目的严格划定研究对象的纳入标准，如所在的地域、时间、人群范围等。

2. 如研究对象为患者还应该明确患者所患疾病的诊断标准。在制定疾病的诊断标准时，要注重参考国际上如 WHO 所建议的通用标准，以使得研究对象的诊断标准相一致。

3. 在某些调查研究中，为了使调查对象更加明确，防止某些干扰因素对研究结果的影响，还需要特别说明不被调查的对象的标准，也即剔除标准或排除标准。

【例 2-4】进行"社区 2 型糖尿病患者遵医行为的研究"时，研究对象除符合 WHO 的 2 型糖尿病诊断标准外，研究者还规定患者必须大于 18 岁，并且为出院 2 周以上的患者，患者的糖尿病病程不短于 3 个月。这 3 点就是该研究中研究对象的纳入标准。该研究中研究对象的排除标准是排除伴严重的认知障碍和精神病史的患者。由此在纳入和排除标准的共同控制下，抽出符合诊断标准的病例进入研究中，使得研究结果更为可信。

在研究对象明确之后，研究者应考虑选择何种抽样方法以获取样本进行研究。有关具体的抽样方法将在本书第四章第三节中进行详细介绍。

（二）确认变量

变量（variable）是研究工作中所遇到的各种变化因素。它们大都是可以观察到或测量到的因素，如体重、身高、体温、血压等。在研究中常见的变量主要可分为自变量、依变量和外变量等。通过确认变量，可以分清主要变量（自变量和依变量）及相关的外变量，以帮助研究者进一步完善科研设计。

1. 自变量（independent variable）　指能够影响研究目的的主要因素，自变量不受结果的影响，却可导致结果的产生或影响结果。

2. 依变量（dependent variable，亦称应变量，因变量）　指科研目的，它随自变量的改变而改变，也可受其他因素的影响。在研究中依变量正是研究者想要观察的结果或反应。

3. 外变量（extraneous variable，亦称控制变量，干扰变量，干扰因素）　指某些能干扰研究结果的因素，应在科研设计中尽量排除。随机分组和设立对照组能达到排除外变量干扰的作用。

【例 2-5】选题：孕妇的年龄与产出低体重儿危险性的研究

在此研究中，孕妇的年龄为自变量，产出低体重新生儿是依变量。外变量可有母亲的饮食习惯和母亲接受产前检查的次数等。如果研究的假设认为年龄低于 20 岁的女性生出低体重儿的危险性较年龄大一些的女性高，那么研究者可以选择两组不同年龄段的孕妇进行比较。如一组为年龄小于 20 岁的孕妇，一组则为年龄介于 20～25 岁的孕妇。在比较各组产出低体重儿的发生率之前，首先要确定两组孕妇在饮食习惯和产前检查次数方面是没有统计学差异的，也就是在控制了外变量的影响后，再去探讨是否低体重儿的产出率高是由孕妇的年龄较小所导致的。

【例 2-6】选题：研究体重与血压的关系

此研究中体重是自变量，血压为依变量，而外变量较多，如研究对象的年龄（年老者一般比年弱者的血压高），情绪（情绪紧张时血压会增高），不同血压计和体重计或者不同人测量血压和体重都会产生误差等。因此，研究者一定要注意排除这些外变量的干扰，如明确研究对象的入选年龄；选用标定好的体重计和血压计，最好固定一个体重计和血压计进行测量；固定一个人测量血压或者体重，或者在研究开始前培训测量人员，以保证他们彼此间在读取血压和体重读数时没有差异；测量血压前让研究对象平静休息5分钟，以减少情绪的干扰等。只有将这些外变量控制好后，才能从结果中科学地去分析体重与血压之间的关系。

所有的研究都要事先确定研究变量，但并不是任何一项研究都要确定自变量和依变量。如护理研究中常采用的描述性研究和比较性研究，就无法确定自变量和依变量。假设研究的题目为"某社区居民的饮食习惯的调查"，此研究中就不用去定义自变量、依变量以及外变量，研究者所要研究的只有饮食习惯这一变量。

（三）确定研究指标

研究指标（亦称观察项目）是指在研究中用来反映研究目的的某些现象和测量标志，也是确定研究数据的观察项目，通过指标所取得的各项资料，可从中归纳出研究结果。

研究指标的选择要与研究中的变量相对应。如在"体重与血压关系的研究"中，体重与血压值就是该研究中的观察项目。在选择观察项目过程中，应注意以下几点：

1. **准确性** 即所选指标是否能准确反映研究的内容，且有特异性。如判断泌尿系感染，用体温和血常规中的白细胞计数升高来说明有无感染，这些指标就属于非特异性指标，而采用尿培养、膀胱刺激症状（尿频、尿急、尿痛）等作指标，就具有特异性。

2. **客观性** 客观指标是指通过仪器或者设备测量得到的，而主观指标则是通过研究者和受试者自己的主观判断形成的。客观指标更客观，而且有较好的重现性，而主观指标则往往易受主观因素的影响，且不易量化。在护理研究中，如果能选用客观指标进行测量的，就一定选用客观指标。但由于护理研究的对象为人，因此往往会涉及很多需要主观指标表达的变量，如疼痛、舒适感、满意度、需求程度等。此时，研究者应尽可能选择一些信度和效度较高的研究工具进行测量这些指标，有关研究工具的信度和效度将在本书第五章中进行详细介绍。

3. **灵敏性** 包括指标本身和测量手段的灵敏性。如用血氧饱和度作为观察机体缺氧程度的指标，比用呼吸和面色的改变更为灵敏。

4. **可行性** 指确定的研究指标在现有的研究仪器设备、经费、技术等条件下是否能达到，是否能够准确获得。如某社区护理人员欲调查该社区居民的健康状况，其中一个研究指标为拟测定居民的血脂情况。若该研究没有充足的经费支持，则此研究指标的可行性就差。

通常每个科研设计都会选择多个研究指标，很少采用单一指标，以便最后获得充分的资料进行结果的分析。如有关社区儿童营养状况的调查研究，研究者就可以使用身高、体重等指标进行营养状况的评定；再如研究社区高血压患者的治疗依从性，研究者一方面可以从患者口中获取主观性的描述资料，另外也可以通过查数药片数目、查阅门诊就诊病历等以综合评价患者的用药依从性。

（四）选择恰当的科研设计类型

在护理研究中，根据不同的分类标准，科研设计类型多样。如根据研究的性质可分为量性研究和质性研究；根据研究中有无护理干预存在又可分为实验性研究、类实验性研究和非实验性研究等。研究者一定要根据自己的研究目的选择最恰当的科研设计类型。

在确定科研设计类型时,研究者可以询问自己以下一些问题,以便更加明确所欲选择的科研设计类型:

1. 研究中是否有护理干预? 在某些研究中,护理人员要检验某些新的护理干预方法的效果,如检验某干预措施对于社区人群戒烟效果的影响。在另外一些研究中,研究者可能并不需要护理干预,其研究目的就是纯粹为了了解某种现象,如社区人群的健康状况、社区老年人对社区卫生服务的需求等。在研究中是否有干预就决定了研究者是选择实验性研究、类实验性研究还是非实验性研究,因为在研究中有无护理干预是实验性研究、类实验性研究与非实验性研究之间的本质区别。

2. 研究的结果是否需要进行比较? 在研究中,研究者常常需要将某些研究结果进行比较以便更好地进行分析。如欲研究社区居家痴呆患者照顾者的负担,如果没有与其他一些疾病患者照顾者的负担进行比较,就不能深入地分析社区居家痴呆患者其照顾者负担的高低。此时的比较就是不同组别患者间的比较。在某些时候,研究者还可以使用同一组研究对象进行护理干预前后的结果比较。总之,研究者要考虑自己的研究中是否要有用于比较的组别存在。

3. 在研究中如何控制外变量? 外变量是影响研究结果的变量,是干扰因素。如何控制这些干扰因素,是研究者在进行科研设计时要考虑的问题,也就是在本书第四章第四节中所提到的偏倚的控制。如是否需要设立一个对照组,还是通过使用统计学的一些方法在进行数据的结果分析时控制外变量对于结果的影响。不同控制方法的选择决定了不同的科研设计类型。

4. 在整个研究中需要收集几次数据? 在很多研究中,研究数据是通过研究者和研究对象的仅一次接触收集上来的,但在某些研究中,研究者需要与研究对象接触多次,以获取不同时间点的数据。如在有关社区人群健康状况的研究中,研究者只需要让社区人群填写一次问卷即可获取该社区人群的健康状况信息。而在有关社区干预对于人群戒烟效果的影响研究中,研究者需要与研究对象接触多次,如社区干预项目开展1、3、6个月后,分别获取各个时间点的该人群的戒烟状况,以了解这一社区戒烟干预项目的持续性效果。

在本书的第四章中将介绍具体的科研设计类型,读者可以在阅读该章节时再仔细思考此处所提出的几个问题。

(五) 明确收集资料和进行数据分析的方法

有关收集资料和数据分析的具体方法将在本书的第五章和第六章中进行详细的讲解。研究者需要明确的是无论是资料收集方法还是数据分析方法,它们的确立都是根据研究中的变量特点以及科研设计的类型而确定的。如研究中的变量为体重和血压,则收集资料的方法即为测量法(用血压计和体重计进行测定),由于此时所获得的研究指标均为计量资料,因此,可以选用计量资料常用的统计描述和统计推断方法进行数据的分析。如果科研设计的类型为质性研究,则收集资料的方法可根据研究目的选择为访谈法、观察法或者档案资料记录法等。

四、其他准备工作

研究的准备阶段除以上几个主要环节之外,还包括其他一些具体的工作。

(一) 选择与培训参与研究的人员

在社区护理研究中，有时需要一定数量的研究人员共同完成研究任务。因此，课题负责人在选择研究人员时要充分考虑社区护理研究人员应该具备的特性，如是否对该研究有兴趣，是否具备较强的沟通能力，是否能忠实于调查的事实不杜撰数据等。

在选择好研究人员之后，应进行研究人员的培训，使研究人员能掌握调查的操作规程以及有关的研究方法。培训时一方面可以采用讲授的形式进行，另一方面也可以通过预调查、调查员互相调查等方式来进行培训，以努力达到下列目标：

1. 明确调查目的和任务。
2. 了解调查提纲和内容，熟悉研究重点及难点。
3. 能较熟练地应用有关的研究技术和方法，能准确地进行记录。
4. 研究中能进行科学的提问，明确提问的时间和顺序，需要时可以统一提问方式。
5. 对问卷中问题的解释要一致，并明确可以解释到的程度。
6. 能较快地被研究对象所接受，使之配合调查。
7. 能较灵活地处理研究中可能出现的情况。

(二) 联络被调查对象

护理研究者在实施调查前，要预先与研究对象进行联络，以取得研究对象的支持与配合。由于社区护理所面向的人群可以为个体、家庭或者社区，因此研究者应积极争取当地政府机关、团体、单位的支持和帮助，了解调查对象的基本情况，与调查对象联系征得对方同意和支持后，具体地安排调查日程。

(三) 进行预试验

预试验（pilot study）也称可行性研究或试验研究。即在正式开始研究工作前，为保证科研工作能按照设计内容顺利进行，先做一个小规模（即选择少量研究对象，可为研究设计总样本量的10%~20%）的试验，目的是为熟悉和摸清研究条件，检查课题设计是否切合实际，有无需要修改的地方，收集资料的方法是否可行等。凡在正式试验中所需应用的各种量表、仪器和工具等，应在预试验中进行初步试用、检测和操作，对研究工具如量表、问卷、仪器等可以做信度与效度的测定。

(四) 撰写科研计划书

在某些情况下，研究者需要撰写护理科研计划书。科研计划书也可称为项目申请书，目的是研究者将自己的科研设想、思路、科研实施方案等通过计划书的形式充分地表达出来，以得到同行专家和科研部门的认可，批准该科研项目的实施，同时也是为了得到科研资金资助的一个必须环节。另外，通过撰写科研计划书，也使得研究者自身对于要进行的科研项目有更深入、细致的了解，科研思路更清晰，对科研进度的安排有更明确的认识。

一份完整的科研计划书主要包括以下几部分内容：

1. 研究的题目　题目名称应确切地反应研究内容和范围，要简明、具体，内容切忌抽象笼统。题目内不使用缩写和标点符号。为了使他人在读过题目后能够印象深刻，题目应尽量新颖、醒目，将研究中的新理论、新技术及新方法等创新处尽量在名称中体现出来。

2. 研究背景与立题依据　此部分内容是科研计划书的主要组成部分，书写内容主要包括该研究的意义、国内外研究现状分析及主要参考文献等3个部分。其中，主要参考文献也可以列在计划书的最后。研究者应在充分掌握该研究领域的文献资料和情报信息的基础上，通过对国内外相关研究现状的描述与分析，提出存在的问题，指出本研究的切入点，让评审者明确本研究的立题理由及创新所在，以及本研究的重要性。文中语言应科学、严谨，切忌含糊。内容组织要思路清晰，逻辑性强，避免空洞。参考文献的选择要注意出版时间或发表时间的问题，因为这对评审者判定研究的创新性具有重要的作用。

3. 研究的预期目标　即为研究所要达到的具体目的，表达应具体、准确、可行。目标数目不宜过多，应单一、特异，一般1~2个为宜。如果该研究拟进行的年限较长，可将研究目标分为阶段目标和最终目标。注意阶段目标应始终围绕最终目标来制订。

4. 研究内容与方法　此部分内容也是科研设计内容的再现。主要包括：① 研究对象的确定，相应的纳入标准和排除标准；② 获取样本的地点与抽样方法，拟获取的样本量的大小；③ 具体的收集资料的方法，如是采用观察法、访谈法还是问卷调查法等；④ 使用的调查工具的情况如何，如说明调查工具是仪器、量表还是自设问卷，调查工具的信度和效度如何；⑤ 拟使用的数据处理与统计学分析方法；⑥ 如果该研究中有护理干预措施存在，研究者还应详细叙述具体的干预措施、如何进行干预、有无对照组、如何进行分组等。

5. 研究的可行性分析　可行性分析是对该研究项目是否能顺利完成的一个自我分析和评价。可从研究者的研究背景、研究经历、与此研究项目相关的研究进展情况以及该研究小组所具有的软、硬件条件等方面进行说明（如该研究小组其他主要成员的研究背景、研究小组曾开展过的研究以及研究小组目前所具备的一些仪器设备、研究条件等）。同时对于研究过程中可能遇到的问题进行预测并提出相应的合理可行的解决问题的方法。

6. 研究的进度安排　此部分要求较具体地说明研究过程中各步骤的时间安排，如收集资料的时间、分析数据的时间、书写报告的时间等。可以使用文字描述或者表格的形式进行表达。

7. 研究的经费预算　经费预算是指完成该研究项目所需要的经费支持，包括欲申请的经费总数以及详细的开支预算等。如仪器设备费、查新检索费用、协作费用（如与社区居委会协作时居委会所需的经费）、项目组织实施费用等。要注意的是经费预算必须详尽，申请额度要适当，本着实事求是的原则，以保证科研项目能够在经费的支持下顺利实施。

第二节　研究资料的收集

研究资料的收集是研究过程的重要阶段和关键环节。研究能否达到预期目的，研究资料的收集起着举足轻重的作用。关于各种收集资料的方法将在本书第五章中进行详细的叙述，本节将仅就资料收集的基本原则和资料收集阶段的管理进行介绍。

一、资料收集的基本原则

1. 坚持实事求是的态度　坚持实事求是的态度是保证资料真实的前提。真实的资料是研究者认识研究问题的基础。如果资料不真实，在此基础上进行的分析和得出的结论也将是不真实的。因此，研究者应尊重研究对象的客观性，从实际出发，坚持实事求是的态度进行资料的收集。

2. 采用科学的方法和技术　研究者应根据研究目的和所研究现象的特点尽量采用先进、科学且适宜的方法和技术来收集资料。如某护士欲研究偏瘫患者照顾者的焦虑状况，应使用科学的焦虑评定量表进行资料的收集，如果仅仅采用测量体温、脉搏等方法进行焦虑状况的测量，势必影响焦虑结果的评定，从而最终导致偏曲的科研结果。

3. 注意保护研究对象的利益，符合伦理原则　自觉维护研究对象的利益、符合伦理原则是任何研究工作的根本。如在研究开始前要向被调查者或相关人员说明研究的目的，征得其同意后才能开始收集资料。尤其当调查涉及个人隐私时，更要尊重被调查对象的意见和要求。研究过程中也应允许研究对象随时退出研究，而不能对研究者使用任何威胁利诱等手段。

二、资料收集阶段的管理

搞好资料收集阶段的协调与管理，是研究工作的重要保证。这一阶段的协调管理内容是多方面的，在这里主要介绍如何做好有关研究人员和调查进度的管理。

1. 对研究人员的管理　某些研究可能为研究者一人完成收集资料的全过程，但是大部分研究往往需要多人进行资料的收集。除了前面所介绍的要对收集资料的人员进行系统培训之外，在资料收集过程中也要加强对研究人员的管理，做好协调工作。

（1）根据研究进展和研究人员的素质，合理搭配研究人员，使得团队功能得到充分的发挥。

（2）注意各个调研小组或个人的活动情况，及时听取反馈信息，并提出建议和指导性意见。

（3）合理安排研究人员的工作时间，使得研究人员能保证旺盛的精力。

2. 对调查进度的管理　在前面的章节中提到，研究者应对课题的研究实施过程有一个大致的时间安排，并且要保证收集上来的资料的质量。因此，研究者应建立有力的反馈系统，及时收集个人或小组的工作信息，掌握有关工作指标的执行情况，及时掌握调查进度，以便及时发现问题，加以解决。同时，在调查过程中要及时审查是否准确地收集到了所要求的资料。若有不足，应立即针对不足调整调查行为。

第三节　研究资料的整理与分析

在资料收集过程结束之后，应对所收集到的原始资料和数据进行科学合理的整理和归纳，并根据资料的性质和研究目的选用合适的统计学方法进行数据分析，最后针对分析结果进行讨论。

一、资料的整理

资料的整理就是利用科学的方法，将调查所得的原始资料按照调查目的进行审核、补充、评价、分类与汇总，从而使原始资料系统化、条理化，能完整地、科学地反映事实。科研资料整理的内容主要包括审核资料、设计分组、拟定整理表或归纳汇总3个步骤。

（一）审核资料

审核是指对需要整理的原始资料进行认真审查与核实的过程，实际上它与资料的收集是同步进行的。其目的在于保证资料的及时性、准确性和完整性。

1. 及时性是保证资料完整性的先决条件，应着重检查未能在规定期限内完成资料收集任务的原因，提出改进和解决的办法。

2. 完整性主要是检查原始资料有无遗漏或重复、内容是否齐全。剔除不符合要求、不完整的调查表。如检查调查表中是否有缺项，即对某些问题未作回答。例如，查对是否在问卷上写了患病的时间，或观察者是否填写了观察日期，填写的资料形式是否合乎规定等。这个步骤有时在调查现场就可进行。如使用问卷法调查患者的某方面情况，患者填好问卷交给调查者时，调查者即可当时检查问卷中有无缺项、漏项、填写不符合要求处，如有这些情况存在可及时返回给患者，请患者修改、补全，以保证问卷的有效性。

如果缺的项目是十分重要的，甚至是必不可少的，那么这部分调查表就成了废表，如研究有关糖尿病患者自理行为与患病时间长短的关系时，未填写患病时间的问卷就不能使用了。有时，虽然所缺项目的内容也十分重要，但为了避免因此而剔除问卷过多，就作为单项漏失处理。例如调查1000名正常10岁儿童的身高、体重情况，其中有4人体重未填入，那么在统计身高平均值时，可以1000人计算，而统计体重的平均值时则以996人计算。为了避免缺项的出现，应对填写人做好填写前的解释工作。

3. 除了对资料的完整性进行审核之外，及时发现原始资料中的错误并作适当的处理也是十分重要的。因此，应该对已经获得的原始资料作必要的检查，以保证资料的准确性。

（1）专业检查：从专业的角度来发现和纠正错误。如在某些调查表中出现女性患者患了前列腺癌，妇女产后10天月经恢复来潮，7岁的孩子有大学文化程度等明显错误的情况。因为这些情况可以肯定是不可能的，所以这些数据应该作废。

（2）统计检查：即按统计学要求，发现和纠正错误。许多数据都有统计学规律，如某些指标的数值必须大于或小于某一指标，某几个指标之和应小于或等于总和等。再比如数据的结尾，如果要求身高数据精确到毫米单位，那么从0~9都有同等的机会出现在身高数值的毫米位置上，不应该都是0和5结尾的。如进行有关1000名10岁儿童的身高的测量时，有多数数值均以0和5结尾，那么至少可以说是测量及记录都比较粗糙。

（3）人工检查和计算机检查：传统的方法是对调查表或调查问卷逐份做检查，这样做工作量很大，如果要检查的数量很多，难免查得不够仔细。人工地对每一份资料做检查的优点是可以运用人的专业知识和各方面的知识对资料做全面的检查。

随着护理科研的日趋复杂，计算机在数据处理中的应用日益增加。将原始数据录入计算机后，可通过计算机对全部资料进行检错。可依一个变量的数值分布特点来检错，即可找出超出规定变量上、下界的数据。例如"性别"这个变量，只能有1（代表男性）、2（代表女性）、9（代表未填）3个数字来表示，如果出现了数字4，必然有错。另外也可通过两变量间的关系来进行检错，即检查数据内违背一致性的记录和变量值。例如性别为男，却有分娩记录，说明有错误出现。有时，为了避免数据在录入过程中产生差错，常常采用双机输入法，然后用计算机对两个相同数据集的各条记录或每个变量值逐条进行对比，以减少录入误差。

（二）设计分组

经全面核查无误的资料，首先应根据所要研究的问题，按某些本质特征重新排列，进行分组。其目的就是使资料进一步系统化，将同质者集合在一起，不同质者分开，把组内的共性、组间的差异性或相似性显示出来，从而认识它们之间的矛盾，表明事物的本质与规律。例如在社区护理研究中，可按患者的性别、年龄、职业、民族、疾病种类等进行分组。经过分组，使原始数据就更为清晰、条理化，有利于下一步的统计分析。

1. 分组方法：一般有两种分组方法。① 按标志的不同表现形式分组。可分为类型分组和数量分组。ⓐ 类型分组：即将同质的研究对象按其性质、特征或类别进行归类分组，如按性别、职业、民族、婚姻状况、病情的轻重、疾病类别、病因等分组；ⓑ 数量分组：则是按被研究对象的数量大小来分组，从量的变化分析事物的差别和规律。如按观察对象的年龄大小、工作年限的长短、血压的高低等分组。分组的粗细和组数的多少以能说明资料的规律性为准。为便于资料间的相互比较，还必须注意习惯分组方法，如成人的年龄分组习惯为每5岁或10岁为一组。② 按分组标志的个数分组。可分为简单分组和复合分组。ⓐ 简单分组：是只按一个标志分组，如为了检验某种健康教育方法的效果，可以按照接受健康教育患者的年龄、性别、文化程度等单一标志进行分组。简单分组的优点是简单明了、便于分析理解。不足的是仅能从某一方面说明一定的问题；ⓑ 复合分组：则是采用两个或两个以上标志结合起来分组。其优点是能够从多方面综合说明问题，可以反映事物间的依存关系。但是，过多的标志结合，可使组数成倍增加而各组中的观察单位相应减少，反而不易揭示事物的本质特征。表2-1为分析某院不同年资的护士对其工作的满意情况，将工作年资分组与满意程度分组结合起来进行使用的例子。

表2-1 某院不同年资护士对其工作的满意情况

年资（年）	工作满意程度			合计
	满意	一般	不满意	
<1				
1～				
5～				
10～				
15～				
≥20				
合计				

根据表2-1，既可了解某院护士对其工作的满意程度是否随工作年限的变化而变化，又可分析同一年资组的护士对其工作满意度有无差别。

（三）拟定整理表

整理表是用于原始资料归组的表格，也是提供分析资料的过渡性表格，它是按一定分组要求设计的，可表达资料的分配情况和内部结构，是初步显示各项目间的联系的一种统计表，例如表2-2就是一个整理表。整理表设计好后，应将大量的原始数据以对号入座的形式分配到各组中去，分散的资料就集中起来了，此过程称为资料的归纳汇总。它是对数据资料进行简化的一个过程，资料归纳汇总的方法有手工归纳和计算机归纳等。常用的手工归纳方法有划记法和分卡法等。计算机归纳则是利用电子计算机进行数据的整理和汇总。

1. 画记法：就是用画"正"字或"＋＋＋"将原始资料逐个记入整理表中汇总归组。此法简单易行，但需小心细致，一般需两人同时画或画两遍以便核对。画记法一般用于观察单位数量不多、项目较少资料的归纳与汇总。例如，表2-2为表2-1汇总后的情况。

表2-2　某院不同年资护士对其工作满意情况的划记表

年资（年）	满意		一般		不满意		合计
	划记	频数	划记	频数	划记	频数	
<1	正正一	11	正下	8	正正	10	29
1～	正正正	14	正正正下	19	正正正一	16	49
5～	正正下	13	正下	8	正正	10	31
10～	正一	6	正下	9	正一	6	21
15～	正	5	下	3	下	4	12
≥20	一	1	下	4	下	3	8
合计		50		51		49	150

2. 分卡法：就是将原始记录表或记录卡直接归入各组，经过核对，然后清点每组记录表或卡片的张数，就是该组的观察单位数。如果调查表中调查项目较多时，可先将原始资料按分析项目转抄到"记录卡片"上，然后再用分卡法汇总。此法多用于资料数量较多的归纳汇总。

3. 电子计算机汇总法：当调查对象或调查项目较多，分析计算复杂时，手工归纳汇总较难以进行，此时可应用电子计算机来进行归纳汇总。其一般过程是：先将原始资料编码输入计算机，并运用计算机中有关统计软件的若干功能进行资料数据的逻辑检查和计算检查，审核原始资料。然后根据所研究现象的内在特点和统计分析的需要，把相应的分组标志和分组界线输入计算机，计算机即可依靠其识别和计算功能把具有相同标识的研究对象归在一起并记数（即归纳汇总），还可绘制出相应的统计整理表和统计图。

在资料归纳汇总后，需对结果进行检查，各行合计之和，各列合计之和都应等于总的合计值，各分析表间的有关数据应相吻合。

二、资料的分析

研究问题的目的在于认识客观规律。大部分的研究都是只在样本中进行，而结论却要推至研究对象的全体，即总体。因此所取得的科研资料在收集整理之后应进行科学、合理的分析。在后面第六章中将具体介绍科研资料的分析方法。例如，在量性研究中，只有通过统计学方法来进行分析才能找出规律性的答案，得到有意义的结论。目前统计学公式种类繁多、适用范围各异，需要研究者根据研究数据的具体情况选择适宜的统计学分析方法。虽然目前由于计算机统计分析软件的出现而避免了手工计算的繁琐，但是研究者一定要明确为什么要选用相应的统计分析方法，数据情况是否符合该公式的使用范围，如何解释计算机最后所给出的统计分析结果，这些都需要研究者认真学习统计学的相关知识，并将其与社区护理科研实践相结合。

第四节 研究结果的总结与应用

一、研究结果的总结

对研究资料进行整理分析之后，对所得的结果、结论和观点就需要用最恰当的形式表示出来。其中有调查总结、书面或者口头建议以及会议交流等，其中最常见的形式则为撰写研究论文。撰写研究论文是研究过程中不可缺少的环节，也是展示科研结果的一个重要形式，同时它也为研究成果的应用提供了重要的条件。在撰写研究论文时，一定要遵循研究论文的书写规则进行书写。要明确研究论文所要表达的中心问题，围绕中心问题精选科研资料并有机地组织结果，有时一个研究课题在完成时往往可以写出多篇研究论文，这就是根据研究者所要表达的中心思想和阐述的问题对科研资料和结果进行有机组织的结果。关于研究论文的具体写作要求与规范，将在本书第七章中进行详细的叙述。

二、研究结果的应用

社区护理研究的目的就是要通过一系列的科学研究工作促进社区护理质量的提高，促进社区护理学的发展。因此，研究结果的应用也是科研活动中最后应加以重视的一个环节。但目前很多有价值的研究成果在护理实践中并没有得到充分的应用。为了促进研究结果的应用，科研工作者要积极主动地将自己的科研结果向更多护理人员进行展示，如通过口头报告、科研大会交流、杂志发表、甚至网络上发表等形式，使得更多的护理人员能够知晓相应的研究结果，在对研究结果进行科学的评价之后，可以将科学的、有意义的研究结果应用于社区护理实践中，并继续动态观测相应的护理结局的变化。这本身也是一个新的护理研究课题的开始，同时也是最有实际意义的环节。

综上所述，社区护理研究的程序是由一系列相互联系的环节所组成的。研究者应根据自身的课题需要将这一系列环节具体化，以便高效、及时地完成研究任务。概括起来，一项社区护理研究的进程，可以用图2-1表示。

下面再以一个护理研究者所做的研究为例，来简单地介绍一下以上所述的各个过程在实际研究工作中是如何进行的：

1. 一位护理研究者，由于她的母亲没有定期进行乳房X线检查而使得乳腺癌的发现较晚，最后死于乳腺癌。由此她想到很多女性都没有定期进行乳房X线的检查。在此基础上，她形成了自己的科研问题，即女性进

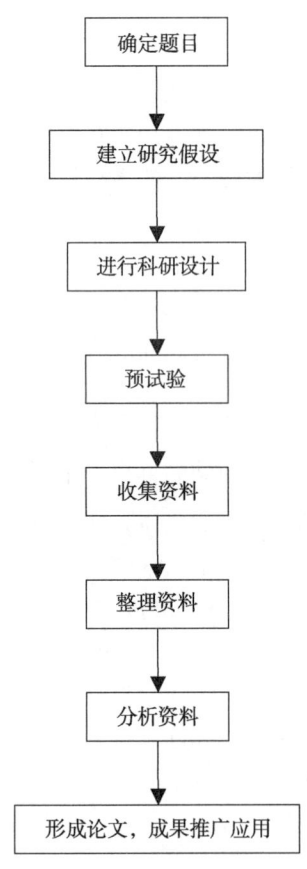

图2-1 社区护理研究的程序

行乳房 X 线检查的行为是否和她们对自己患乳腺癌的易感性评价不同有关?

2. 这位研究者查阅了相关的文献：有关乳房 X 线检查的，影响妇女是否决定进行此项检查的因素，有关的干预以促进妇女进行此项检查的研究等。

3. 研究者又进一步和相关的临床护理人员以及专业人士对此问题进行探讨，并和乳腺癌协会的会员们进行了私下的交谈，来了解她们对此问题的看法。

4. 基于研究者所了解到和学习到的内容，研究者形成了其科研假设：认为自己不易患乳腺癌的妇女比认为自己容易患乳腺癌的妇女进行每年一次的乳腺 X 线检查的可能性小。

5. 研究者采取了非实验性研究设计，即没有护理干预。她选取了居住于她所在区域的妇女 200 名，使用以往研究中所用的调查问卷进行电话询问。

6. 研究者在开始实施研究之前，将自己的研究计划上报所在机构的伦理审查委员会，以确定是否触犯伦理原则，可否实施。

7. 研究计划请临床同仁和科研方法学专家再次进行评定和修改；通过预试验对研究工具的质量进行了验证；资料收集人员也被召集在一起并进行了培训。

8. 开始正式实施研究，由访谈者通过电话对被研究对象进行访谈。

9. 数据被编码并被输入计算机，使用统计软件包进行数据的分析。

10. 分析结果显示科研假设是被证实的，即认为自己不易患乳腺癌的妇女比认为自己容易患乳腺癌的妇女进行每年一次的乳腺 X 线检查的可能性小。

11. 研究者对其科研结果进行了总结并撰写了相应的论文在护理期刊上发表，同时她也针对此题目在国际护理学术会议上进行了交流。

12. 研究者与临床护理人员和相关专业人士商量如何将此研究结果应用于实践中。

社区护理人员一定要时刻督促自己勇于发现问题、勤于思考和敢于尝试进行科研工作，遵循相应的程序，系统而科学地对某些问题进行研究。只有这样才能不断提高自身的科研能力，同时为推动社区护理的发展做出贡献。

（刘　宇）

第三章 文献的查询与利用

护理研究既要有继承，也要有创新。这一切均离不开对前人研究成果的利用和借鉴。因此，文献查询是护理研究中非常重要的一个环节，它贯穿于从选题到论文撰写的全过程中。通过文献查询，研究者可以更加明确自己的研究方向，了解自己所要进行研究的课题目前已经进展到何种程度，在哪些方面还有待于继续探讨和研究。通过文献查询，还可以借鉴他人的研究经验，进一步完善自己的科研设计，同时也可以为结果分析和讨论提供相应的理论支持。因此，研究者应了解文献查询的基本概念，掌握文献查询的基本方法。

第一节 基本概念

一、文献的概念

1. 信息　信息是具有新内容、新知识的消息，反映了事物的存在、运动状态及其特征。不同事物有不同的特征，并在不同条件下不断地发生变化，因而信息也在不断产生和变化。医学上，人体的脉搏、体温、呼吸甚至症状的发生、发展和变化等都是信息，各种化验检查的结果也是疾病所反映的信息。

2. 知识　知识是人们在改造世界的实践中所获得的认识和经验的总和，是人脑通过思维重新组合的系统化信息的集合。知识是信息的一部分，但不是信息的全部。只有经过选择、综合、分析、加工等过程处理的系统化的信息才是知识。人类正是通过利用前人总结积累的知识，来指导实践，获得新的知识。

3. 文献　文献是记录知识和信息的一切载体。知识或信息是文献的实质内容，载体是文献的外部形态，记录是两者的联系物，是文献的基本特点。医学文献是指记载着人类所获得的医学知识的文献。文献特征主要有两种：① 外表特征：著者姓名、题名、刊名、会议名和特种书刊名以及文字种类等；② 内容特征：包括各种学科分类和文献主题等。

二、文献的类型

文献可以根据以下的不同方法进行分类：

（一）按文献级别划分

1. 一次文献　又称原始文献，主要指原始论著、期刊上刊登的学术论文、研究报告、会议文献、档案资料、专利说明书等。一次文献具有创造性、新颖性、先进性和成熟性，是最基本的文献类型，是产生二、三次文献的基础。但它数量庞大、类型复杂、语种繁多、发表分散，查找起来相对困难，因此需要借助二次文献和三次文献才能有效利用。

2. 二次文献　是将大量无序的一次文献进行收集整理，著录其特征（著者、篇名、分类号、出处等），并按一定的顺序加以编排，以供读者检索所形成的文献。包括各种目录、索引、文摘等检索工具，以提供查找一次文献的线索，是文献检索的主体。二次文献仅对一次文献进行著录和标引等深层次加工,不会改变一次文献的原有内容。

3. 三次文献　是科技人员在利用二次文献的基础上,选用大量的一次文献,经过阅读、分析、研究、整理和概括而编成的文献。这类文献主要有综述、评论、进展、指南、词典、手册、百科全书、教科书、年鉴等。三次文献是在充分研究已经发表的文献基础上,对已取得的成果、进展加以评论、综述,并预测其发展趋势,以帮助读者快速了解、掌握当前的研究水平和动态。

4. 零次文献　指未经发表或未进入社会交流、未经系统加工整理的最原始文献,如书信、手稿、私人笔记、记录、设计草图、实验记录、科技人员口头交流的信息情报等。零次文献是一次文献的素材,对一次文献的形成起重要作用。随着科学技术的发展,知识的更新速度不断加快,使得零次文献越来越受到重视,逐渐成为一种重要的情报信息源。

(二) 按文献的出版形式划分

1. 图书　是系统学习各学科知识的基本文献信息资源,一般分为两大类,一类是供读者阅读的著作书籍,另一类是供读者检索查阅的工具书,如专题书目、索引、文摘、字(辞)典、年鉴等。

2. 期刊　也叫杂志,是一种采用固定刊名,定期或不定期出版的连续出版物,有统一的版式和外观,使用年、卷、期连续编号,每期可刊载多个著者的多篇文章。其中,学术性科技期刊是科技工作者知识更新的主要文献信息资源。

3. 报纸　是传播社会信息的一种重要文献,特点是准确、及时,具有群众性和通俗性。科技类报纸还有大量的科学技术成果信息和科技动态等内容。

4. 特种文献　是出版形式比较特殊的文献的总称,又叫非书非刊资料。主要包括专利文献、会议文献、科技报告、政府出版物、学位论文等。特种文献内容广泛,是科研人员的重要文献信息资源之一。

(三) 按文献载体的类型划分

1. 印刷型文献　即纸质文献。其优点是符合人们传统的阅读习惯,便于直接阅读;缺点是携带不便,存储密度低,占据空间大,易受虫蛀、水蚀。

2. 缩微型文献　又称缩微复制品。是采用缩微摄影的方法将文献影像缩小并记录在胶卷或胶片等感光材料上。其优点是体积小,重量轻,容量大,便于复制、携带及保存;缺点是需要借助缩微阅读机才能阅读,既不方便又容易使眼睛疲劳。

3. 视听型文献　又称声像资料或音像资料,包括唱片、录音带、录像带、科技电影、幻灯片等。这种文献可闻其声、见其形,直观易懂,表现力强,存储信息密度高,成本低,既可长期保存,又可反复播放和录制。

4. 机读型电子出版物　是指利用计算机存储和阅读的文献,其存储介质为磁带、软盘、光盘、联机数据库等一切高新技术载体。其特点是信息存储量大,检索速度快而准确,是当前和未来文献信息出版的热门载体形式。

三、文献检索的基本知识与基本检索方法

(一) 文献检索的概念

文献检索是指根据文献的外表特征或内容特征,按照一定的方式编排并储存在一定的载体上,通过一定的方法,从检索系统中查出特定文献的过程。所谓检索系统,包括手工检索

工具、计算机检索的数据库和网络化信息检索的硬件设备与软件系统。

(二) 文献检索工具

文献检索工具,是指按一定学科、一定主题进行收集、整理相关文献后,给文献以检索标识、及时报道的二次文献,具有存储、检索和报道信息的功能。对文献检索工具可以从不同的角度进行划分。如根据其载体的不同可分为印刷型、缩微型、计算机阅读型;根据其出版形式不同,可分为期刊式、单卷式、附录式、卡片式等。最常用的是按照其编著方式的不同,分为以下4种类型。

1. **目录** 目录是对图书或其他单独成册的出版物外表特征的著录,它通常是以一本书或一种期刊作为著录的基本单位,只描述出版物的外表特征,但对内容特征揭示少。著录项目一般包括出版物名称(书刊名)、著者、出版项(出版者、出版地、出版时间、版次等)和稽核项(页数、开本、定价等)。目录主要有4种。

(1) 分类目录:是按学科内部逻辑次序排列,从总论到各论,从一般到具体,从低级到高级,从简单到复杂,分门别类进行编排,配有分类号的检索系统。其特点是系统性强,一般可满足读者从专业角度检索文献的需要。例如,要查找有关护理学的一般技术、各专科护理等方面的信息,都可以在护理学类别中找到,同时还可得知这类书有哪些不同作者的著作和版本。

(2) 书名目录:是按照书或刊名的字顺,遵循一定的排列顺序编制而成的一种目录。它是便于读者从已知书刊名进行查找的一种检索工具。但同类的书刊资料,由于各自名称不同,其排列次序不能似分类排列那样集中,故查阅不够方便。例如,有关产科方面的图书就有《产科学》、《实用产科学》、《近代产科学》、《现代产科学》之分,按照书名字顺排列的原则,由于第一字各不相同,必须被分散排列于不同部分。

(3) 著者目录:是按著者的字顺编排而成的目录。中文有按汉字的笔画笔顺排列,也有按汉语拼音排列的,外文则按字母顺序排列。它可以将一个作者的全部著作集中列于他的名下,对研究某一特定作者的著作及其研究动态十分方便。

(4) 主题目录:是用规范化的语言来描述文献的主题内容所形成的目录。能够将同一主题的文献集中在一起,专指性强、并有很大的灵活性。如欲查找护理学的最新发展动态,通过主题目录则可找到有关护理、护理工作、护理管理、护理研究、护理诊断等有关护理学各个方面的论文。

因为科技发展快、信息量大、出版量猛增,科技人员所需的书刊资料,每个图书馆都不可能全部收藏,为使各馆文献充分利用,发挥各馆馆藏的情报职能,实现资源共享,因而编制出了联合目录,介绍国内外馆藏文献的情况,为读者查找原文提供方便。

2. **题录** 只著录文献的外部特征,以一个内容上独立的文章作基本著录,包括文献篇名、著者、刊名、年、卷、期、页码、语种等,因时差短而报道快、全,出版迅速。

3. **索引** 索引是将书刊资料所刊载的文章的题目、作者、出处以及所论及的主题等进行著录,并按一定的原则和方法编排而成的检索工具。索引与目录不同,目录是著录出版物的外表特征,如图书目录、馆藏期刊目录等,而索引是著录出版物中的内涵。例如对图书、期刊等出版物中的单篇文章,著录其文献题目、作者、出处(如期刊名称、卷期、页次、发表年月)及语种等,其揭示的文献内容比目录深。

4. **文摘** 是在索引的基础上,对原始文献用简明、扼要、准确的文字所做的摘录,以供读者浏览和查用，使读者用较少的时间了解文献的基本内容。文摘按其摘要的详简程度可分为指示性文摘、报道性文摘两种。

（1）指示性文摘：又称简介或提要，是一种以最简短的语言，概略指示原文的研究对象、内容范围、研究目的及方法，以使读者对文献的内容不产生误解为限。一般在50～150字之间，不包含具体方法、数据、结果等内容，不能代替原文。《中国医学文摘》即为指示性文摘。

（2）报道性文摘：是以原文为基础写出的文摘，基本上能反映文献的中心内容、观点、方法、数据及结论等。一般为500字左右，必要时可达到1000字左右，内容较详细，宗旨是揭示原文论述的主题和有创见的内容。如《国外医学》即为报道性文摘。

总之，文摘比目录和索引等更受读者欢迎，因为它可以帮助读者了解难以得到的某些原文的大致内容，使读者通过阅读文摘判断是否为其所需的内容，并做出是否需要进一步阅读原文的抉择，帮助读者节省阅读全文的时间。

（三）文献检索的途径

各种检索工具有不同的检索方法和途径。其中根据文献的特征来检索文献是最简捷的方法。文献特征主要有两种，一是外表特征，即著者姓名、书名、刊名、会议录名和特种书刊名以及文字种类等；二是内容特征，即包括各种学科分类和文献主题等。

1. 从文献的外表特征进行检索的途径

（1）书名途径：利用书、刊、杂志名称进行文献查找，是查找文献最方便的途径。

（2）著者途径：是按文献上署名的著者、编译者的姓名或机构团体名称进行查找的一种方法。著者索引是按著者姓名字顺排列的，因而检索直接、查准率高，是一条简捷的检索途径。但由于世界各国姓名的复杂多样，在编写著者索引系统时，制定了许多规则，以便标引者和检索者有所遵循，求得统一。检索时如不加注意，很可能造成误检和漏检。因此，使用国外的检索工具的著者途径查找文献时，应注意以下几点：① 姓名的次序，国外著者署名一般名在前，姓在后。但在检索工具的著者索引中，是姓在前，名在后，姓用全称，名用缩写，姓名之间用逗号或空格隔开，分别按姓名的字母顺序排列，如 Roberts, R.S（Roberts 是姓，R.S 是名的缩写）。另外，若姓前有前缀和冠词等，均一并计入，按姓的字顺排列；② 机关团体的名称均按原名著录，并加国别以示区分，与个人著者一样按名称字顺排列；③ 合著者为2人时，按原著者次序著录。若为3人或以上者，只著录前3个著者姓名，其后加"等"（et al）表示；④ 著者姓名的拼写与发音因各国文字不同而有别。一般检索工具常将各种文字的著者姓名加以翻译，并有各自的音译办法。如西文检索工具中，中国的姓名，均按汉语拼音著录，其他的非本国文字的著者姓名按音译法著录。

（3）序号途径：利用文献的各种代码、数字编制而成的索引查找文献，叫做序号途径。如专利文献、标准文献等特种类型文献，检索途径是根据它们批准或颁布时的编号（年份或顺序号）编制的序号索引。另外，化学物质有化学物质登记号，图书期刊有国际标准书号等。各序号按照代码字顺或数字的次序由小到大排列，检索起来很方便。

2. 从文献的内容特征进行检索的途径

（1）分类途径：以分类法的类目名称为检索用词，以分类目次作为查找文献的途径。由于国内检索工具的正文部分大都按照学科体系进行编排，故分类途径是查找国内文献的一条主要途径，最适宜用来检索学科概念明确的文献。还能根据学科体系的逻辑关系，通过上、下类目的选择，灵活地扩大或缩小检索范围，从而查找到所需的或相近、相关的文献。但因分类法修订的滞后性，一些新兴学科或专业不能及时得到反映，易造成漏检，故分类途径不适宜用来检索新学科、新专业的文献。交叉学科和跨学科的文献，如运用分类途径检索，要考虑到从多个有关的类目之下去查找。

分类途径的查找方法具体操作步骤为：① 分析检索内容，确定学科类别；② 在选用检索工具的分类目次上查找对应的类目；③ 根据类目的起止页码逐条查阅；④ 将筛选出的文献线索逐条记录下来，并据此获取原始文献。

(2) 主题途径：是通过文献内容学科性质的主题检索文献的途径。以经过规范化的名词或词组作为代表文献资料内容实质的主题词，按字顺排列起来构成主题索引。这种主题不一定是图书或论文的书名或篇名中出现的词语，而是对文献经过主题分析，从中抽取出来的主题概念的词。检索时与查字典相似，直接按主题词字顺就可找到某一特定课题的文献。每个主题词都是相互独立的，彼此间的顺序只是形式上的，而非逻辑上的顺序，可以将分散在各个学科中的有关文献都集中于同一个主题词下。因此，主题途径最适合用于查找专业术语概念明确的文献，或新兴学科、交叉学科、边缘学科及跨学科的文献。但一些检索范围广、内容繁杂、主题分散的文献，不宜采用主题途径，可考虑采用分类途径。

(3) 关键词途径：是根据文献篇名或内容中具有实质意义、能表达文献主要内容、起关键作用的词或词组抽取出来作为反映文献内容的关键词，并按字顺编排而成的一种检索系统。它与主题途径相近，但由于其选词没有进行规范化，不同作者对同一事物的概念不同，造词也不尽相同，因此同一内容的文献可能会分散在不同的关键词下。所以检索时必须把与关键词相关的同义词、近义词等都查遍，否则很可能漏检。

(4) 分类主题途径：是分类途径与主题途径的结合，相互间可以取长补短。因此，它比单纯的分类途径要细致具体，同时又可以克服单纯的主题途径难以熟悉和掌握的不足。

(四) 文献检索的方法

1. 常用法　又称工具法，即利用各种检索工具查找文献的方法。

(1) 顺查法：是一种以检索课题的起始年代为起点，按时间顺序由远而近地查找文献的方法。如艾滋病在1981年以前无报道，检索此课题可从1981年往后逐年查找，这种方法比较全面、系统、可靠。但对手工检索来说，工作量较大，效率较低。

(2) 倒查法：与顺查法相反，是一种逆时间顺序由近而远查找文献的方法。符合新兴学科的发展规律或有新内容的老课题，省时高效，研究者在短时间内可获得一些最新资料。如有关吸毒者护理方面的研究，查询文献时就可使用倒查法。但当研究者对课题了解不够时，容易造成漏检，补救方法是查综述，了解课题从何时开始及它的发展趋势。

(3) 抽查法：针对学科发展特点，选择学科发展迅速且发表论文较集中的时间，前后逐年检索，至基本掌握课题情况为止。能用较少的时间获得较多的文献，但必须知道学科发展特点和发展迅速的时期才能达到预期效果。

2. 追溯法　是利用已有文献（最好是综述）后面所附的参考文献追溯查找的方法。它的优点是在检索工具不齐备或没有检索工具的情况下，根据原始文献所附的参考文献检索相关文献，较切题，但有片面性，且文献多数较陈旧。

3. 分段法　是将常用法（工具法）与追溯法交替使用的方法，又称循环法或交替法。既利用检索工具，也利用文献后所附参考文献进行追溯查找，两种方法交替，分期分段使用，可获得一定年限内相当的文献资料线索，并能节省检索时间。

(五) 文献检索的基本步骤

由于每个研究者的文献需求不同，所选择的检索方法、途径也就不同。为了达到检索目的，研究者应制定相应的检索计划或方案，指导整个检索过程。一般包括以下几个步骤：

1. 分析检索课题，明确检索目的　首先，要对检索课题进行认真细致的分析，明确检索内容和检索目的，确定检索的学科范围、文献类型、回溯年限等，即检索者一定要经过仔细分析，针对某一具体问题或研究课题，弄清检索课题的真正含义，然后决定选择什么检索工具和检索方法最合适。

2. 选择检索工具，确定检索方法　各种检索工具均有各自的特点，应根据检索课题的要求、检索工具的特点以及检索者的外语水平选择合适的检索工具。关于检索方法，一般来说，在检索工具比较齐全的情况下，采用常用法比较合适；在检索工具比较短缺时，可采用分段法；如果没有或严重缺乏检索工具时，只能采用追溯法。如检索课题要求全面普查，可使用顺查法或交替法；若检索课题的时间紧迫，要求查准甚至查全，则应采用倒查法，也可采用抽查法。

3. 选择检索途径，确定检索标识　一般检索工具都有分类目次、著者、主题词等检索标识，必要时还可以借助其他辅助工具作为检索的途径，如专利索引、化学物质索引、登记号索引等。检索时应根据课题对文献的特定要求和已掌握的线索确定检索途径。一般多以主题或分类途径为主，其他检索途径为辅，达到查全、查准的目的。

4. 查找文献线索　是文献检索的核心步骤，以上各步是进入这一步骤的准备工作，根据由以上各步所确定的检索标识，在索引中查到该标识词，然后根据索引中提供的页码或文献号，即可在主体部分查到所需的文献线索。

5. 获取原始文献　根据查得的文献线索获取原始文献，是整个检索过程的最后一步。为了节省篇幅，检索工具中的文献出处项中的出版物经常采取缩写，因此，首先要将出版物名称的缩写（或代号）对照检索工具所附的"来源索引"、"收录出版物一览表"等查出刊名的全称。除本馆馆藏外，还可通过地区或全国馆藏联合目录进行馆际互借，或向原文著者索取原文。

第二节　医学文献检索工具及数据库

在进行文献查询过程中，研究者应根据实际条件，选择相应的检索工具。如目前随着计算机的发展，计算机光盘检索系统以及网上文献查询系统得到了飞速的发展。有条件的研究者应尽可能地利用计算机查找文献，即省时高效，又容易查全。如果不能利用计算机进行文献查询，研究者也可以利用纸质型的文献检索工具进行手查文献。

一、医学文献检索工具

(一) 中文医学文献检索工具

1.《中文科技资料目录》（医药卫生）

(1) 概况：《中文科技资料目录》，简称《中目》，是国内出版的大型专业文献检索刊物，共有34个分册，双月刊。医药卫生分册是其中之一。

《中目》（医药卫生）由中国医学科学院情报所（现名医学信息研究所）编辑、出版和发行，是目前查找国内医学文献的主要检索工具。该刊收录范围较广，包括国内各种医学与医学相关的期刊、图书，以及众多供内部交流的医学资料汇编、学术论文等。

《中目》采用以学科分类为主，主题索引为辅的检索方法，每年的最后一期编有年度主题累积索引，缺点是无著者途径。

(2) 编排结构：《中目》刊首有分类目次，刊末有主题索引。文献题录按分类编排成正文，每篇文献题录均有顺序号，每年第 1 期从 00001 开始排序，一直连续排到末期。每期的结构编排依次为编排说明、分类目次表、正文部分、本刊学科分类类名索引（1987 年新增）、主题索引首字字顺目次表、主题索引、本刊引用期刊一览表、本刊引用汇编一览表、本刊收录学术会议一览表、本刊收编国内期刊一览表及年度主题索引。

【例 3-1】分类目次表著录格式

```
R    医药、卫生 …………………………………………………… (12)
R2   中国医学 …………………………………………………… (22)
R4   临床医学 …………………………………………………… (53)
   47*  护理学** ………………………………………………… (61)***
   472  护理一般技术 …………………………………………… (61)
   473  专科护理学 ……………………………………………… (62)
     .5   内科护理学 …………………………………………… (62)
     .6   外科护理学 …………………………………………… (62)
     .71  妇产科护理学 ………………………………………… (63)
     .72  儿科护理学 …………………………………………… (63)
     .74  神经病、精神病护理学 ……………………………… (63)
R5   内科学 ……………………………………………………… (64)
```

说明：*代表分类号，在图书分类系统中，护理学的分类号为 R47

**代表类名

***代表题录所在页码，如护理学的题录所在页码为 61 页

【例 3-2】期刊论文在正文中的著录格式

0004716[a]增设早班护士更好实施整体护理[b]/蔡宝珠[c]（第一军医大学珠江医院）[d]…//第一军医大学学报[e]. -1999[f], (1)[g]. -12[h]

说明：ⓐ题录顺序号：2000 年用"00"表示年份，其后 5 位是题录顺序号（每年均从 1 号开始）；ⓑ论文题目：如果该篇文章为综述，则在题名后加"［综述］"字样；ⓒ著者：如果著者为两个及以上，只著录第一著者，后加"…"；ⓓ著者所在单位：置于圆括号内；ⓔ期刊名；ⓕ期刊出版年份；ⓖ期次；ⓗ此篇文章在该期刊的所在页码，如有转页，在页码之后加逗号再标转页页码，如 1～5，8。

(3) 检索途径与方法：《中目》的检索途径有两种，即分类途径和主题途径。

A 分类途径：该途径适用于已知所需文献的类属关系，需要对某一课题的文献进行较全面的了解。该刊的分类索引由"本期学科分类类名索引"和"分类目次"两部分组成。分类途径的检索方法及步骤如下：① 根据所要查询的课题，按汉语拼音音序在"本期学科分类类名索引"中找出该课题的类目名和类目号；② 根据类目号在"分类目次"中找到该类

目所在页码；③ 根据所指引的页码在正文中查找所需文献题录；④ 根据题录出处索取原始文献；⑤ 当所需文献涉及两个或两个以上主题时，按主要主题进行分类，并在次要主题处作参见。

B 主题途径：其检索方法及步骤为：① 对所需文献进行主题分析，找出此类文献所体现的主题词和副主题词。采用多个主题词以及主题词与副主题词之间的相互配合，可增强检索文献的专指性，提高检索效率；② 在"主题索引首字字顺目次表"中找到主题词首字所在页码。根据所指引的页码在"主题索引"中找到主题词和副主题词，记录其下的题录顺序号；③ 如所需文献涉及多个主题词，则分别查出与每个主题词有关的题录号，然后找出各个主题词共有的题录号，即为所需的文献题录号；④ 根据得到的题录号到正文中查找所需文献题录；⑤ 根据题录出处索取原始文献。在采用主题途径进行检索时，应注意充分利用每年最后一期的年度主题索引，以提高检索效率。

2.《国外科技资料目录》（医药卫生） 《国外科技资料目录》简称《外目》，为我国出版的查找国外科技资料的大型检索刊物，共有 39 个学科分册。其中的医药卫生分册是我国目前查找国外医学文献唯一的中文题录式检索工具。该刊的优点是：① 将文献题名译成了中文，打破了语言方面的限制，便于国内人员的利用；② 所著录的文献均著录有翻译单位，可向其借阅或复制原文，打破了资料来源的限制。其缺点是收录范围较窄，报道时差较大。

《外目》为月刊，年终有年度主题累积索引，在 1988 年以前年度主题累积索引以第 13 期的形式单册出版，1989 年后被并入第 12 期中。

《外目》的基本结构、编排原则以及检索途径与方法均与《中目》类似，不再详述。这里仅对正文题录的编排格式略加说明如下：① 文献著者一律姓在前，名在后，名用缩写；② 期刊名称采用缩写，若要知道全称可查每年第一期的"本刊收编国外医刊表"的全称与缩写对照；③ 除英文外，其他文种的文献，均在文献题名后，以方括号注明原文文种及摘要文种；④ 刊期包括年度、卷次、期次；⑤ 题录后提供译题单位缩写，通过每年第一期中的"供稿单位名单"可知其全称。

3. 文摘式检索工具 除了上述介绍的《中目》和《外目》两种常用的医学文献检索工具外，我国目前还有两种常用的文摘式医学文献检索工具，即《中国医学文摘》和《国外医学》。

(1)《中国医学文摘》：是以文摘、简介和题录的形式报道国内有关医学期刊发表的文献，根据不同的学科体系，以分册的形式出版，目前共有 16 个分册，护理学分册是其中之一。护理学分册为双月刊，收录来自国内公开发表的医学护理学期刊 200 余种，每年摘录其中有关基础护理、护理教育、护理科研、护理管理等专业文献 3000 余条。每年第二期附有"引用期刊一览表"，年终附有主题索引和著者索引。文摘正文按学科分类体系进行编排。主要检索途径为分类检索，另可利用年终的主题索引和著者索引进行主题检索和著者检索。

【例 3-3】《中国医学文摘》（护理学分册）正文部分的著录格式

991950[a]新生儿母乳性黄疸的临床观察及护理[b]/叶朝[c]//天津护理.[d]-1998,6(3)[e].-92～93[f]为加强对新生儿母乳性黄疸的监测及防治，该院对其进行了系统的观察及护理。观察组为出生后即··········（略）[g]．表 2 参 2[h]（维安）[i]

说明：[a] 文摘顺序号；[b] 论文题目；[c] 著者姓名；[d] 刊名；[e] 期刊出版年，卷（期）；[f] 起止页码；[g] 文摘摘要；[h] 图、表、参考文献的数量；[i] 文摘员。

【例3-4】《中国医学文摘》(护理学分册)年终主题索引的著录格式

黄疸,新生儿[a] -病因学[b] 992122[c] 护理[b] 991950[c] 991949[c]
预防和控制[b] 993572[c] 治疗 992687[c]

说明:a 主题词(黑体);b 副主题词;c 文摘号

【例3-5】《中国医学文摘》(护理学分册)年终著者索引的著录格式

ye
叶惠珍[a] 991599[b]
叶朝[a] 991950[b]

说明:a 著者姓名;b 文摘号

(2)《国外医学》:以综述、译文和摘要的形式全方位报道国外医学的发展动态、新成果、新理论、新技术等,是我国医学科技人员了解国外医学发展动态的重要工具之一。《国外医学》按学科专业,以分册的形式编辑出版。目前共有内科学、外科学、护理学、社会医学等47个分册。检索途径主要为分类检索,利用每年最后一期的主题索引也可进行主题检索。

(二) 英文医学文献检索工具

目前世界上主要的英文医学文献检索工具有:美国《医学索引》、荷兰《医学文摘》、美国《生物学文摘》和美国《化学文摘》4大检索工具。这里只简单介绍一下美国《医学索引》。

美国《医学索引》(INDEX MEDICUS,简称IM),于1879年创刊,由美国国立医学图书馆编辑出版,是目前世界上最常用的生命科学题录式检索工具。其收录的范围包括医学及与医学相关的论文、社论、综述和各种学术会议论文等。涉及44种文字的期刊3300多种,包括中国的核心期刊30多种。由于其具有收集文献种类繁多、文种广、质量高、报道速度快(一般时差2～3个月)、检索方法简便等特点,而成为检索医学文献的理想工具。

该刊每年1卷,每月1期。每期分Part 1主题部分(Subject Section)和Part 2著者部分和医学综述题录(Author Section and Bibliography of Medical Reviews)两册。从1989年起,每年年初单独出版《引用期刊一览表(List of Journals Indexed in Index Medicus,LJI)》和《主题词表(Medical Subject Headings,MeSH)》各1册。

IM提供两种检索途径,即主题途径和著者途径。其中以主题途径进行检索的利用率最高。

由于IM收录的文献被Medline覆盖,因此有条件使用Medline数据库的用户就不必再查IM。如果需要检索1957年之前的医学文献,则只能通过IM进行检索。

二、医学文献检索数据库

医学文献检索数据库一方面可以从刻录好的光盘中获取,另一方面也可以从网上的数据库直接进行查询。

(一) 中国生物医学文献数据库

《中国生物医学文献数据库》(CBMdisc)是由中国医学科学院医学信息研究所开发研制的综合性医学文献数据库。该数据库收录了我国1980年至今出版的900多种生物医学及其相关期刊、汇编、会议论文的文献题录,总计170余万条,年增长量约20万条,收集了《中文科技资料目录》(医药卫生)和《中文生物医学期刊目次数据库》(CMCC)中收录的所有文献题录。

CBMdisc 检索系统与美国 MEDLINE 光盘检索系统及相应的 PubMed 网上检索系统具有良好的兼容性。系统建有主题词表、分类表、期刊表、索引词表等多种词表辅助检索功能，可从主题词、关键词、分类、著者、刊名等多种途径进行检索，还可进行截词检索、通配符检索及各种逻辑组配检索。

《中国生物医学文献数据库》已开发网络版，查询时可以登录 http://www.imicams.ac.cn/cbm/网址，即可出现如图 3-1 所示的界面。在使用之前，读者可以点击"用户指南"（见图 3-1 中箭头），内有非常详细的该数据库的使用说明（见图 3-2），并有具体的流程演示，非常方便用户进行自学。

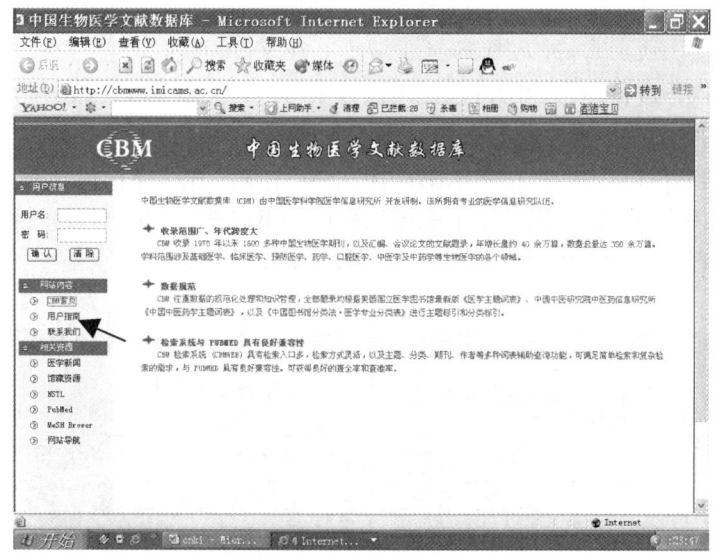

图 3-1 《中国生物医学文献数据库》界面

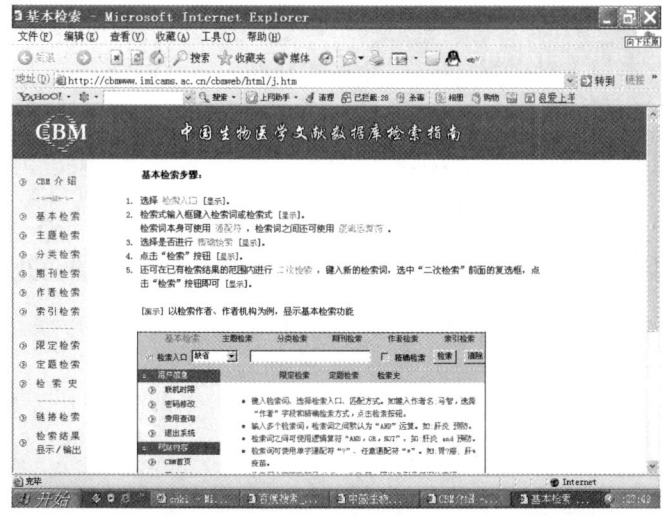

图 3-2 《中国生物医学文献数据库》检索指南图示

(二) 中国期刊网全文专题数据库

简称CNKI（China National Knowledge Infrastructure），是由清华大学同方光盘有限公司生产，内容涉及数理科学、化学化工能源与材料、工业技术、农业、医药卫生、文史哲、经济政治与法律、教育与社会科学、电子技术与信息科学等领域，涵盖《中国期刊全文数据库》（CJFD）、《中国优秀博硕士学位论文全文数据库》（CDMD）、《中国重要报纸全文数据库》（CCND）、《中国重要会议论文全文数据库》（CPCD）等8个数据库。可以实现跨库检索。该数据库网上数据每日更新，系统提供全文、篇名、作者、机构、关键词、中文摘要、刊名、引文、基金等9种基本检索方式，还有二次检索、组配检索等检索方式。该数据库网址为 http://www.cnki.net，进入后显示如图3-3的界面。用户可免费获取文献线索如果要在该网站上获取全文，还需进行注册和"在线充值"，因下载全文需要付费。点击"在线充值"按钮（见箭头所示），进入图3-4的界面。在该界面上，有各种在线充值方式，非常简洁，用户按照操作进行即可。用户在使用该数据库进行文献查找之前，可以先阅读检索指南。点击图3-3中的"新手上路"按钮（见箭头所示），即可进入图3-5的界面。按照界面上所显示的内容进行点击，可以进入到如图3-6所示的具体操作演示界面。"新手上路"的内容演示非常具体、直观，因此本书在该数据库的具体使用方面不做介绍，读者可以直接登录网站，进行直观的学习和尝试使用该网站的文献查询服务。

图3-3 CNKI首页界面

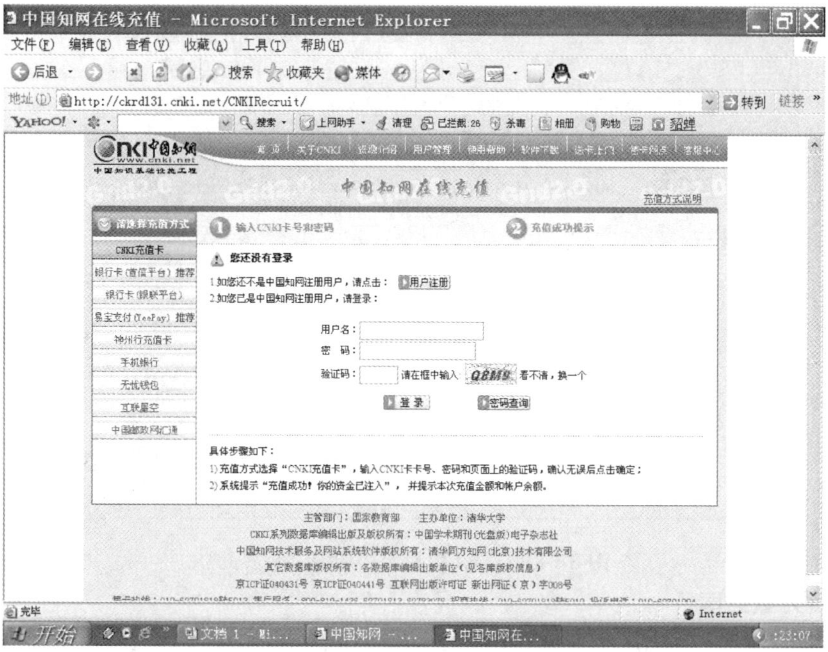

图 3-4　CNKI在线充值界面

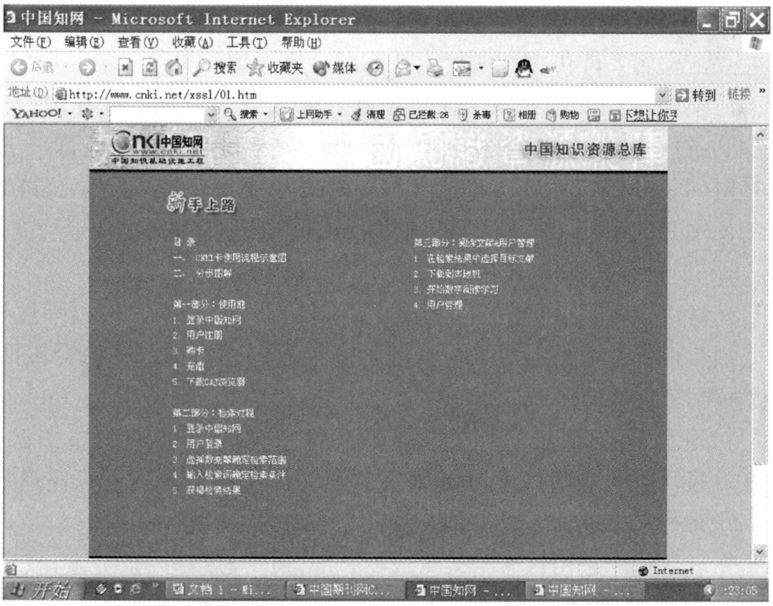

图 3-5　CNKI用户使用指南界面

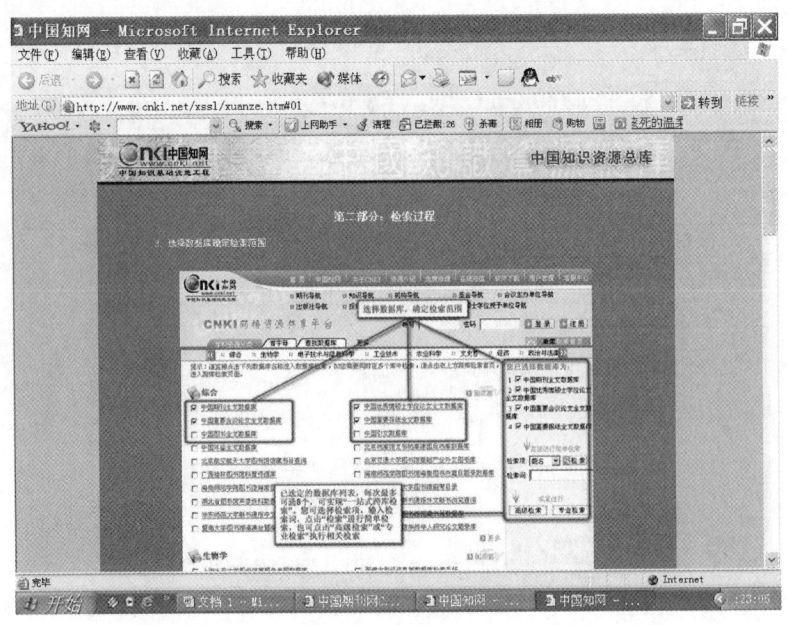

图 3-6 CNKI 用户使用指南讲解界面

(三) 万方数据库

万方数据库系统（http://new.wanfangdata.com.cn）由中国科技信息研究所万方数据（集团）公司于 1997 年 8 月创办，是一个以收集科技信息为主，涵盖经济、文化、教育等领域的综合性信息服务系统。目前，全新改版后的万方数据资源系统被分为科技信息子系统、商务信息子系统和数字化期刊子系统 3 个部分。数字化期刊中医药卫生类包括 15 个类目 335 种期刊，中华系列 67 种。从期刊类目逐层点击即可进入到各刊主页，点击某一期，即进入该期目录，点击篇名，即可浏览所检索文献的全文，但浏览全文需注册付费。数字化期刊检索系统分为简单检索和复杂检索。简单检索只需输入关键词，并在选择框内选择在论文、引文还是期刊名称中查询。利用复杂检索能进行快速有效的组合查询，进入查询页面，在对话框中选择时间、分类、地区等检索条件，可缩小查询范围，迅速获得准确的查询结果。该数据库的使用方法与 CNKI 相类似，读者可以任意选择两者之一进行文献查询。

(四) MEDLINE 光盘数据库

MEDLINE 光盘数据库是由美国国立医学图书馆（NLM）生产的国际性生物医学文献书目数据库，是当今世界上最有权威的生物医学文献数据库之一。其内容包括 Index Medicus（美国《医学索引》），Index to Dental Literature（牙科文献索引），International Nursing Index（国际护理索引）3 种索引，收录了 1966 年以来近 1000 多万条文献记录，每月平均入库记录近 4 万条，收录的期刊近 4500 种，以题录和文摘的形式进行报道。其中 92% 以上是英文文献，70%～80% 的文献含文摘。

MEDLINE 光盘数据库是由许多记录组成的，一条记录就是一篇文献，每条记录又是由若干字段组成的。表 3-1 描述了 MEDLINE 中常用字段的缩写、字段名称及含义，是研究者在查阅 MEDLINE 时应具备的基本知识。MEDLINE 光盘数据库有多种检索途径与检索方法，主要有自由词检索和主题词检索。

表 3-1　MEDLINE 中常用字段的名称及含义

缩写	字段名称	含义
AB	Abstract	文摘
AD	Address of Author	著者地址
AI	Abstract Indicator	文摘标识
AN	MEDLINE Accession Number	MEDLINE 存取号
AU	Author（s）	著者姓名
CM	Comments	评论
CN	Contract or Grant Numbers	合同号或基金号
CP	Country of Publication	出版国
GS	Gene Symbol	基因符号
ISSN	International Standard Serial Number	国际标准刊号
LA	Language	语种
MESH	Medical Subject Headings	医学主题词表
MIME	Minor MeSH Headings	次要医学主题词表
MJME	Major MeSH Headings	主要医学主题词表
NM	Name of Substance	物质名称
PS	Personal Name as Subject	人名主题词
PT	Publication Type	出版类型
PY	Publication Year	出版年
RN	CAS Registry Number or EC Number	化学文摘社化学物质登记号或酶的命名号
SB	Subset	子文档
SH	Subheadings	副主题词
SI	Secondary Source Identifier	第 2 文献来源标识符
SO	Source	文献来源
TG	Checktages	特征词
TI	Title	篇名
TO	Original Title	原文题名
UD	Update Code	更新代码

1997 年 6 月美国国立医学图书馆（NLM）宣布 MEDLINE 在网上提供免费查询，采用图形界面，用户不经培训，便可在网上自由检索。PubMed 的网址是 http://www.ncbi.nlm.nih.gov/pubmed，输入后进入图 3-7 所示的界面。在此网站上，有供用户使用的培训教程，点击首页上的"tutorial"按钮（见图 3-7 中箭头）即可进入如图 3-8 所示的讲解界面，在该界面上有详细的视频教材，可供用户学习如何更好地使用该数据库。

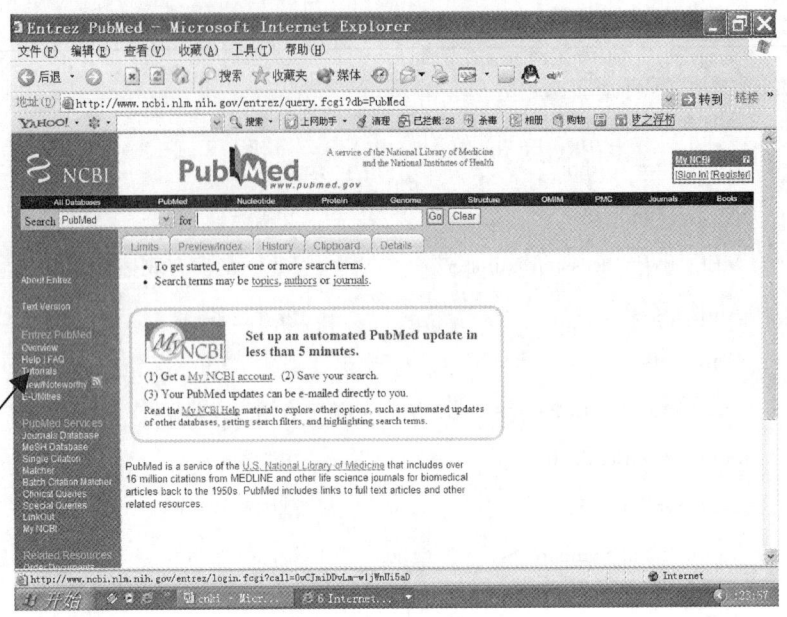

图 3-7　PubMed 首页界面

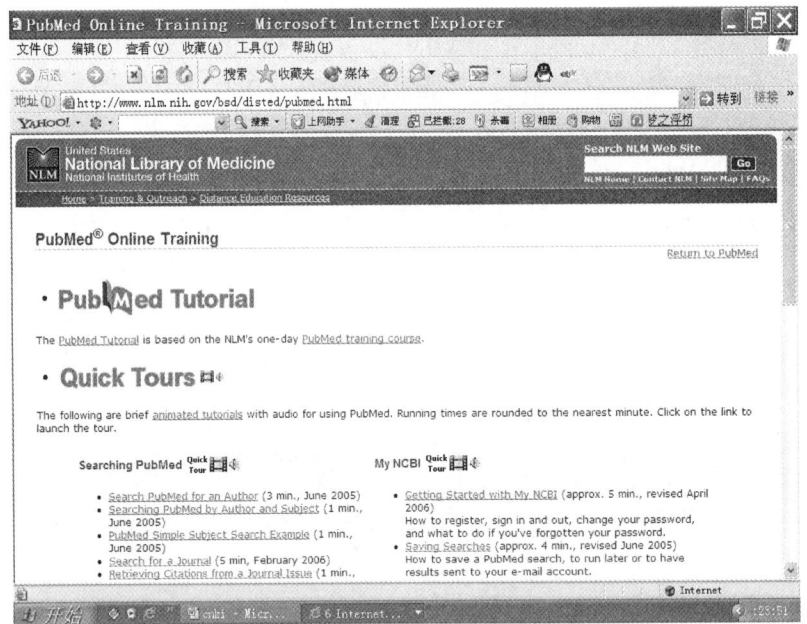

图 3-8　PubMed 中的使用者培训界面

另外，使用者也可以使用自由词检索的方法直接查找文献，如在查询框中输入"caregiver burden"这一自由词，点击"Go"后出现图 3-9 中所示的结果。如点击第一篇文献后即可出现如图 3-10 的显示，是有关第一篇文献的摘要内容，此时如需获取全文，则可点击图 3-10 中的"Full Text"按钮，但需要付费才能下载全文。

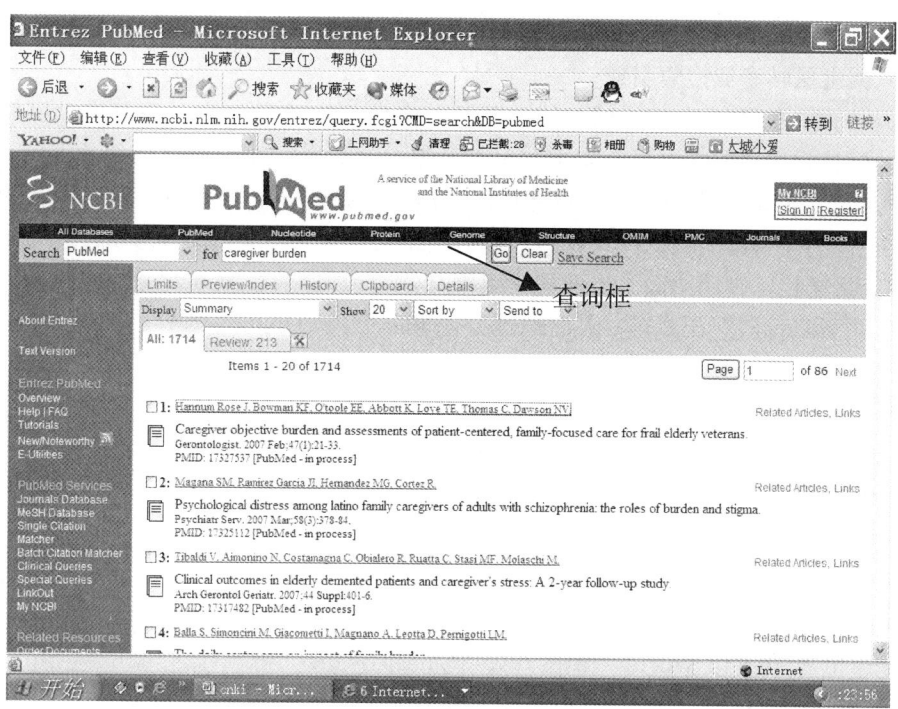

图 3-9　PubMed 中使用自由词 "caregiver burden" 查询后的界面

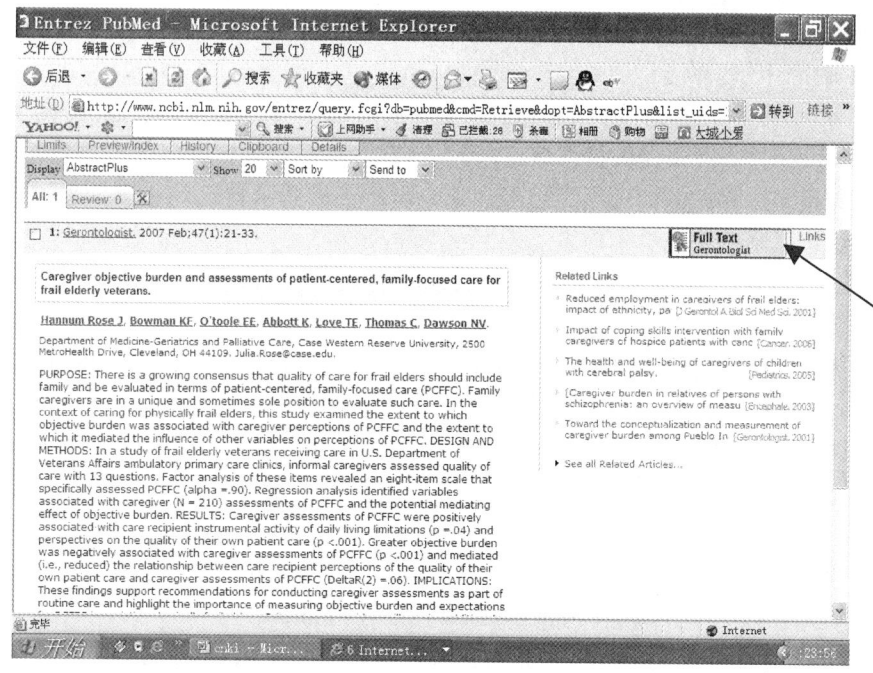

图 3-10　PubMed 中文章摘要显示界面

三、网络护理信息资源

Internet 的诞生是信息技术领域的一个新起点，它的出现和普及使用户得以在世界范围内共享计算机资源。

(一) 网上医学专业搜索引擎

Internet 网页的增长速度是惊人的，要想查找自己需要的信息，需要借助网络检索工具，如搜索引擎等。"搜索引擎"是 Internet 上的一类站点，他们有自己的数据库，保存了 Web 上很多网页的检索信息，并不断更新。用户可以访问他们的主页，通过输入提交一些关键字，让他们在自己的数据库中检索，并返回结果网页，结果网页中罗列了指向另一些网页地址的超级链接，常用的医学专业搜索引擎有：

1. 医源 Medical Matrix（http://www.medmatrix.org/index.asp）
2. Medscape（http://www.medscape.com）
3. HealthWeb（http://www.healthweb.org）
4. MedExplorer（http://www.medexplorer.com）
5. 医学导航 MedicalNavigator（http://www.shmu.edu.cn）
6. Internet 医学资源（http://www.gzhmc.edu.cn/net/html）
7. 美国国家护理研究所（http://www.nih.gov/ninr）
8. 世界卫生组织 WHO（http://www.who.org）
9. 健康世界 Health World（http://www.healthy.net/Library/search/Medline.as）
10. 家庭医生（http://www.familydoctor.com.cn）

(二) 网络护理信息资源

因特网上有很多的专业学术团体、组织或机构等的网站或网页，访问护理相关网站可为护理人员提供大量的信息。在此仅列举其中的部分网站。

国内有中华护理学会（http://www.tcmtoday.com/cna）、林琳护理网（http://www.huli.net）、医学护理网（http://www.huliw.com）、三九健康网（http://www.999.com.cn）等网站提供护理信息。

同时，有很多国际性的护理组织已经在 Internet 上设立了自己的主页，通过这些主页，可以和这些组织联系、交流学术内容。

1. 美国护理学会（American Nurses Association） 网址：（http://www.nursingworld.org/）
2. 美国危重护理学会（American Association of Critical-Care Nurses） 该学会主要介绍护理临床资源，杂志，并为护士和其他健康执业人员提供教育机会。网址：（http://www.aacn.org/）
3. 美国护理法律顾问学会（American Association of Legal Nurse Consultants） 该学会为非营利性组织，主要致力于增进注册护士临床实践的法律水平。网址：（http://www.aalnc.org）
4. 美国护理管理学会（American Association of Managed Care Nurses） 该学会主要致力于建立护理管理标准。网址：（http://www.aamcn.org）
5. 美国整体护理学会（American Holistic Nurses Association，AHNA） 该学会为一世界性组织，主要为希望从事整体护理的护士提供支持和教育。网址：（http://abna.org/）
6. 加拿大护士学会（Canadian Nurses Association） 网址：（http://www.can-nurses.ca）
7. 国际新生儿护理学会（International Association of New-born Nurses） 介绍有关

新生儿护理的会议，组织网上讨论等。网址：(http://www.intellimatic.com/iann)

另外，护理研究者可通过 Lippincott 护理中心网页(http://www.nursingcenter.com/)，点击"Journals"项，显示期刊名称列表，部分期刊可浏览全文。其中有《美国护理学杂志》(American Journal of Nursing)，该杂志免费提供 1996 年至今的杂志全文，并可在该网页上通过超级链接进入其他护理杂志，如《护理研究》(Nursing Research) 等。

读者还可通过以下网站免费获得网上英文期刊的全文信息。

1. Highwire (http://Highwire.Stanford.edu)　是由 Stanford 大学图书馆创立的世界上最大的提供免费文献全文的网站之一。内容包括医学、生物学、社会科学等，至 2004 年 2 月收录文献 1400 万篇，其中约 69 万篇是免费全文，可通过主题、刊名、出版社等途径检索。

2. Freemedicaljournals (http://www.freemedicaljournals.com)　该网站目前收录 1340 种免费全文期刊，包括英文、法文、西班牙文等 14 种语言。用户可以向网站推荐免费的期刊，经注册后还可收到网站发来的最新免费期刊的通知。检索该网站期刊可通过网页左侧的专业类别（specialty）和期刊名首位字母二种途径。目前网站中收录护理类期刊 12 种。

3. Medscape (http://www.medscape.com)　可检索图像、声频、视频资料。是网上最大的免费提供临床医学全文文献和继续医学教育资源的网站，可检索全世界 3900 多种医学杂志的 950 万篇文章摘要，25 万多篇全文，更新速度快。获得该网上期刊的全文需要注册，但注册是免费的，注册后网站定期向用户指定的电子邮箱发来最新的医学新闻。

4. PubMed Central (http://www.pubmedcentral.nih.gov/index.html)　与 PubMed 只有引文与文摘的检索系统不同，pubmedcentral 是一个电子期刊全文数据库，可获取全文。

5. 通过期刊主办机构或期刊网络版的网址获取免费全文　表 3-2 为免费提供全文的几种护理杂志的网址。

表 3-2　免费提供全文的护理杂志名称及网址

期刊名称	网址
Evidence-Based Nursing	http://ebn.bmjjournals.com
Journal of Community Nursing	http://www.jcn.co.uk
American Journal of Nursing (AJN)	http://www.nursingcenter.com/journals/
The American Journal of Maternal/Child Nursing (MCN)	http://www.nursingcenter.com/journals/
The Australian Electronic Journal of Nursing Education	http://www.scu.edu.au/schools/nhcp/aejne/aejnehp.htm
Journal of Clinical Nursing	http://www.blacksci.co.uk/products/journals/jcn.htm
Research in Nursing & Health	http://www3.interscience.wiley.com/cgi-bin/jtoc/33706/

第三节　提高查阅文献效率的方法

在文献查阅过程中，为了更快地获取和积累所需的文献，提高文献查阅效率，节省科研时间，研究者应掌握一些相关的方法与技巧。

一、文献查阅的基本技巧

除了本章前面所介绍的有关查询文献的基本知识与方法之外，研究者还应注意应用某些技巧于文献的查询与阅读过程中。

（一）明确文献查阅的目的

文献查询与阅读过程贯穿于护理研究的各个阶段中，因此研究者应特别明确自己在某阶段查阅文献的主要目的是什么，即想要获得什么，想要解决什么问题。例如，在研究的准备阶段，查阅文献的主要目的就是为了确定课题，制定和完善自己的研究设计；在资料整理与分析阶段，其主要目的则是进一步分析他人所运用的资料整理与分析方法，从而为自己的数据整理与分析提供更广阔的思路；在撰写论文时查阅文献，目的是将自己的科研结果与以往类似的研究结果进行比较，并寻找与自己的研究结果相对应的理论支持和合理解释。因此，在进行研究的各个阶段，查阅文献的目的不同，只有明确查阅目的，才可以相应地节省查阅文献的时间。

（二）选择适宜的文献类型和文种

所谓适宜，是指研究者所选择的文献类型和文种应符合研究者自身的语言水平和能获取到的文献资源的实际情况。如果研究者外文水平一般，可以主要选择中文文献进行阅读，若想进一步了解国外相关研究的发展情况，可以查阅相关的将英文文献翻译为中文的检索工具，如《国外科技资料目录》（医药卫生）和《国外医学》等，必要时需要请人帮助将重要的外文文献原文翻译成中文后进行仔细阅读。

每位研究者所拥有的文献资源情况各不相同，如有的研究者所在单位具有完善的图书馆检索系统和工具，非常方便进行文献的查找；而某些研究者可能由于处于偏远地区，文献资源并不丰富。因此研究者要根据自己的实际情况来进行文献的选择。目前，由于网络资源发展非常迅速，研究者可以使用网上文献资源进行文献的查找，如CNKI、《万方数据库》、PubMed，以及前面所介绍的一些网上资源，都可以用来进行文献查找。在网上进行查找时，如欲获取全文，某些网站可能会要求查询者付费，此时可根据研究经费的情况进行选择，如果有充足的研究经费，就可付费后获取原文，如果经费不足，可以在网上免费获取相应的文献线索后，如期刊名称、卷次、期等，再去图书馆手查相应的文献原文。另外，研究者在阅读文献的时候，不要只重视本专业期刊，某些综合性医学期刊往往也会提供一些有价值的参考文献。

（三）使用有效的文献阅读方法

研究者需要具备一定的文献阅读技巧，以便在短时间内了解文献的主要内容，达到研究者在各阶段查阅文献的主要目的。在阅读一篇文献之前，先不要急于将文献从头读到尾，首先从题目上选择自己感兴趣的文章，然后阅读该文章的摘要，即可对文章的主要内容有一个大致的了解。此时再决定是否要从头至尾仔细阅读全文。另外，研究者还要根据自己的文献查阅目的来确定文章中最需仔细阅读的部分是什么。如在选题阶段，文章的"前言"、"结论"等部分将是研究者重点阅读的内容，以便研究者进一步明确自己的研究题目和创新所在；在科研设计阶段，文章的"内容与方法"部分将是重点阅读的部分，以便帮助研究者完善自己的研究设计内容。

二、积累与记录文献的方法

阅读文献的目的是为了积累和利用文献。因此,在阅读文献时要注意做好笔记或文献摘录,否则,时间久了,阅读的资料过多,即使是曾经仔细阅读过的文章,也可能会忘记其中的重要内容。因此,研究者要掌握一定的积累与记录文献的方法。记录文献资料的方法很多,下面仅简单介绍卡片式记录法。

卡片编号

文章题目(或书号):
作者:
杂志名称(或书的出版社):
日期:年、卷(期)、页数
内容:
① 可抄写部分认为重要的段落或语句。
② 可用自己的语词摘抄部分内容,同时可标注出文献中所对应的具体页码,如条件允许可用特殊记号或颜色在文献上标注。
评论资料:
描述自己对该篇文章的体会和总结,可以写明在哪些方面会对自己的科研课题有帮助。

研究者也可以根据自己的阅读习惯总结出适合自己的记录方法。如某些研究者在卡片中还进一步明确该研究的科研设计类型,研究对象的入选标准,样本量,抽样方法,研究开展的场所,研究中的自变量、因变量和外变量,有无干预措施,简单记录具体的干预方法,收集资料的方法,应用的统计学分析方法,研究的主要结果,应用价值等。总之,无论何种文献记录的方法,主要目的都是为了帮助研究者更好地积累与利用这些文献,避免重复阅读、浪费宝贵的科研时间。

附 科技查新咨询

科技查新是以文献检索为手段,运用分析和对比的方法,为评价科研立项、成果鉴定及专利申请等项目的新颖性和先进性提供科学依据的一种信息咨询服务。其重点是评价项目有无创新点,对研究项目的整体水平、技术水平进行综合评判,并做出结论报告,为专家评议提供全面、准确的客观依据。国家卫生部1989年正式颁布了《卫生部卫生科技项目查新咨询工作规定》,指出查新咨询工作是科研管理工作的重要组成部分。通过科技查新,可以减少科研重复浪费,提高科技投资效益,避免成果评审失准,增强开发竞争潜力,从情报角度上保证高水平、高起点、高质量,提高总体科技水平。

一、科技查新咨询的意义
(一)为科研立项提供客观依据

科研课题在试点、研究开发目标、技术路线、技术内容、技术指标、技术水平等方面是否具有新颖性,在正式立项前,首要的工作是全面、准确地掌握国内外的有关情报,查清该课题在国内外是否已研究开发过。通过查新可以了解国内外有关科学技术的发展水平、研究开发方向、是否已研究开发或正在研究开发、研究开发的深度及广度、已解决和尚未解决的问题等,对所选课题是否具有新颖性的判断提供客观依据,防止重复研究开发而造成人力、物力、财力的浪费和损失。

（二）为科技成果的鉴定、评估、验收、转化、奖励等提供客观依据

查新可以为科技成果的鉴定、评估、验收、转化、奖励等提供客观的文献依据,并保证其科学性和可靠性。同时,也加强了科研管理的科学化、民主化和规范化。如果没有查新部门提供可靠的查新报告作为文献依据,只凭专家小组的专业知识和经验,难免会有不公正之处,可能会人为地提高或降低成果等级,既不利于调动科技人员的积极性,又防碍成果的推广应用。

（三）为科技人员进行项目研发提供大量、可靠的文献信息

未进行查新前,相当一部分科研人员对本行业的技术信息情况了解得不够详细,而查新机构一般具有丰富的信息资源和完善的计算机检索系统,回溯检索或跟踪检索非常方便,甚至几分钟之前的文献数据都可检索到。通过查新人员的查新,可大量节省科技人员查阅文献资料的时间。

二、查新咨询的程序

（一）查新委托受理

查新委托人根据待查新项目的专业、科学技术特点、查新目的、查新要求以及需要查证其新颖性的科学技术内容,自主选择查新机构。查新机构确定查新员和审核员,向用户说明该课题的委托步骤和手续,并向用户提供查新委托单,说明委托单的填写要求,完成课题登记。并要初步审查查新委托人提交的资料是否存在缺陷；是否符合查新要求；判断查新委托人提交的资料内容是否真实、准确。若接受查新委托,按照查新规范,与查新委托人订立查新合同。

（二）分析课题,确定查新方案

查新员在接待委托用户时,应该向委托人了解查新项目的历史与现状,立项的意图,实验方法,涉及方案,现有技术和技术参数。项目的先进性、创造性、新颖性和实用性所在,提供的主题词和关键词能否反映项目的主要内容。在初步掌握以上情况后,还要进一步精读、研究查新项目的内容,明确查新委托人提出的查新点与查新要求,确定检索文献的类型和检索的专业范围、时间范围,制定周密、科学而具有良好操作性的检索策略。

（三）实施检索

查新检索是查新咨询工作的基础环节,检索工作的好坏直接影响查新结果的质量。可以采用机检为主、手检为辅相结合的手段,提高检索速度,并确保查全。在检索过程中检索的概念要少,同类检索词要多,尽量选用反映课题的主要概念、基本概念的同类检索词,少用或不用次要概念。同一概念有不同的表达形式,应当尽量收齐近义词、同义词、相关词等。另外,要注意分析概念的内涵与外延,对某些概念不能只看表面,应该透过现象看本质,充分理解它的内涵和外延,注意隐含概念的提取。

（四）收集阅读原始文献,综合分析对比

手检、机检完成以后,可得到少则十几篇多则上百篇的相关文献题录或摘要,这就要求先看文摘,对密切相关文献要找出原文阅读分析,根据情况需要再决定是否扩大收集原文范围。在阅读原文的基础上,对与查新课题密切相关的内容、技术指标进行分析、综合、对比后,明确它们的不同点,并按密切相关、一般相关文献的顺序列出检索附件。

（五）专家咨询

查新人员不可能精通各门学科,对检索中遇到的疑点、难点或不清楚的地方,应该及时与有关学科专家咨询,听取专家对所查项目创造性、科学性和实用性的客观评价。

（六）撰写查新报告

查新报告是查新咨询工作的最终体现,应该完整反映查新工作的步骤和内容,供有关人员审查评议。

1. 查新报告基本内容　包括：① 查新报告编号,查新项目名称,查新委托人名称,查新委托日期,查新机构的名称、地址、邮政编码、电话、传真和电子信箱,查新员和审核员姓名,查新完成日期；② 查新目的、查新项目的科学技术要点、查新点与查新要求、文献检索范围及检索策略、检索结果、查新结论、查新员与审核员声明、附件清单；③ 查新委托人要求提供的其他内容。

2. 撰写查新报告应该注意的几个问题　撰写查新报告必须在全面掌握大量第一手材料的基础上进行，严把质量关，做到客观、公正、全面、准确、清晰地反映查新项目的真实情况，不得误导。撰写过程中必须注意以下几点：① 查新报告应当采用描述性写法，使用规范化术语，文字、符号、计量单位应当符合国家现行标准和规范要求；不得使用含意不清、模棱两可的词句；应当包含足够的信息，使得查新报告的使用者能够正确理解；② 查新报告中的任何分析、科学技术特点描述、每一个结论，都应以客观事实和文献为依据，完全符合实际，不包含任何个人偏见；③ "文献检索范围及检索策略"应当列出查新员对查新项目进行分析后所确定的手工检索的工具书、年限、主题词、分类号和计算机检索系统、数据库、文档、年限、检索词等；④ "检索结果"应当反映出所检数据库和工具书中的相关文献情况及对相关文献的主要论点进行对比分析的客观情况。对于检索结果为零的查新项目，一般应该再次检索或扩大检索范围。若国内外的确没有同类研究或查不到相关文献，应当客观写明"利用上述关键词及其组配方式，手检机检多少年限的上述检索工具书和数据库，未检到国内外有关本课题研究内容的相关文献报道"；⑤ 查新报告中一般不下"水平"结论，因为查新咨询是国内外文献资料的情报调研，主要起公正、客观的证明作用，为鉴定和成果评审及决策提供情报咨询报告，鉴定评级并不是查新员的任务。

（七）查新结果审核

查新员完成查新工作后，应将全部材料（检索结果、查新报告初稿等）交给查新审核员做最终审查。审核员应从查新策略、查新手段、查新范围以及分析结论予以严格审查，对查新报告的质量做最后的把关。对审查不合格的查新报告，应该退还查新员重查、重写。如查新报告审查通过，则查新员和审核员在查新报告上签字，加盖"科技查新专用章"。

（八）提交报告，文件归档

查新机构按查新合同规定的时间、方式和份数向查新委托人提交查新报告及其附件。查新员按照档案管理部门的要求，及时将查新项目的资料、查新合同、查新报告及其附件、查新咨询专家的意见、查新员和审核员的工作记录等存档。

出具查新报告通常需要 15~20 天的时间，对于内容复杂的项目，则应相应延期。查新报告有效期一般不超过 1 年，逾期必须补查或重查。

（赵　雁）

第四章 社区护理研究中科研设计的内容与方法

护理科研设计就是针对某项护理科研课题而制定的总体计划、研究方法和实施方案等。它是实现护理研究目的的具体途径,也是社区护理科研人员必备的能力之一。严谨的科研设计对能否获得有价值的科研结果是十分重要的,同时也是保证科研论文质量的重要前提。在本书第二章中已经介绍了科研设计的主要内容,在本章中将针对护理科研设计的类型、抽样方法以及偏倚控制等进行进一步的介绍。

第一节 量性研究和质性研究

护理研究按研究性质可分为量性研究和质性研究两大类。它们之间的本质区别在于其各自建立在不同的哲学观和认识事物的方法上。量性研究建立在实证主义的哲学观基础上,遵循客观的原则去认识事物和验证事物。而质性研究则建立在诠释主义或批判主义的哲学观基础上,认为理解一个事物或过程的最佳途径就是去经历和体验这一事物或过程。同时,质性研究者认为任何现实都不是唯一的,对事物的认识只有在特定的情形中才有意义。由于量性研究和质性研究之间的本质区别,因此其科研设计的类型也是截然不同的。

一、量性研究

量性研究(quantitative research)亦称定量研究,是一种计量的研究方法,通过观察指标获得数据资料,用自然科学方法来验证模式或理论。该研究方法多先规定收集资料的方式,通过数字资料或其他的量化方法来研究现象间的关系。该研究方法认为获得数字的研究可达到测量准确,并能较客观地描述现象和问题,因此常采用结构完整、格式严格的量表、问卷或仪器等进行测量,用严谨的统计学方法进行分析,并用数据报告结果。目前国内医学和护理学杂志上刊登的论文,其采用的研究方法大多是量性研究。

量性研究的科研设计类型多样,按照不同的分类特征有不同的种类。表4-1列举了护理研究领域中量性研究几种主要的科研设计类型的分类方法。

这些研究设计类型并不是绝对独立的,彼此之间有一定的交叉。如实验性研究中的设对照组的方法可以为组间对照,也可以为组内对照;实验性研究可以为横断面研究,也可以为纵向研究。在本章第二节中将详细介绍量性研究的科研设计类型,读者可以在学习完该内容之后再返回到此表格,进一步理解和体会其中的内容。

表 4-1 护理研究领域量性研究常用的科研设计类型

分类特征	科研设计类型	主要特点
对自变量是否有控制	实验性研究	研究中一定具备以下3个特征 ● 干预措施 ● 对照 ● 随机取样和随机分组
	类实验性研究	● 研究中一定有干预措施 ● 可以有或者没有对照组 ● 可以是随机取样和随机分组，也可以不是
	非实验性研究	没有干预措施
比较的类型	组间比较	不同组别间不同的研究对象进行比较
	组内比较	同一组内的研究对象自身进行比较，可以是在不同时间段的比较，也可以是在不同状况下的比较
研究数据收集的次数	横断面研究	研究数据的收集只在某一时间点上进行
	纵向研究	研究数据的收集在某两个时间点或者更多时间点上进行
对于自变量和依变量的观察特点	回顾性研究	研究开始于对依变量的分析，往回追溯导致依变量发生的原因或者影响因素
	前瞻性研究	研究开始于自变量，随着时间的推移观察其对依变量的影响

二、质性研究

质性研究（qualitative research）亦称定性研究，是对某种现象在特定情形下的特征、方式、含义进行观察、记录、分析、解释的过程。质性研究对事物或现象进行深入的研究，它通过揭示事物内涵以认识事物。

质性研究是获取护理知识的新方法，在社会科学和行为科学中已普遍运用，用来理解人类独特的、变化的、整体的本质。质性研究可以描述和促进对某些人类经验或经历的理解，如疼痛、照顾、舒适、疾病应对体验等，这些内容都是护理人员应深入研究的领域。

质性研究主要包括现象学研究、根基理论研究、人种学研究等类别。

1. 现象学研究（phenomenology） 目的在于描述人们亲身的经历，用归纳、描述的方法来捕捉研究对象的某种"真实的体验"。例如有关社区残疾人的求医体验的研究。通过个人深入访谈和小组专题访谈了解生活在社区的残疾人求医的亲身经历，描述其所遇到的困难和内心的真实感受，并归纳总结其"真实的体验"。研究者通过反复阅读访谈资料，找出有意义的部分进行编码和分类，提炼主题，并通过对访谈结果的分析，找出应对的策略。

2. 根基理论研究（grounded theory） 强调通过系统地收集资料同时分析资料进而产生理论的过程，资料是理论的根基。其主要目的是对现实中的现象进行深入解释，产生理论。例如，关于疼痛管理的根基理论研究，研究者在2年的研究过程中深入研究现场（9家医院的20个病房、2个诊所），对研究对象进行个人深入访谈、小组专题访谈，并通过现场观察，记录现场笔记，对相关文献、资料、政策进行深入查寻和综合分析，最终形成关于医院疼痛管理的理论模型,从而促使医护人员进行积极的疼痛管理。

3. 人种学研究(ethnography) 目的是通过对某种文化或文化亚群的深入研究以理解他们的语言、价值观念、行为特征和习俗等。人种学研究通过实际参与人们自然情形下的生活、深入观察、深度会谈、档案或文史资料查寻,探讨一定时间内人们的生活方式或体验。例如,云南少数民族地区妇女产后的健康照顾行为的研究。通过深入到云南少数民族地区产后妇女的家庭中,采用观察法、会谈法、记录现场日记等形式了解妇女产后的健康照顾行为,分析是什么因素影响了这些行为,根据研究结果和分析,给出相应的建议。

无论是质性研究还是量性研究,它们都是具有科学性的研究方法,从不同的角度对护理实践中的问题进行研究,所获得的资料都是有价值的,其研究结果也能相互补充。所以,在护理研究中,质性研究和量性研究是同等重要的,应给予同等重视。有关质性研究实施的具体方法,感兴趣的读者可以翻阅其他相关书籍,如有关社会学研究方法的一些书籍,从中得到具体的指导。下面简单介绍一个有关质性研究中现象学研究的实例,使读者对质性研究有一个初步的认识。

【例4-1】"被诊为产后抑郁症的香港华裔妇女的体验"(陈慧慈,香港)

(1) 研究目的:探讨被诊为产后抑郁症的香港华裔妇女的真实体验。

(2) 研究对象:采取目的抽样的方法,调查35名在产后抑郁门诊被精神科医生确诊为产后抑郁症,愿意参与该项研究的香港华裔妇女。所有参加者进入到研究中时距离诊断为产后抑郁症的时间间隔为6~12个月,没有急性抑郁症的患者。

(3) 研究设计方法:采用现象学研究法。

(4) 资料收集的方法:采用个人半结构式深入访谈法收集资料。访谈提纲:请告诉我有关您怀孕的一些情况?您可以讲讲在刚生完孩子的前几个星期/月您的感受吗?请描述一下您觉得特别抑郁的一段时间,请跟我们分享您能回忆起来的所有的想法、感受和情感。您自己觉得是什么原因让您有这样的感觉?您会寻求谁的帮助?请告诉我有关他的情况。得知这个诊断您感觉如何,您认为这会影响您的将来吗?您怎么理解所有的这些?

(5) 资料收集的步骤:一般人口资料在受访者和研究者第一次接触的时候收集,第1次接触也是为了建立双方的和谐关系以促进此后会谈中真实情感的表达。然后按照受访者的意愿,双方约定会谈的时间、地点,如在产后抑郁门诊或公园、餐馆内。研究者如实记录访谈内容,访谈过程中认真倾听并仔细观察她们的情感变化。每名研究对象访谈时间大约为1小时。在研究过程中遵循自愿、保密的原则,并且确保每名研究对象可以在研究的任何时段退出研究。

(6) 资料整理和分析:采用Colaizzi的现象学方法进行资料的整理和分析。阅读所有研究对象的口头描述以获得一个总体感觉;将每个研究记录中与产后抑郁症有关的主要陈述和词组抽离出来;从这些主要的陈述和词组中找出有意义的部分;对有意义的内容进行提炼主题;将资料分析的结果整理成一份完整的有关产后抑郁的感受的报告;为了使研究结果更可信,研究者再找研究对象核实这份报告是否符合她们的真实感受。

(7) 研究结果:产后抑郁症患者的体验有4个主题:① 受困于目前的抑郁状况:是最主要的感受。绝大部分的参加者都觉得受困于抑郁症状,无法逃离。她们普遍感到绝望和得不到帮助,同时也感到焦虑和恐惧;② 对婴儿的矛盾心理:她们对自己的小婴儿的感情非常矛盾,表现出爱、冷漠、不喜欢和憎恨;③ 不够体贴的丈夫:和丈夫的关系是不快乐的重要根源。大部分人都认为怀孕和生子后夫妻关系紧张和恶化；④ 强势的公婆：很多参加者把她们的不快乐归因于和公婆的关系，她们抱怨必须忍受婆婆的批评和她的一些行为。

（8）结论：针对产后抑郁症患者的感受，作者认为需要发展帮助产后抑郁症患者的相关服务。护士可以通过热线或面对面的咨询给患者提供信息和情感的支持，甚至可以进入患者家庭以更好地理解患者所处的环境；护士可以帮助患者建立支持小组或自我帮助小组以分享经验、提供相互的支持，以更好地应对新妈妈的角色；护士也可以对患者及其家属进行有关产后抑郁的教育，这样可以早期识别症状，并且家人可以帮助产妇应对压力。

第二节 实验性研究、类实验性研究和非实验性研究

在本章第一节中介绍了按照研究性质不同护理研究可分为量性研究和质性研究两大类。在量性研究中，根据研究设计方法的不同，又可分为实验性研究、类实验性研究和非实验性研究。

一、实验性研究

实验性研究（experiment study）又称干预性研究，是研究者采用随机分组、设立对照及控制或干预某些因素的研究方法。在社区护理研究中，实验性研究的对象可以是社区健康人群，可以是对社区医院的患者进行的临床试验，还可以纯粹是在实验室进行的研究。

（一）实验性研究必需具备的基本内容

实验性研究必须具备以下 3 项内容：干预、设立对照、随机化。

1. 干预（intervention） 亦称操纵（manipulation），即研究者对研究对象人为施加的干预措施（也称处理因素）。干预措施是指施加于受试对象的、试验中需要观察并阐明其处理效应的因素。例如"社区护理干预对老年人生活方式的影响"的研究中，"社区护理干预"即为干预措施。又如在有"儿科护士服的颜色对儿童住院期间心理状况影响"的研究中，研究者可以安排一些护士穿白色护士服，另一些护士穿彩色护士服，然后比较不同着装的护士护理的儿童在住院 24 小时后心理和行为上有何不同的表现。此研究中，人为地安排护士穿着不同颜色的护士服就是一种干预措施。有无干预是实验性研究和非实验性研究的根本区别。

2. 设立对照 亦称控制（control）。"对照"是指将条件相同、诊断方法一致的研究对象分为两组，一组是对照组，另一组为实验组，接受某种与对照组不一样的实验措施，最后将两组结果进行比较。

在护理科研设计中，研究对象的个体差异如性别、年龄、病种、病情严重程度、心理社会因素，甚至研究对象所处的环境等都可能影响研究结果，采用对照的方法就可以消除或减少这些因素的影响。通过设立对照组，可使与试验无关的因素均匀地分布到实验组和对照组中，使得对照组和实验组除了干预措施不同之外，其他因素的分布尽可能均衡，从而使获得的结果更具有说服力。因此，设对照组的目的就是为了排除与研究无关的干扰因素（外变量）的影响，突出试验中干预措施的效应。例如，欲研究某种营养素对早产儿体重的影响，如果不设对照组，仅仅测量早产儿服用此种营养素 2 周后的体重，发现早产儿两周后的体重确实增加了，此结果绝对不能完全证明是由于服用营养素而导致体重发生了变化，因为早产

儿的体重在不服用营养素的情况下也会增加。因此，在此研究中必须设立对照组（该组早产儿不服用营养素），使得实验组和对照组的早产儿在自然生长发育所导致的体重增加方面达到均衡，即两组在此方面不具有差异。那么2周后所测量出的两组间的体重变化，就可以认为是由于服用营养素所引起的。

对照组要设立多少组应依照研究目的和干扰因素的多少而定。任何一个实验性研究都至少应设立一个对照组。在护理研究中，研究者还应注意不要触犯伦理原则。如在社区护理研究中，研究者可以对实验组的患者在实施常规护理的情况下再添加一些新的护理干预措施，而对照组的研究对象则继续接受常规护理，而不能不给予任何护理措施。这样做既不违背科研的伦理原则，也可以探讨新的护理措施的效果。

常用的设对照的方法有自身对照、组间对照、配对对照等。

（1）自身对照：指对照组和实验组的数据均来自于同一组样本，即将研究对象自身在干预前后的情况进行比较。例如在有关"社区护理干预对高血压患者遵医行为的影响"研究中，研究者根据研究对象的入选标准选择一组社区高血压患者，先确定其遵医率，取得数据后给予社区护理干预，实施一段时间后再用同一测量方法确定患者的遵医率，然后将这组患者干预前后遵医率的数据进行比较，判断其间的差异有无统计学意义，从而评价该社区护理干预措施对于患者遵医行为的影响。自身对照的优点是消除了研究对象自身各种干扰因素的影响，而且节省样本量。

（2）组间对照：是指相比较的两组数据来自两组不同的受试者。例如有关"两种灌肠方法应用于社区老年顽固性便秘患者的效果观察"的研究，该组研究对象为社区老年顽固性便秘患者，将患者随机分为两组，对照组采用传统灌肠法，实验组采用改良灌肠法，计算两组老年顽固性便秘患者采用不同的灌肠法后的排便成功率，并比较其中的差异，用以评价灌肠的效果。此种对照即为组间对照。

（3）配对对照：将研究对象按某些特征或条件配成对子，这样每遇到一对就分别给予不同处理。如在社区疾病防治工作中，可选取同年龄组（年龄相差5岁以内）、同性别、同疾病、同病情严重程度的患者一对一配对后进行对照观察。配对设计能减少每一对研究对象内部的实验误差。

选择对照组时应该使对照组和实验组的基本条件一致或均衡。两组的检查方法、诊断标准应该一致，并且两组在研究中应受到同等的重视。这样才能尽可能地控制干扰因素，以降低干扰因素对研究结果的影响，提高研究的科学性和客观性。

3. 随机化　是指随机取样和随机分组，即从目标人群中随机地选择样本并且将这些被选到的研究对象随机地分到实验组和对照组中。应用此方法可确保每一个研究对象都有均等的机会被选中，使样本更具代表性；同时通过随机使研究对象有均等的机会进入实验组或对照组，从而使得实验组和对照组能在均衡的条件下进行比较。

（二）实验性研究中常用的研究设计类型

实验性研究设计包含了实验前后对照设计、实验后对照设计、索罗门四组设计等多种设计方法。其中，实验前后对照设计是最为常用的一种。

1. 实验前后对照设计（before-after experimental design）　将研究对象随机分为实验组和对照组，实验组采用新的干预措施或在常规基础上加新方法，而对照组只采用常规方法，两组同时在实验前和实验后测量某些指标。研究者通过比较两组在实验前的数值来评价两组的可比性,通过比较两组实验后的数值来评价干预的有效性(图4-1)。例如研究"社区护理干预对糖尿病患者运动方式的影响",研究对象应为符合入选标准的糖尿病患者,用随机分组的方法把患者分为实验组和对照组。首先分别测量并比较干预前两组患者的运动方式和运动量。如果是随机分组,干预前两组患者的运动方式和运动量一般在统计学上无显著性差异,即两组患者具有可比性。然后对实验组的患者进行社区健康教育干预,即在常规的社区护理服务的基础上增加家访和电话随访,而对照组的患者只接受常规的社区护理服务,约半年后再测定和比较两组患者的运动方式和运动量,评价社区健康教育干预的效果。

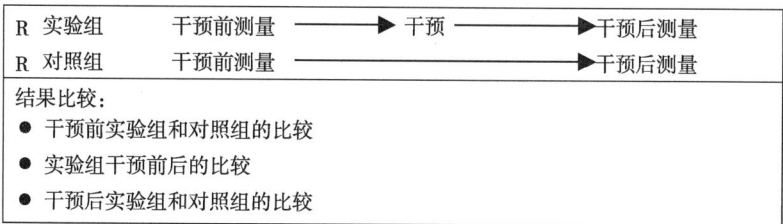

图4-1 实验前后对照设计(R=随机分组)

在常用的研究方法中,实验前后对照设计是目前公认的标准研究方法,其论证强度大,偏倚小,容易获得正确的结论。但由于该设计方案有一半的研究对象作为对照组,得不到新方法的治疗或护理,在临床实施中有一定的困难,加之工作过程较复杂,因此实验前后对照设计的应用推广受到一定的限制。

2. 单纯实验后对照设计(after only experimental design) 是将研究对象随机分组,对实验组施加干预措施,对照组则不施加干预措施,然后观察比较干预后两组在依变量上的差异(图4-2)。

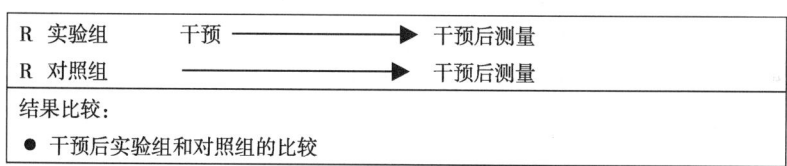

图4-2 单纯实验后对照设计(R=随机分组)

单纯实验后对照设计减少了因干预前测量所导致的结果偏倚,同时也适用于一些无法进行前后比较的护理研究。例如一些有关心理测量的研究,研究对象会因为实验前测量而有了经验或相应的知识,而使得实验后测量的结果受到了影响。对于此类研究,研究者可以删去实验前测量的步骤而只做实验后对照设计。例如,有关"录像带干预对促进正性母婴互动的效果分析"的研究中,首先,母亲们被随机分到实验组或对照组,实验组接受特殊的指导,即利用录像带将母婴互动的一些细节拍摄下来,让实验组的母亲观看录像带和接受护士的指导,而对照组则没有该干预方法。干预后测量母婴互动情况,并分析组间差异。试想如果此研究在干预开始前就进行了两组的前测量,对照组的母亲就会对测量条目加以重视,从而很注意自己的母婴互动情况或隐藏自己的真实行为,从而影响了后测量的结果,也影响了对干预效果的评定,最终使研究结果产生偏倚。

3. 索罗门四组设计(Solomon four-group design) 索罗门四组设计实际上是为避免

研究对象敏感及其他干扰因素的影响，将实验前后对照设计和单纯实验后对照设计组合起来的一种研究方法（图4-3）。研究对象被随机分为4组，两组实验组和两组对照组，对其中的一个实验组和一个对照组进行实验前测量，而另外一个实验组和一个对照组则不进行实验前测量。然后对两个实验组实施同样的干预措施，干预结束后测量并比较4组的某些指标。该设计适用于实验前测量本身可能会对实验结果有影响的情况下，或者涉及情感、态度等方面的研究。

组别	资料收集	
	实验前	实验后
实验组1——有实验前测量	√	√
实验组2——无实验前测量		√
对照组1——有实验前测量	√	√
对照组2——无实验前测量		√

图4-3 索罗门四组实验设计

例如，在有关"健康咨询干预对社区中风患者家庭主要照顾者健康促进行为的影响"研究中，选择符合观察条件的中风患者的家庭主要照顾者200名，随机分为4组，A_1和A_2为实验组；B_1和B_2为对照组。对实验组的家庭照顾者进行为期2周的健康咨询干预，对照组的家庭照顾者则不给予健康咨询干预。健康咨询干预开始前，用同样的方法测量A_1和B_1组家庭照顾者的健康促进行为。培训结束后，再用同样的方法测量4组家庭照顾者的健康促进行为，并进行比较。采用这种研究设计方法就是为了排除前测量本身对研究结果的影响。在此例中，前测量时需测量照顾者目前的健康促进行为状况，如营养、锻炼等方面的行为，前测量后照顾者有可能会对自己的健康促进行为加以重视，例如加强锻炼和增加营养等，这样在后测量中引起的健康促进行为的变化就可能不纯粹是健康咨询干预的效果，而仅仅是由于前测量引起的。因此，为了能进一步说明到底哪些变化是健康咨询干预的效果，哪些是由于前测量引起的变化，研究者可以用4组研究对象来进行比较，从而排除前测量对实验结果的干扰。

（三）实验性研究的优点与局限性

1. 优点　实验性研究是检验因果假设最有说服力的一种研究设计。由于这种设计通过随机取样和随机分组，以及设立对照组，最大限度地控制了外变量对依变量的影响，从而比较准确地解释了处理因素与结果即自变量和依变量之间的因果关系。

2. 局限性　实验性研究在护理研究中尚不能很广泛地应用，主要原因如下：① 实验性研究需要严格地控制干扰变量，但是由于大多护理问题的研究对象是人，较难有效地控制某些干扰变量，如心理社会状况、认知状况等，因此降低了实验性研究在护理研究领域被应用的普遍性；② 出于伦理方面和实际研究情况的考虑，很难做到完全应用随机的方法进行分组；③ 在实际工作中，由于种种原因，难以找到完全相均衡的对照组而使实验性研究的应用受到限制。

二、类实验性研究

类实验性研究（quasi-experimental study），亦称准实验性研究，与实验性研究方法基本相似，即研究设计中一定有对研究对象的护理干预内容，不同之处是类实验性研究设计内容缺少按随机原则分组或没有设对照组，或两个条件都不具备。类实验性研究结果对变量间因果关系的论述强度不如实验性研究高，但由于在实际对人的研究中，很难进行完全的实验性研究，特别要达到随机分组比较困难，因此类实验性研究在护理研究中较为实用。

（一）类实验性研究中常用的科研设计类型

类实验性研究设计包含多种类型，本节仅介绍3种护理研究者最常使用的设计类型。

1. 不对等对照组设计（non-equivalent control group design） 该设计包括干预措施和两组或两组以上的研究对象，这两组或两组以上的研究对象是非随机分组的，进行实验前和实验后测量或只进行实验后测量（图4-4）。

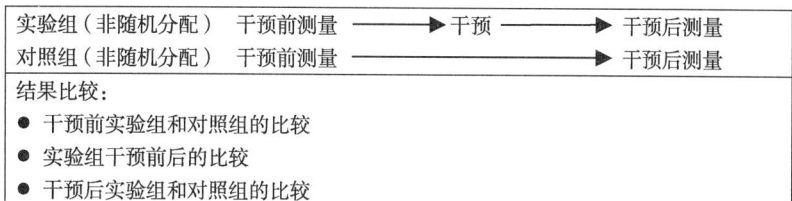

图4-4 不对等对照组设计

此种研究设计与实验性研究的唯一不同之处就是没有随机分组。例如，研究者欲研究某项新政策对社区护士工作积极性的影响，由于在一个社区内只能实行一种政策，不可能随机化。因此，研究者只能选择另一个相似的并且没有实行新政策的社区作为对照。在这种情况下，研究中的实验组与对照组的研究对象并不是随机分配的。但该方法简单，可操作性强，实施方便，短时间内可获得较大的样本，尤其是当某一社区合格的研究例数较少或不同社区本身施行不同的做法时，该设计方法就更为适用。但是因为没有随机分组，因此实验组与对照组的可比性就相对较差，从而影响结论的可信度和说服力。

（二）自身实验前后对照设计（one group pretest-posttest design）

该设计是类实验性研究中最简单的一种设计方法（图4-5）。这种设计方法既没有对照组，也没有随机分组。

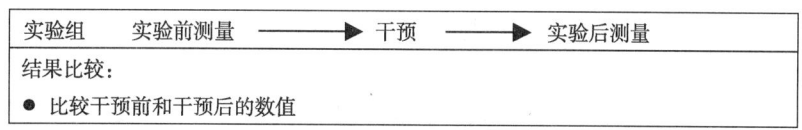

图4-5 自身前后对照设计

例如，某研究探讨放松训练对改善失眠患者焦虑情绪的效果。研究者选择符合入选标准的失眠患者60名，首先测定他们的焦虑水平，然后进行自我放松训练，每日2次，1个月后测量他们焦虑水平的改善情况。自身前后对照设计虽然较为常用，但是实验前测量不足以替代对照组的功能，不能很科学地解释结果。因此，研究者在解释结果时切忌过于绝对化。

（三）时间连续性设计（time series design）

时间连续性设计其实是自身前后对照设计的一种改进。当自身变量的稳定性无法确定时，可以应用时间连续性设计，在干预前后进行多次观察与测量（图4-6）。如上例中，可以在对失眠患者进行干预前每个星期测定1次他们的焦虑水平，连续测定4次，干预后（即自我放松训练实施1个月后)再连续测定4次,每个星期测定1次。通过对各个阶段焦虑水平的比较,分析放松训练的有效性。

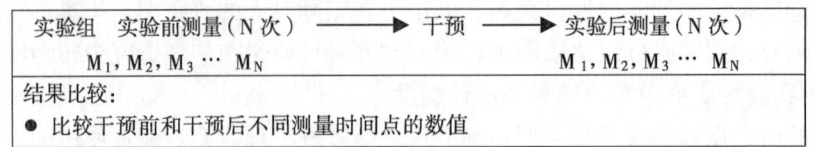

图4-6 时间连续性设计(M_N=第N个测量时间点)

(四)类实验性研究的优点和局限性

1. 优点 与实验性研究相比,类实验性研究在进行人群的干预研究时可行性高,较为实用。特别是在护理实践中,当研究者无法严格控制干扰变量而不能采用实验性研究来回答因果关系时,类实验性研究是较好的选择。

2. 局限性 由于类实验性研究有时无法进行随机取样和随机分组,使得研究中已知的和未知的干扰因素无法像实验性研究那样随机均衡地分布在各组中,特别是对于无对照组的类实验性研究,如自身前后对照设计和时间连续性设计,效果的判断很难完全归因于干预措施,因此类实验性研究所获得的结果不如实验性研究的可信度高。

三、非实验性研究

非实验性研究(non-experimental study)是指研究过程中对研究对象不施加任何护理干预和处理的研究方法。这类研究常在研究对象处于完全自然状态下进行,其研究结果可用来描述和比较各变量的状况。非实验性研究的结果虽不能解释因果关系,但却是实验性研究的重要基础。许多研究都是先由非实验性研究提供线索,再由类实验性研究或实验性研究予以验证的。

非实验性研究一般分为描述性研究、相关性研究和比较性研究3种设计类型。

(一)描述性研究

描述性研究(descriptive study)是在一个特定的领域获得研究对象的有关特征的研究。它的目的是通过观察、记录和描述,以了解研究对象在自然状态下的特征。如了解某社区居民的健康状况,成年哮喘患者的自理行为,或者了解高血压患者的治疗依从性等的研究均属于描述性研究。

通过描述性研究可以了解疾病、健康或事件的基本分布特征,为进行相关性研究和实验性研究提供基础。如"社区护士的工作压力调查"即为描述性研究,通过描述性研究后,可以进一步调查影响社区护士工作压力的因素,在其基础上可以确定是否要实施干预措施以降低社区护士的工作压力。描述性研究设计中常见的有现况调查和纵向研究等方法。

1. 现况调查(cross section study) 是在某一特定人群中,用普查或抽样调查的方法,在特定时间内收集与健康或疾病有关的特征的一种研究方法。

(1)普查:是根据研究目的在特定时间内对特定范围内所有对象进行调查或检查。它的主要目的是对总体的一般状况做出全面、精确的描述,从而把握总体的全貌,得出具有普遍意义的结论。在社区护理研究中,普查是一种常用的研究方法。例如,进行"广州市学龄前儿童生长发育状况的调查",就是通过普查来了解广州市所有学龄前儿童的身高、体重等生长发育指标的状况。又如,某社区卫生服务中心欲了解该社区居民的患病情况,也可以使用普查的手段进行调查。在普查前，研究者应明确开展普查的范围和调查的对象，以及具体开展普查的时间和步骤，以免由于普查时工作量较大而遗漏某些调查对象，造成普查结果的偏倚。

（2）抽样调查：是从研究人群的全体对象中抽取一部分进行调查，根据调查结果估计出该人群的患病率或某种特征的情况，是一种以局部估计总体的调查方法。

抽样调查比普查花费少、速度快、容易集中人力和物力。例如，欲调查某市产妇的母乳喂养情况，就可以采用整群随机抽样的方法，先随机抽取出将要调查的几个社区，然后再对这几个社区中的全部产妇的母乳喂养情况进行调查，再用调查得来的结果对该市的总体情况进行推断，这就是抽样调查。

2. 纵向研究（longitudinal study） 是对一特定人群进行定期随访，观察疾病或某种特征在该人群及个体中的动态变化，即在不同时间对这一人群进行多次现况调查的综合研究。例如，研究 SARS 之后社区居民的健康观念和卫生习惯的改变，研究者分别在 SARS 发生后的 1、3 和 6 个月收集相关的资料。再如，有关社区早产儿生长发育的研究，研究者可以对早产儿观察数年，评估他们认知和运动方面的发展水平。根据研究内容的不同，随访的间隔可以有所不同，有的可短到每周甚至每天，有的间隔也可长至 1 年甚至十几年。

（二）相关性研究

相关性研究（correlational study）是探索变量之间关系的研究。它与描述性研究的相同点是在研究中没有任何人为的施加因素，不同点是相关性研究要有比较明确的几个观察变量，以便检测所观察的变量间是否有关系。相关性研究比描述性研究有更多的"探索"原因的作用，可为进一步的研究提供基础。如欲研究肠造口患者社会支持的状况，研究者很想了解到底是哪些因素影响了患者的社会支持状况，例如患者的自尊是否是影响因素之一。通过进行相关性研究，研究者可以判断出"自尊"和"社会支持"这两个变量间是相关还是不相关以及两者的关系如何，该研究结果可以为进一步的实验性研究提供思路。再如某社区护士欲了解社区糖尿病患者的信息支持水平和自我护理能力之间的关系，通过相关性研究可初步确定变量之间的相关情况。如结果提示糖尿病患者的信息支持水平越高则自我护理能力越强，就可在此基础上设计进一步的实验性研究，即通过进行某些社区护理干预以提高患者的信息水平，进而检测患者的自理能力是否确实提高。

值得注意的是，既使通过相关性研究发现两个变量之间存在很强的相关关系，也不能得出结论说一个变量是另一个变量的原因，即有相关关系不能证明有因果关系。例如，很多研究证明癌症患者的社会支持和抑郁呈显著的负相关，也就是说，没有足够社会支持的患者比有强大社会支持的患者抑郁程度高。在此结果的基础上，不能肯定地说由于社会支持的缺乏导致抑郁程度的增高。因为针对这个相关的结果，可以有多种解释（图 4-7）。如 A 解释认为人的情绪状态受他是否有足够的社会支持的影响；B 解释认为抑郁的癌症患者比情绪状态好的癌症患者更难表达他们对社会支持的需要，因此，患者的情绪状态影响了其所能接受到的社会支持；C 解释则认为有可能第 3 个变量同时影响社会支持和抑郁，例如患者的家庭结构，如婚姻状况等，此时社会支持程度与抑郁状况之间的相关不是直接的相关，而是通过家庭结构来彼此联系的。由此可以看出，对相关性研究结果下结论时一定要慎重，不能从相关关系中推断出因果关系。

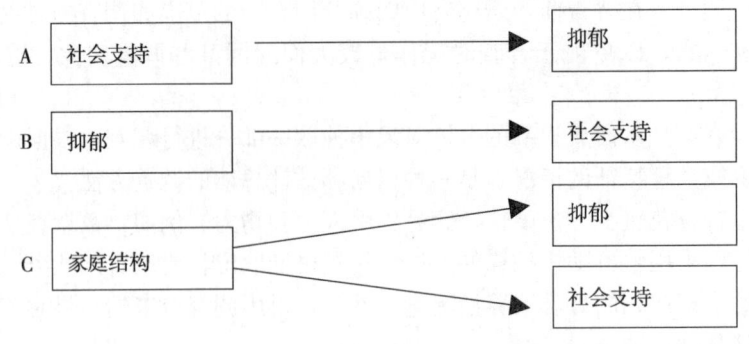

图 4-7 癌症患者抑郁和社会支持间关系的多种解释

(三) 比较性研究

比较性研究（comparative study）是在自然状态下，对两种或两种以上不同的事物、现象、行为或人群的异同进行比较的研究方法。

比较性研究同描述性研究的区别在于描述性研究是对一种现象的描述，而比较性研究是针对已经存在差异的至少两种不同的事、人或现象进行比较的研究。根据其研究目的，可以将比较性研究分为病例对照研究和队列研究两种。

1. 病例对照研究（case-control study） 是将现已确诊患有某疾病的一组患者作为病例组，不患有该病但具有可比性的另一组个体作为对照组。与一般的回顾性研究不同的是，病例对照研究中对照组和病例组的病例在主要背景方面（例如年龄、病情、病程等）具有可比性，从而增强所要探究的"因"的推断力。通过调查回顾两组过去的各种可能存在的危险因素，测量并比较病例组与对照组间各因素存在的差异。从因果关系的时间顺序来看，病例对照研究是从"果"查"因"的研究方法，也就是从已患病的病例出发，去寻找过去可能与疾病发生有关的因素；它同时也是一种回顾性的研究，即有关危险因素的资料是通过回顾调查得到的。在社区护理研究中，也可以使用这种类型的研究设计。如对已经确诊为Ⅱ型糖尿病 5 年，已经出现并发症的和未出现并发症的两组患者进行比较，了解在确诊以来两组患者预防并发症发生的自护行为，例如是否严格遵循医疗方案、随诊频率、自我保健意识和行为等，以找出造成目前两组患者病情差异的原因，得到的研究结果可以为今后帮助Ⅱ型糖尿病患者预防并发症的发生提供有价值信息。

2. 队列研究（cohort study） 属于前瞻性研究，是观察目前存在差异的两组或两组以上的研究对象，在自然状态下持续若干时间后再比较两组的情况。

该研究方法是从一个人群样本中选择和确定两个群组，一个群组暴露于某一可疑的致病因素（如接触 X 线、联苯胺、口服避孕药等）或者具有某种特征（如某种生活习惯或生理学特征，如高胆固醇血症），这些特征被怀疑与所研究疾病的发生有关，这一群组称为暴露群组；另一个群组则不暴露于该可疑因素或不具有该特征，称为非暴露群组或对照组。两个群组除暴露因素有差别外，其他方面的特征应基本相同。这两个群组的所有观察对象都被同样地追踪一个时期，观察并记录这个期间内所欲研究的疾病或某特征的发生情况，并进行比较。如果两组比较的结果证明两组患者在某疾病的发病率或死亡率或者某特征出现的几率上确有差别，则可以认为该因素（或特征）与所研究的疾病或某特征间存在联系。

最典型的队列研究的实例就是英国医生 Doll 和 Hill 从 1951 年开始对居住在英国的注册

医师就吸烟与肺癌的关系进行长达20年的前瞻性队列研究。该研究选择在全英登记注册的医生作为观察对象，用函访的形式进行调查。从1951年10月31日开始函访了59 600位医生，得到40 701位医生的答复，将这40 701位医生作为研究对象，按照有无吸烟习惯分为暴露组和非暴露组，两组的性别、年龄等特征基本相同。在随后的20年观察期内，通过信函或者查阅医学会有关医生死亡及死亡原因的报告来了解两组医生肺癌的发生及死亡情况，详细记录在观察期中两组出现的肺癌病例数和死亡数。20年随访结束后，通过对结果进行分析发现，吸烟者和不吸烟者肺癌的死亡率差异显著，而且随着吸烟量的增加，肺癌死亡率上升。吸纸烟者死亡率较吸烟斗者高，戒烟者较持续性吸烟者肺癌的发病率低，而且随着戒烟时间的延长，肺癌的死亡率也随之下降。

(四) 非实验性研究的优点和局限性

1. **优点** 非实验性研究是在完全自然的状态下进行研究，因此是最简便易行的一种研究方法。同时，非实验性研究可以同时收集较多的信息，特别适用于对研究问题知之不多或研究问题比较复杂的情况，用来描述、比较各种变量的现状。另外，非实验性研究可以为实验性研究打下基础，是护理研究中较常用的一种研究方法。

2. **局限性** 非实验性研究没有人为的施加因素，也无法控制其他变量的影响，因此一般情况下无法解释因果关系。

以上介绍的实验性研究、类实验性研究及非实验性研究3种研究方法的设计内容不同，各有优点和局限性，采用哪种设计方法，并不能完全说明研究者研究水平的高低。研究者只有根据题目和具体的研究条件选用恰当的研究方法，所得的研究结果才能真正说明问题。

第三节　抽样方法

一、基本概念

(一) 总体

理论上讲，总体就是根据研究目的而确定的同质研究对象的全体。实际上，当研究有明确具体的研究指标时，总体是指性质相同的符合研究要求的所有观察单位的该项变量值的全体。如欲研究北京市2006年10岁健康儿童身高的情况，其研究对象就是北京市2006年10岁的健康儿童，其研究指标是身高值，其研究总体就是北京市2006年所有10岁健康儿童的身高值。当研究没有明确具体的研究指标时，其研究总体就只能是性质相同的符合研究要求的所有观察单位了。如研究某社区老年人的社区护理需求情况，没有明确而具体的研究指标，这时研究总体就是某社区所有老年人。

(二) 样本

在实际工作中，由于研究总体经常是比较大的，不可能对所有研究对象进行研究，因此研究者常常通过样本对总体进行研究。样本就是从总体中随机抽取的部分观察单位，是实际测量值的集合。如上面的例子中，欲研究北京市2006年10岁健康儿童的身高情况，研究者随机抽取了北京市2006年的1000名10岁健康儿童，对其身高进行测量，此时的样本就是指这1000名北京市2006年10岁健康儿童的身高值。当研究指标不具体、不明确时，如欲研究糖尿病患者的自我护理情况，研究者选取了1000名糖尿病患者进行调查，此时这1000

名糖尿病患者就是样本。

（三）抽样

抽样（sampling）是从总体中抽取一定数量的观察单位组成样本，然后用样本信息推断总体特征。例如调查某地 2006 年 7 岁正常男童的身高和体重，可从某地 2006 年 7 岁正常男童中，随机抽取 1000 名男童，逐个进行身高和体重的测量，得到 1000 名男童的身高和体重的测量值，再推断总体（某地 2006 年 7 岁正常男童的身高和体重的值）。抽样的目的是用样本信息推断总体特征，因此，抽样原则是必须保证样本的来源可靠，并对总体具有代表性。

1. 保证样本来源的可靠性　是指样本中每一个观察单位都必须来自于同质的总体，即严格遵循研究对象的纳入标准和排除标准。

2. 选取有代表性的样本　代表性指样本能充分反映总体的本质。可以从两个方面来保证样本的代表性：① 抽样遵循随机化原则；② 保证足够的样本量。样本量太少，所得的指标不够稳定，结果不具有代表性；样本量过大时，又会增加实际工作的困难，造成不必要的人力、物力、财力的浪费，同时也会引入过多的偏倚，增加误差的干扰。样本含量的确定不是一个简单的公式就能解决的问题，涉及比较复杂的方法和原理，在本书中不做介绍，读者可参阅相关的统计学书籍进行学习。一般而言，有关计数资料和等级资料的研究，所需的样本含量较计量资料要多。

抽样的方法有多种，归纳起来可以分为概率抽样与非概率抽样。概率抽样的基本思想就是随机抽样，因此从理论上讲其获得样本的代表性要优于非概率抽样。下面将针对这两大类抽样方法进行具体的介绍。

二、概率抽样

概率抽样（probability sampling）是用随机的方法抽取样本，使总体中的每一个研究个体都有相同的概率被抽中。最为常用的概率抽样方法有单纯随机抽样、分层抽样、整群抽样和系统抽样。

（一）单纯随机抽样（simple random sampling）

是概率抽样中最基本的一种方法，其基本原理是使每个抽样个体被选入样本的机会完全相等。如将目标人群中的每一个个体都作为抽样的对象，哪一个个体进入样本完全随机决定。常用的方法有抽签法、查随机数字表法等。具体的操作方法是：先将总体的全部研究个体统一编号，再用抽签法或随机数字表法，随机抽取部分个体组成样本，直至达到预定的样本含量。

例如，以查随机数字表为例。从某校 2000 名护生中随机抽取 100 名，了解她们毕业后从事社区护理工作的态度。先将 2000 名护生统一编号为：0001，0002，……2000。查随机数字表（见附录?），任意指定起始位置，向右依次抄录 100 个 4 位一组的随机数字，在后面若出现与前面相同的数字则跳过去继续往下查，如得到 0873，3732，5405，6930，1609，9588，……。凡首字≥8 者减 8，≥6 者减 6，≥4 者减 4，≥2 者减 2，依次得到 0873，1732，1405，0930，1609，1588，……。编号与这些随机数字相同的护生，即为样本的观察单位。

再如，以抽签法抽取样本为例。某社区护理管理者欲对某市 50 个社区卫生服务中心的护理质量进行调查，欲选择其中的 20 个中心作为样本，可以先把 50 个社区卫生服务中心以任意顺序编号为1~50，并做成签，充分混合后，从中随机抽取20个签，与这20个签相对应的社区卫生服务中心即为所要调查的样本。抽签法比较简便，随时可用，几乎不需要专门的工具。

单纯随机抽样的优点是简便易行，计算抽样误差比较方便，其缺点在于做大规模调查时，对总体中所有的个体——编号非常困难，费时、费力，在实际工作中可行性差。同时，抽出的样本可能会相对集中，或间隔过大。此时，当总体内差异较大时，样本的代表性则难以保证。例如，要对某地区医院的护理质量进行调查，由于该地区有不同级别的医院若干所，若按照单纯随机抽样，就可能导致各级医院在样本中分布不均，从而影响样本对总体的代表性，最终导致结果的偏差。因此，单纯随机抽样只适用于总体含量不大，且研究对象间变异不甚显著的情况。

（二）系统抽样（systematic sampling）

又称等距抽样或机械抽样，即先将调查总体的全部观察单位按某一特征顺序统一编号，再规定抽样间隔H，通常H为总体例数N与样本例数n之比（即$H=N/n$）。然后用随机方法确定一个小于H的数字k（$k<H$），编号为k者为第一个抽取对象，以后每隔H个单位抽取一个观察单位，所抽取的个体组成样本，直至选够规定的样本数。需要注意的是，抽样的起点必须是通过随机确定的，这样系统抽样才是一种随机抽样的方法。

例如，欲调查某小学学生一年来的健康状况。该小学有2000名学生，按系统抽样抽取例数为200的样本，其具体抽样过程是：总体例数N=2000，样本例数n=200，所以抽样间隔$H=2000/200=10$，先在1~10之间随机确定1个数，假设通过使用随机数字表确定这个数为8，每间隔10个观察单位抽取一个，那么学号为8，18，28，38，……1998的学生即为样本的观察对象。

系统抽样是单纯随机抽样的简单变化，同样适用于总体含量不大，且内部差异小的调查对象。与单纯随机抽样相比，它更易实施，且样本分布更为均匀，抽样误差比单纯随机抽样要小。其缺点是没有专门计算抽样误差的公式，有时总体观察单位按顺序存在周期性变化趋势时，将产生明显的偏差。比如进行某小区住宅卫生调查时，编号不同就代表住宅的户型不同。用系统抽样，可能得到的样本全是某个户型的单位，显然，这样的样本对该小区的全部住宅而言是缺乏代表性的。另外，必须指出的是，应用系统抽样时，一旦确定了抽样间隔，就必须严格遵守，不得随意更改，否则，可能造成另外的系统误差。

（三）分层抽样（stratified sampling）

又称分类抽样，是先按对观察指标影响较大的某种特征，将总体分成若干差别较大的层，然后从每一层中随机抽取一定数量的观察单位，合起来组成样本。抽样时样本中每一层的个体数量要根据它们在总体中所占的比例确定。如欲研究某市社区护士的职业态度，该市社区护士中本科学历的护士占5%，大专学历的占30%，中专学历的占65%，假如欲从中抽取一个100人的样本，那么就应该从本科、大专、中专的护士中分别随机抽取5人、30人、65人，合起来组成所需的样本。

分层抽样是建立在按标准分组和随机原则相结合的基础上，分层可以使层内具有均质性，然后在均质的各层内以随机方式抽出恰当的个体数。这种抽样方法可以更好地保证样本的代表性，因此，适合于总体含量大、构成复杂、且内部差异明显的调查。

(四) 整群抽样 (cluster sampling)

是先把个体聚集成群，然后随机抽取其中的几个群，被抽到的群中所有个体组成样本。例如，在某护校学生近视率的调查中，该校共20个班，每班均有40个人。这时可采用以"班"为单位，使用随机数字表或抽签的方法随机抽取5个班，然后对抽到的5个班的所有学生进行调查。

整群抽样的优点是易于组织实施，容易控制调查质量，省时、省力、省钱。当群间差异越小，抽取的群数越多时，样本的代表性就越好。

上述4种抽样方法中，单纯随机抽样是最基本的方法，也是其他抽样方法的基础。4种抽样方法按抽样误差由小至大排列为：分层抽样＜系统抽样＜单纯随机抽样＜整群抽样。在实际调查研究中，具体选用哪种抽样方法要根据观察单位在调查总体中的分布特征而定。

上述的4种基本抽样方法都是通过一次抽样产生一个完整的样本，称为单阶段抽样。而在实际研究工作中，面临的总体常常非常大，情况复杂，分布面广，很难通过一次抽样产生完整的样本，因此需要根据实际情况将整个抽样过程分为若干个阶段进行，将两种或几种抽样方法结合起来使用。例如欲调查某卫生服务中心所负责的社区内居民的健康状况，该社区共有20个居委会，预计社区人口数达到10万人左右，欲调查2000名居民。首先可以先将20个居委会进行编号，用单纯随机抽样的方法抽取出10个居委会。然后根据各个居委会所管辖的人口数占该社区中总人口数的比例，决定这10个抽出来的社区中应再抽取多少居民进行研究。此时这10个区中居民的抽取方法可以采用单纯随机抽样方法或者整群抽样方法。

三、非概率抽样

非概率抽样（nonprobability sampling）是指抽样时没有采取随机抽样的方法，不是总体中的每一个研究个体都有同等机会被选择进入样本。非概率抽样主要有4种方法：方便抽样、定额抽样、目的抽样和滚雪球抽样。

(一) 方便抽样 (convenience sampling, accidental sampling)

方便抽样也称便利抽样或偶遇抽样，即从总体中选择最容易找到的人或物作为研究对象。例如，教师用本校的学生，社区护士调查本社区的患者等都是方便抽样。方便抽样的优点是方便、易行，能够节省时间和费用。其局限性是抽到的样本代表性差，抽样误差较大，是抽样方法中准确性和代表性最差的一种方法，应尽量避免使用。但有时由于各种条件的限制，在研究中只能采用这种方法，在分析结果时，应特别慎重地对待和处理各种研究数据。

(二) 定额抽样 (quota sampling)

定额抽样又称配额抽样，是指先将总体按某种或某些特征分成不同的类别，然后依照每一类中个体数占总体的比例来抽取相应数目的个体构成样本的方法。例如，欲调查本科护生对社区护士角色的看法，准备抽取40人的样本，某护理学院学生共200人，一、二、三、四年级的学生人数分别占20%、25%、30%、25%，进行配额抽样，从一、二、三、四年级分别按方便抽样方法抽取8人、10人、12人、10人，将抽出的对象合并组成研究样本。

定额抽样是在方便抽样的基础上增加了分层配额的抽样策略，注重样本与总体在结构比例上的一致性，因此，定额抽样比方便抽样的代表性强，在一些临床研究和社区护理研究中经常使用。

（三）目的抽样（purposive sampling）

目的抽样是指研究者根据自己的专业知识和经验以及对调查总体的了解，有意识地选择某些研究对象。这些研究对象对所要研究的问题非常了解，或者在研究对象中非常典型。例如，某护理人员欲进行有关社区护士应具备的能力的研究，计划使用专家访谈的方式来进行资料的收集。她在仔细了解了数名专家的情况下，有目的地从中选择了几位专家进行访谈，如有对社区护理工作有长期实践经验的社区护理专家、护理教育专家等。此时所使用的方法就是目的抽样。

目的抽样虽然没有采取随机抽样，但是仍然有很强的实用性，如在质性研究中常常被用来作为抽取样本的方法。其缺点是没有客观的指标来判断所抽得的样本是否真正具有代表性。

（四）滚雪球抽样（snowball sampling）

滚雪球抽样也称为网络抽样（network sampling），指当研究者对总体人群的确切范围所知较少，而又想了解他们的相关情况时，可以利用社会网络的优势和朋友间具有共性的特点来进行抽样。具体方法是：先访问具有代表性的某人，然后由被访问者推荐，再访问第二人；访问第二人后，由第二人推荐，再访问第三人；如此继续下去，像滚雪球一样，逐渐增加样本人数。网络抽样在寻找某些特殊总体中的个体时非常有用，如吸毒者、酗酒者、艾滋病患者、离婚者、丧偶者、家庭保姆等，因为这些个体一般不愿意让人们了解他们，很难找到。

在社区护理研究中，如果研究条件允许，最好采用概率抽样方法，非概率抽样在抽样的正确性和样本的代表性方面都不如概率抽样。但有时条件不许可，亦可考虑使用非概率抽样，但要警惕抽样误差对研究结果的影响，在分析数据和进行报告时要加以说明。

第四节 社区护理研究中的偏倚与控制

一、基本概念

在医学研究中，无论是观察性研究还是实验性研究，研究者都必须采取必要措施保证研究结果的真实可靠。在研究过程中，由于受种种因素的影响，研究结果与真实情况间往往存在一定差异，有时甚至会得出错误的结论。导致这种差异的原因有两个，一个是随机误差，另一个就是系统误差，也就是所说的偏倚。

随机误差是指随机抽样研究中由于个体间差异所导致的样本值与总体值间的误差，它是不可避免的。这是因为大多数研究不可能囊括所有的符合条件的研究对象即研究总体，而只能涉及总体中的一个样本群体，在抽样过程中势必导致随机误差的发生。在随机抽样中可以采取适当的措施减少随机误差，如尽量采取分层抽样或系统抽样以减少随机误差，但无论如何却不能消除随机误差。

系统误差即偏倚（bias），是指研究结果系统地偏离了真实情况。与随机误差不同，偏倚是研究中可以克服的，也应当努力去克服的误差。偏倚的存在使得研究结果或高于真值或低于真值，因而具有方向性。在研究工作中定量地估计偏倚的大小很困难，而确定偏倚的方向却相对较容易。当偏倚使研究结果高于真值时，称之为正偏倚，反之，偏倚使研究结果低于真值时,则称之为负偏倚。

假设要研究某市男性成年人的平均体重,该市共有500万男性成年人口。研究者可以从该市的所有成年男性中随机抽取100名,测定其体重,用100个测量值的平均值作为该市成年男性平均体重的估计值。如果在测量中使用了质量不过关的体重计,测量值不准确,每公斤比正常磅秤少50g,结果测量的体重估计值会趋向偏低。这类即使增加测量人数也无法降低的误差即为系统误差,也就是偏倚。偏倚的存在将危害研究结果的真实性,如果在科研工作中不采取必要措施来控制偏倚,将会得到错误的结论,导致研究工作的失败。

在科学研究的各个阶段都可以出现由各种原因引起的偏倚。在医学研究中,偏倚按其在研究过程中出现的阶段,主要归纳为3种:选择性偏倚、信息性偏倚、混杂性偏倚。

二、选择性偏倚

(一) 选择性偏倚的概念与类型

选择性偏倚(selection bias)是指由于被入选到研究中的研究对象与没有被入选者在某些特征上存在差异所造成的研究误差。此种偏倚在确定研究样本、选择对照组的过程中很容易产生,也可由于资料收集过程中研究对象的失访或无应答等情况造成。选择性偏倚通常又可分为以下几种:入院率偏倚、诊断性偏倚、无应答偏倚、分组偏倚等。

1. 入院率偏倚　入院率偏倚也称伯克森偏倚(Berkson's bias),是指当利用医院就诊患者或住院患者作为研究对象时,由于入院率不同而导致的偏倚。不同疾病的患者在不同医院的就诊率或住院率是不相同的。这种差异可能与疾病的严重程度、患者就医的条件、人群对某一疾病危害的了解程度、医疗费用的支付方式、患者的经济条件、不同医院的专科特长、就诊方便程度以及对医院的信任程度等因素有关。例如,省级大医院的患者通常都是病情比较重,或者是比较复杂难治的患者,而社区医院的患者往往病情较轻,或者处于疾病恢复期。另外,在进行社区护理研究中,也要注意不同的社区人群的人口特征、疾病构成等也有可能不同。因此,在选择研究对象时,如果条件允许,应尽可能避免只选择单一医院或者单一社区的人群作为研究对象,从而降低入院率偏倚。

2. 诊断性偏倚　诊断性偏倚指选择用做研究的病例,因诊断不准确或纳入标准和排除标准不统一而引起的偏倚。因此在选择研究对象时,应有统一的纳入标准与排除标准,并严格遵循。特别在将某种疾病的患者作为研究对象时,一定要保证诊断明确。诊断标准应注意采用世界卫生组织或全国统一标准,在无统一标准时,应结合参考文献、研究的实际条件以及其他卫生保健人员的意见后自行制订,并尽可能通过专家的认可。

3. 无应答偏倚　无应答者是指调查对象存在对研究设计中应予调查但因各种原因拒绝回答问题的人或失访的人。一项研究的无应答者可能在某些重要特征或暴露因素上与应答者有所区别。如果无应答者超过一定比例,就会使研究结果产生偏倚,即无应答偏倚。

美国有项研究报告说明了无应答偏倚对研究结果的影响。该研究调查了美国西北部铁路职工冠心病的分布情况。研究者虽然采取了各项措施鼓励和要求全体职工参加,但只有73.6%的职员和58%的扳道工参与了研究。初步分析结果表明,职员冠心病现患率为43‰,扳道工的现患率为24‰,两者冠心病现患率的差别有统计学意义。6年后研究人员检查了上述研究对象的健康记录,包括已死亡者的死因,同时得到了当时参加和未参加这项研究的职工的健康资料。分析结果表明,扳道工和职员的冠心病现患率并无差异。结果同时显示,6

年前检查时，部分患有冠心病的扳道工因害怕由于患病而被解雇，所以没有参加研究，从而导致当时扳道工的冠心病现患率低于职员的冠心病现患率。这种实际情况和调查结果之间的差别就是由于无应答偏倚所造成的。

造成研究对象无应答的原因是多方面的，如研究对象对疾病的认识不同、对健康关心的程度不同、对调查内容的感兴趣程度不同、身体健康状况的差异，或由于问题涉及个人隐私，以及年龄、受教育程度等因素影响研究对象的应答率。如在社区进行有关性传播疾病的调查时，有研究者报道在年纪大、受教育程度不高的人群中应答率比较低，城市居民应答率高于农村居民。

失访也可以被看作是一种特殊的无应答。在治疗、护理或调查中，因研究对象未能按计划被随访，中途退出研究而造成研究样本的选择性偏倚。造成失访的原因主要有由于观察时间较长研究对象不能坚持而退出研究、疗效不佳、副作用过大而停止治疗或工作调动、搬迁等。

因此，在研究过程中，为了保证研究结果的真实性，应保证一定的应答率。应答率＝（实际调查人数÷应调查人数）×100%。一般应答率应达到90%以上，如果应答率低于70%，则偏倚较大。在研究过程中，如果发现某一组研究对象的应答率特别低，应作专项分析，查明原因。

4. 分组偏倚　分组偏倚是指组成试验组的成员，完全与整体情况存在差别，特别是在健康情况上有明显的差异，称为分组偏倚。例如，在一项关于冠心病的预防研究中，招募志愿者作为实验组参与该项研究，同期观察一些非志愿者作为对照。得出的初步结论是实验组比对照组能够较好地预防冠心病的发生。后经过分析发现，志愿者本身就有较好的健康情况，非常关注自己的身体健康，在注意身体锻炼、低胆固醇饮食等方面均优于非志愿者，而非志愿者则多为健康状况较差，患各种慢性病的人。此时所出现的偏倚就是分组偏倚。因此，在研究中应尽量避免某种对研究结果有影响的因素在实验组和对照组之间不一致，否则就会产生误差，出现分组偏倚。

（二）选择性偏倚的控制方法

1. 科研设计严谨，设立并严格掌握研究对象的纳入与排除标准　在现况研究中严格按照随机化原则进行抽样，样本的情况应与所来自的总体特征基本一致；病例对照研究中，病例组一般选择新发、确诊的病例，对照组选择未患所研究的疾病及相关疾病，与病例组要有可比性；队列研究中，暴露组和对照组的基本特征应与所代表的总体特征一致；实验性研究中，应严格按照随机原则分组，使各组除研究因素外，其他基本特征应均衡、可比。

无论是何种类型的研究，研究对象的选择、纳入与排除都必须有严格、明确的标准，这样才能使研究对象较好地代表其总体。例如，在研究某药物治疗压疮的疗效观察中，有关研究对象的纳入标准必须严格确定压疮的部位、局部组织的损害程度、患者的年龄等，否则会影响结果的分析。制定明确的纳入与排除标准也有利于其他研究者在不同地区、不同的时间里，按此标准进行重复性验证。

2. 设立多组对照　以医院患者为研究对象的研究，最好选择多组对照，并有一组一般人群。通过比较不同对照组的结果，可判断是否存在偏倚，以便得出更可靠的结论。

3. 提高应答率，减少失访率　在研究中，如果能随访全部的研究对象或获得尽可能高的应答率，就可以缩小选择性偏倚。因此研究者应注意在研究时采取相应的措施，尽量取得研究对象的合作，提高研究对象的依从性，以减少无应答、失访或中途退出等情况发生。做好研究的组织和宣传工作，向研究对象介绍研究的意义，选择简便、易行的调查方法，以及对调查内容中的敏感问题应尽量设计好，量表的设计不能过于繁杂，不要设计难以明确回答的条目等。对研究中由于研究时间长、研究的范围广或涉及对象多，难以避免的无应答偏倚，要对无应答者出现的原因进行分析，针对原因采取补救措施，努力争取按原设计获得研究对象的资料。

三、信息性偏倚

（一）信息性偏倚的概念与类型

信息性偏倚（information bias）又称为观察性偏倚，常发生于研究实施阶段，指研究中有关研究对象的或来自于研究对象的信息是错误的，因而产生系统误差。

信息性偏倚在各种类型的研究中均可发生，可来自于研究对象、研究者本身，也可来自于用于测量的仪器、设备和方法等。该类偏倚可分为下列4种：回忆偏倚、诊断怀疑偏倚、报告偏倚和测量偏倚。

1. 回忆偏倚　回忆偏倚是指研究对象在回忆过去发生的事件或经历时，由于记忆失真或记忆不完整，其准确性、可靠性存在系统误差所产生的偏倚。回忆偏倚最常发生于病例对照研究中。如病例组可能对某种病因或影响因素有一定的了解，而有利于或促进他们回忆，而对照组未患有相应的疾病，不了解这些因素，回忆也不够积极，在此情况下就易产生回忆偏倚。例如，采用病例对照研究方法研究婴儿出生缺陷与哪些因素相关，研究过程中需要分娩结束后的母亲进行怀孕过程中某些特殊事件的回忆，以获得有关信息。一般认为生育了严重出生缺陷婴儿的母亲能够准确地回忆出怀孕早期的许多暴露情况，如服用非处方药物或有发烧经历，因为她所经历的不良妊娠结果对母亲产生了刺激，使她努力思考可能的影响因素。但是生育了正常婴儿的母亲未受到不良妊娠结局的刺激，不会努力回忆怀孕过程中的一些有可能相关的事件，最终则可能造成两组回忆信息的偏倚。

在研究中，如果是采用病历资料进行分析的回顾性调查，研究者要考虑到这种资料可能与研究者所设计收集的资料有一定的差异，可能会有某些研究项目在病历资料中没有记载，造成缺项的出现，此时研究者要考虑回忆偏倚对研究结果准确性的影响。

2. 诊断怀疑偏倚　诊断怀疑偏倚指研究者事先已知研究对象的某些情况，以一种主观偏见或愿望在诊断过程中去搜索某种结果，使研究结果出现偏倚。

这类偏倚常发生在前瞻性队列研究中，由于研究者事先了解研究对象研究因素的暴露情况，怀疑其已患病，或在主观上倾向于应该出现某种阳性结果，因此做出诊断或分析时，倾向于自己的判断。例如，在一项研究口服避孕药与下肢血栓性静脉炎关系的队列研究中，研究者最初所设定的科研假设是口服避孕药可以增加下肢血栓性静脉炎的发生率。因此，研究者对口服避孕药的妇女，认真地查体，仔细而频繁地寻求静脉炎的依据，最终使更多的病例被发现；而对于未服用避孕药的妇女则检查的相对马虎，这样做则有可能导致结果的偏倚。

3. 报告偏倚　报告偏倚指研究对象因主观因素的原因对主观症状的判断不统一，以及有意地夸大或缩小某些信息，此时所发生的系统误差就是报告偏倚。

被调查者的行为和态度对研究结果的影响很大。如研究的评定指标是以被调查者的主诉症状为指标，则很容易受被调查者主观因素的影响而发生报告偏倚。例如，在社区调查建筑噪声对人群健康的影响时，被调查者可能会夸大自身的某些生理症状以便去除社区内的建筑噪声。再如在中学生中调查其吸烟史，以便为进一步的健康教育提供依据。但在调查中，有可能较大部分的中学生因害怕遭到学校、家长的指责而会有意掩盖其吸烟行为，缩小信息；对某些职业人群进行健康调查时，如果调查的问题涉及劳保、福利等，被调查者可能会夸大某些职业危害对其的影响；如果调查的问题涉及某些患病信息，一些研究对象可能会为能继续从事该工作而故意缩小这些信息。

4. 测量偏倚　测量偏倚指对研究所需数据进行测量时所产生的系统误差。如所使用的仪器、设备校正不准确，试剂不符合要求，测定方法的标准或程序不统一，分析、测试的条件不一致，以及操作人员的技术不熟练，实验组与对照组在调查中的评定标准不统一等原因，均可导致测量结果的不准确，使测量结果偏离真值。此外，调查所用的调查表其设计的科学性、记录是否完整、调查人员的认真程度以及收集资料的技巧、态度等等，均可影响所收集信息的准确性，最终产生测量偏倚。

（二）信息性偏倚的控制方法

1. 采用盲法收集资料　在研究中，由于研究者和研究对象都易受到心理因素的影响，容易出现先入为主或思维定势，引起信息性偏倚。使用盲法是避免研究者和研究对象发生信息性偏倚的较为有效的方法。盲法又分为单盲法和双盲法。单盲法为仅研究者知道受试者所接受的干预，受试者自身并不清楚，从而可以避免受试者主诉时所致的报告偏倚。双盲法则是指研究者和受试者均不知道自己属于哪一实验组以及不知道接受的是何种干预方法。双盲法可降低受试者主诉时所产生的报告偏倚和研究者作评价时所产生的诊断怀疑偏倚。

如果在研究中使用盲法收集资料有一定的困难，则尽可能利用实验室检查结果、查阅研究对象的诊疗护理记录或健康体检记录等作为调查信息来源。在收集资料时还可以有意识地将调查范围扩展一些，如在询问时可同时收集一些与调查内容看似无关的变量（虚变量），来分散调查人员与被调查者的注意力，以减少主观因素对信息准确性的影响。如在调查维生素 A 的摄入与肺癌的关系时，可在调查表中加入其他维生素的服用情况，以及各种蔬菜、食品的摄入情况等。这种方法在不能应用"盲法"收集信息的研究中特别适用。

2. 制定严格的资料收集和质量控制方法　研究中使用的仪器、设备应提前做好质量检测和标定，试剂、药剂应符合测试要求；要设计科学、统一的调查表，对调查人员要进行统一的培训，使其了解调查项目或调查内容的含义，统一标准、统一方法、统一调查技巧，以科学的态度进行资料的收集；对研究对象要做好宣传组织工作，以取得研究对象的密切合作，如实、客观地提供拟获取的信息。

3. 尽量使用客观的指标　尽量使用客观的指标，以避免研究者和研究对象人为的偏倚。在问卷调查法是唯一的收集资料的方法时，研究者应尽量采用封闭式问题获取资料。

四、混杂性偏倚

（一）混杂性偏倚的概念

混杂性偏倚（confounding bias）是指在研究过程中，由于一个或多个潜在因素（即混杂因素、外变量）的影响，缩小或夸大了研究因素与疾病（或事件）之间的联系，从而使两者之间的真正联系被错误地估计，此时出现的偏倚即为混杂性偏倚。

常见的混杂因素有年龄、性别、社会经济状况、婚姻状况、服药的持续时间与剂量、依从性、疾病的严重程度等。混杂因素只有在比较的两组间分布不均，而且可以影响结果的情况下才能起混杂作用，产生混杂性偏倚。如在吸烟与肺癌关系的病例对照研究中，年龄就是混杂因素。如果病例组和对照组间年龄分布不均衡，吸烟组老年人多，或非吸烟组老年人多，则有可能夸大或缩小吸烟与肺癌的关系。

(二) 混杂性偏倚的控制方法

1. 随机化　在研究中，如研究者对混杂因素的情况不太了解，应遵循随机化分组原则，使混杂因素在各对比组间分布均衡。

2. 分层　如研究者对混杂因素有一定的了解，可按混杂因素的不同水平进行分层，在各层内部进行随机分组。如年龄是一个混杂因素，研究者可按不同的年龄段进行分层。分层后，按分层进行资料收集和统计分析，得出的结论是不同层次的比较，这样结论更客观、可靠。

3. 匹配　又称配对，是一种常用的避免混杂性偏倚的重要方法。它是指在为确定的研究对象选择对照时，使对照能够针对一个或多个潜在的混杂因素与确定的研究对象相同或接近，从而消除混杂因素对研究结果的影响。配对在非实验性研究和类实验性研究设计中均可应用。配对可使两组研究对象的特点保持相对一致性，以增强结果的可比性。配对时常考虑匹配性别、年龄、疾病类型等因素，其他因素如暴露的期限，疾病的发展阶段，疾病的严重程度以及以前的治疗方式等也可加以配对。配对时须注意：① 不能将要研究的因素进行配对；② 配对项目不宜太多，项目越多越难找到合乎条件的对照组。而且所匹配的因素愈多，丢失的信息也愈多。一般认为，只匹配主要的或明显的混杂因素即可。最常用的是1∶1配对，即一个患者对应一个对照。

4. 限定研究对象　如已知某个因素为混杂因素，在选择研究对象时，可对此加以限制。如研究吸烟与肺癌的关系时，年龄和性别可能是混杂因素，此时研究者可选择同一年龄组、同一性别的人群作为研究对象。

5. 多因素分析　运用多因素分析的统计方法，如分层分析法、Logistic回归分析等方法来分析疾病或某现象出现的复杂的、多变的原因，可在一定程度上控制混杂因素的影响。

（张俊娥）

第五章　社区护理研究中常用的资料收集方法

收集资料是指从研究对象处获取资料的过程。它是研究步骤中最重要的环节之一。当研究者确定了研究问题，查阅了相关文献并设计了研究方案之后，如何实施这一研究方案则是展示及分析研究结果的重要前提。因此，研究资料的收集不仅关系到某一研究的具体进行，也可以直接影响研究结果的科学性和真实性。

在社区护理研究中，最常用的资料收集方法有问卷调查法、访谈法、档案记录收集法、观察法、测量法等。

第一节　问卷调查法

问卷调查法是指研究者通过书面形式直接从研究对象处获取研究资料的方法。研究者将所希望获取的资料以书面形式写出，分发给研究对象，由研究对象直接提供相关资料。比如，社区护理研究者为了解某一社区居民对高血压等慢性病自我护理知识的需求，可请社区居民填写相关问卷，以获取研究资料，即调查的居民需要或不需要哪些自我护理知识。常用的问卷有量表和自设问卷两种类型。

一、量表

量表是由一组封闭式问题组成的以评分的方式衡量人们态度和行为的收集资料的工具，在问卷的调查法中广泛应用。大多数量表都用于心理社会变量的测量，但也可测量一些生理指标如恶心、疼痛、功能状态等。量表可包括以下几种方式。

（一）评定量表

评定量表是测量人们的行为、态度等，答案由一组有序排列的类别构成的量表。如以下几项来自护士—患者之间沟通方式的评定量表：

护士到我的病室来：
  ① 很少　　　　　　　　　② 有时
  ③ 当我叫她们时　　　　　④ 经常来看看

当护士和我交谈时，她通常显得：
  ① 并不感兴趣　　　　　　② 急匆匆的
  ③ 很礼貌但总保持距离　　④ 非常真诚地关心我

（二）Likert 量表

Likert 量表是以心理学家 Rensis Likert 的姓命名，是最常用的评定量表。它由一组句子组成，测量人们对某一主题的看法，并呈现按程度轻重排列的评定标准。Likert 量表一般由 10～20 个项目组成，答案一般为 5 个类别，表示赞同的程度或行为出现的频率，也有 7 分制的答案和 4 分制的答案。

例如：护士工作满意度量表（部分内容）见表 5-1。

您是否满意如下工作状况,请选择最能代表您观点的选项,并在相应的空格中画"√"。

表5-1 护士工作满意度量表

项目	非常不满意(1)	不满意(2)	一般(3)	满意(4)	非常满意(5)
工作条件					
护士的收入					
医院的管理方式					
工作的稳定性					
工作时数					

(三)语义差异量表

语义差异量表主要评定人们对某一概念(如目前的护理形式、患者的情感等)的态度。一般由两个反义词形容、5~7个等级组成,要求被评者指出他目前所处的位置,评定方式类似Likert量表。如评估患者感情的语义差异量表:

在下列问题中有数对意思相反的形容词,请您根据目前的感觉选择合适的答案。

	1	2	3	4	5	6	7	
变化的	□	□	□	□	□	□	□	稳定的
举棋不定的	□	□	□	□	□	□	□	自信的
沮丧的	□	□	□	□	□	□	□	高兴的
孤立的	□	□	□	□	□	□	□	合群的
混乱的	□	□	□	□	□	□	□	有条理的
漠不关心的	□	□	□	□	□	□	□	关切的
冷淡的	□	□	□	□	□	□	□	热情的
被动的	□	□	□	□	□	□	□	主动的
孤僻的	□	□	□	□	□	□	□	友好的
不适的	□	□	□	□	□	□	□	舒适的
神经质的	□	□	□	□	□	□	□	平静的

(四)视觉类似物量表

视觉类似物量表普遍用于人们对某种经历的感受,例如疼痛、乏力、恶心、呼吸困难等。传统的视觉类似物量表是用一条100毫米长的直线表示程度的差异,目前又设计出脸谱、阶梯等用形象图形表示的形式。应用时请被评者指出自己目前所处的位置。

例如,您认为下列哪一幅脸最接近您目前的疼痛感受(图5-1)。

图 5-1 面部表情疼痛测量图

二、自设问卷

若没有合适的现成问卷,研究者为收集相关资料需根据研究目的自行设计调查问卷。

(一) 问卷设计的方法和步骤

1. 确定问卷内容　按心理测量学的原理,问卷内容可按照推理法进行编制,即根据研究目的和理论依据推论出能测评这些内容的项目。该步骤一般通过查阅相关文献、回顾以往经验、参考专家意见以及参考相关调查表等方式完成,并要对测量的概念做出明确的可操作性的定义。如家庭支持,其可操作性的定义为:从家庭成员处获得支持的程度。在自设问卷的开始阶段,研究者可以列出想要调查的几个大方面的问题。例如,想要研究哮喘患者的自理行为,可以将自理行为分为饮食、用药、环境管理、体育锻炼、症状监测等几大方面。然后运用多个具体的小问题进一步说明每个方面的内容。如环境管理方面的内容,就可以用询问患者扫地的方式、扫床的方式、是否养宠物、是否经常晾晒被褥等小问题进行进一步的展开。开始时不用考虑用词是否恰当,是否类似或重复等,尽可能写下每个大题目下可能包含的小题目。题目越具体、周全,结果判断越准确和有说服力,就越易于深入分析。最后对问题进行组合、整理和精选,根据研究目的和相关理论框架,将问题分为重要的和次要的、必须问的和可以删减的及需要补充的问题等,如此就可逐步组成问卷初稿。将问卷初稿用于小规模的预调查,以发现问卷中存在的问题以及在实际应用中可能遇到的问题等,并根据反馈的信息来修改问卷。

2. 设计问题和答案　一般而言,问题的提出有两种形式:开放式问题和封闭式问题。开放式问题没有预先设定任何答案,如"您为什么选择这家社区医院?";而封闭式问题则需要预先设定答案,让研究对象在事先设定的答案中进行选择。常见的封闭式问题有以下类型:

(1) 两分制问题　又称是非题型问题,答案以"是"、"否"的回答方式表示。两分制的问题答案简单且界限清晰,适合于收集事实信息,也适合于收集小儿的资料。

【例 5-1】我经常胃痛　　　　　　是　　　否

(2) 多选题式问题　该类问题一般提供 3~7 个答案。此类问题适合于收集态度和意见等方面的资料。

【例 5-2】您认为分娩后您获得的信息支持主要来源于:(可选多项)

A. 医生
B. 护士
C. 家人及朋友
D. 有关书籍
E. 电视、网络

F. 其他

根据问题的性质，答案一般可采用四分制、五分制、七分制等分类形式。Likert 量表式的答案也经常应用于自设问卷。

【例5-3】我感觉头痛

　　A. 从不
　　B. 偶尔
　　C. 有时
　　D. 经常
　　E. 一直

要注意的是答案的覆盖面应广，能够包含所有可能的答案，但答案不能太长，一般主张尽可能将可能的答案都列举出来，例如，答案中应包括被测者认为"不清楚"或"不适合"的可能，但对此答案的分析应加以注意。某些情况下采用四分制的答案，去除"不合适"的可能，称为必选项目。对于事实性问题，应设有"其他"一栏。

【例5-4】您希望通过下列哪些途径获得哮喘疾病的相关信息？（可多选）
　　A. 宣传手册　　B. 电话咨询　　C. 定期家访　　D. 专家门诊
　　E. 电视、广播　　F. 其他_____

(3) 编序式问题　要求研究对象对所列的选择项目按某种程度进行排序，一般排序项目不应该超过10个。

【例5-5】人们对生活的价值不尽相同，以下列举一些人们认为重要的东西，请你按自己的观点将下列项目从最重要到最不重要排序：
　　(　)　成功和成就
　　(　)　家庭关系
　　(　)　友谊和社会关系
　　(　)　健康
　　(　)　金钱
　　(　)　宗教信仰

(4) 等级式问题　要求研究对象在一个有序排列的等级上进行选择，一般分为7、9、11个奇数项的等级，以便有中位点。

【例5-6】以下1~9表示您对工作的满意程度。1为最不满意，9为最满意，请您标出您目前对工作的满意度所在的位置：

项目	1	2	3	4	5	6	7	8	9
工作环境									
收入									
晋升机会									
同事关系									

(5) 检核表式问题　是由几组形容词、名词、陈述句组成的就某一主题的一览表。被评

者将表中所列内容与自身的行为逐一对照,将适合其行为特征的项目挑选出来。检核表一般较经济有效,也易于回答。

【例5-7】请您圈出符合您今天感受的词。

  1 不快 2 主动 3 沉闷 4 萎靡 5 沮丧 6 沉着冷静
  7 痛苦 8 抑郁 9 孤独 10 自由自在 11 失落 12 破碎

3. 邀请专家进行评估 通过专家评估,根据项目的准确性、适合性、相关性,将问题分类:① 第一类问题——与主题直接相关;② 第二类问题——与主题间接相关的;③ 第三类问题——与主题有关但不重要、或已包含在其他问题中;④ 第四类问题——与主题不相关。专家进行评估完之后,一般保留第一类问题,进一步审查第二类问题,删除第三类和第四类问题。

4. 整理、修饰问卷

(1) 对问题进行整理归纳:将问题分类,同类问题放在一起,并且问题提问形式应尽可能保持一致。

(2) 评估问卷长度:一般用于成人的问卷,完成时间不应超过30分钟;针对儿童的问卷,完成时间不应超过15分钟。

(3) 润饰文字:问卷的文字应简洁、通顺、易懂,忌使用专业术语。

5. 进行预试验 在正式使用自设问卷前,一般应作预试验,以10～20名样本为宜,以进一步检验问卷中可能存在的内容、文字、排版等问题,做出必要修改后方可将自设问卷运用于正式调查中。

(二) 问卷内容的排列顺序

问卷应从一般性的问题开始,例如性别、年龄、学历等,该类问题比较具体,属表浅层次的问题。第二层进入实质性问题,如心理状况、健康功能等。同一主题的问题应集中在一起,敏感的问题一般放在问卷的最末,在研究对象熟悉调查内容后逐渐进入情景,如涉及疾病对患者婚姻关系和性关系的影响方面的内容。

(三) 编写指导语

问卷前应有简短的指导语,目的是说明调查的目的、填写的方法、填写问卷大致所需的时间、对保密性的承诺等。例如以下为'患者满意度调查表'指导语:

"为促进社区医院的护理服务质量,我们将调查您对护理工作的满意度。请您回答如下问题。该调查不记名,不影响您的任何治疗和护理,您所提供的资料将作为社区医院提高护理质量的参考,并严格保密。该问卷大约需占用您20分钟的时间。谢谢您的合作。"

三、问卷调查法收集资料的形式

社区护理研究者可通过以下方式进行问卷调查:

(一) 邮寄问卷

邮寄问卷,即研究者通过邮寄的方式将调查问卷发放给研究对象,研究对象填写好问卷后,再邮寄给研究者。例如,社区护理研究者希望了解多个不同地区(如北京、上海、广州等地)居民对社区护理服务的满意度,由于涉及多个城市,多个社区,研究者为在有限的调查时间内进行范围较广的问卷调查,可采取邮寄问卷的形式,将调查问卷邮寄给在北京、上海、广州等地的社区居民。这些居民填写好问卷后,再邮寄给社区护理研究者。

一般而言，邮寄问卷应包括三部分内容：

1. 调查问卷首页：在调查问卷首页，社区护理研究者应注明研究目的和意义，表述邀请研究对象参加的意向和谢意，以及维护研究对象的知情同意权和隐私权等。必要时，还可填注研究者除邮寄地址以外的联系方法、工作单位和有关部门同意本研究的其他相关证明。向研究对象展示调查问卷的首页，其目的是让研究对象了解重视该研究，这是研究对象愿意填写问卷的前提。同时，它也是尊重研究对象的一种表现。另外，当研究对象在填写问卷有疑义时，可及时联系研究者。

2. 问卷正文：为问卷的核心部分。问卷设计，排版及印刷都会影响到研究对象是否愿意填写问卷。比如，如果研究对象多为老年人时，应注意问卷正文字体的大小，色彩，行间距等，可选择白纸黑字，较大的字体，较宽的行距以便于老年人阅读和填写。如果研究对象为年轻人，可采用较为活泼的排版形式以吸引他们填写该问卷。

3. 写明回寄地址并贴足邮票的信封：当研究对象填写完调查问卷正文后，可直接放入由研究者准备好的信封（注有研究者地址和邮资）并邮寄回研究者。这是保证邮寄调查问卷回收率的一个重要环节。研究者的充分准备和细致考虑，一方面体现了对研究对象的尊重，另一方面也为研究对象提供了邮寄便捷。

虽然邮寄法问卷发放的范围较广，但回收率较低，一般回收率在60%以上被认为较为满意。其主要原因是：研究者与研究对象缺乏直接的沟通；研究对象对问卷内容不感兴趣；研究对象由于某种原因（如工作忙等）忽略或忘记填写并寄回问卷；问卷邮寄过程中出现了一些问题等。因此，社区护理研究者除充分准备完整的问卷外，若在一定时间内未收到研究对象的回寄问卷，可再次寄信或电话联系研究对象，必要时在信中再附一份同样的调查问卷。另外，研究者还可积极联系研究对象所在的社区，充分利用社区资源，以提高邮寄调查问卷的回收率。

值得注意的是，近几年来随着网络的发展和普及，通过互联网发放调查问卷也较为常见。与传统的邮寄方式相比，网络问卷调查更为快捷和经济。但使用时应注意：避免由一位研究对象填写多次调查问卷；研究对象使用互联网完成问卷的可行性等。因此，社区护理研究者可以将传统邮寄问卷与电子网络邮寄问卷相结合，取长补短，以收集到全面，真实的研究资料。

（二）现场发放、收回问卷

研究者将研究对象组织起来，向研究对象说明研究目的和填写问卷的要求，然后由研究对象自行填写问卷。研究者将研究对象填写好的问卷当场收回。例如，社区研究者邀请社区中年龄满60岁的居民到社区活动中心，向他们说明研究者想了解他们对居家护理的期望和要求，希望他们配合填写有关问卷。社区居民填写问卷后，由研究者直接收回问卷。

这种问卷收集方法效率高、花费时间少，但收集到的资料的深度受限。研究者应注意事先的组织准备工作以及临场的协调，如充分考虑场地的大小、是否便于研究对象填写，以及如何保证资料的不公开性等。

（三）通过电话访谈完成问卷调查

研究者也可通过电话访谈完成问卷调查。研究者按照问卷内容提问，对于封闭式问题要给出可选答案，研究对象回答问题，研究者进行填写。虽然该方法与邮寄问卷相比，可能问卷回收率较高，但是花费大。

四、问卷调查法的优缺点

一般而言，问卷调查法最大的优点是省钱、省时，而且便于对研究对象提供的资料进行保密，也不会因资料收集者的不同而影响研究对象完成问卷。但是，问卷调查一般的回收率相对较低（若回收率低于60%，需要慎重考虑该研究的有效性），另外研究对象可能经过反复斟酌，掩饰了其观点和看法，而未提供真实的资料。

第二节 访谈法

一、概述

访谈法是指研究者通过与研究对象进行面对面的、有目的的会谈，直接从研究对象处获取资料的方法。它是社区护理研究中常用的一种收集资料的方法。比如，社区护士为了了解社区居民对社区环境的看法，可以面对面与社区居民进行谈话，获得他们对该问题的观点、态度和意见等。

（一）访谈问题的设计

设计访谈问题的原则是从广泛、普遍的问题开始，逐步过渡到具体、敏感的问题。由于访谈需要研究者与研究对象面对面地进行，因此广泛、普遍的问题易于二者展开话题，相互熟悉，是进一步的交谈的基础。访谈的问题一般按内容分组，应注意内容安排的合理性和逻辑性。一方面访谈主题要明确，另一方面要保证研究对象有一定的表述空间。由于访谈不同于一般性的聊天，因此研究者要特别注意设计访谈问题，充分利用与研究对象的访谈以获得所需资料。

此外，设计访谈问题时应注意语言适当，适合研究对象的年龄、文化程度和喜好。对于非专业人士，应采用通俗易懂的语言，便于研究对象理解访谈问题。

（二）访谈者的培训

若一项研究需要多个访谈者通过访谈获取研究对象的资料，为避免人为的偏差，应在正式收集资料前对访谈者进行培训。可以通过模拟访谈、角色扮演等方法培训访谈者。一般要求访谈者的语言表达不应带有任何倾向性，同时对敏感问题应事先承诺保密。另外，对尚无访谈经验的访谈者应加强沟通能力的培训，比如，如何展开话题，如何引导研究对象进一步深入表述观点与感受，如何倾听其表述等。

（三）访谈的准备

在正式访谈之前，研究者应与研究对象预约访谈的时间和地点。研究者应准时到达预约地点，衣着应适合访谈的环境，并为研究对象所接受。访谈的地点应安静，避免干扰。研究者在访谈前应将访谈的目的、程序向研究对象做适当的解释。例如，"下面我将询问您一些有关……的问题，您可不可以谈谈您的看法？"

（四）访谈的技巧

在访谈中人际间交谈的互动性对访谈的进展起着决定性的作用。研究者首先必须熟悉访谈的内容。访谈过程中的语气应友好、平和。访谈应从广泛的问题开始，尽可能在研究对象熟悉的环境中进行。研究者应善于运用倾听技巧和交流技巧，鼓励研究对象进一步交谈。访谈的整体氛围应该是接纳性、包容性的。研究者的个人观点和情感不应表露，也不应影响研究对象的交谈。

对于开放性的问题，研究者可采用一些中性的、鼓励性的语言向研究对象提问以了解更多的信息，例如，'还有呢？'、'你为什么有这种感受？'、'你能举个例子说明一下吗？'等。此外，访谈的记录不应打扰访谈的正常进行。访谈结束时研究者应作适当的总结，并感谢研究对象的参与，为访谈划上一个句号，不要给研究对象一种草草收场的不良印象。

（五）访谈的记录

访谈的记录可分为现场记录、随后记录、现场录音和录相等方式。现场记录能保证访谈内容不被遗忘，但会在一定程度上影响访谈的进行。随后记录常常会造成访谈内容部分遗忘。现场录音或录相是较好的记录方法，但是必须事先获得研究对象的同意。

二、访谈法的类型

根据研究目的、所需研究资料的特点以及研究对象的参与能力等因素，访谈法分为结构式访谈、半结构式访谈和非结构式访谈3种类型：

（一）结构式访谈

结构式访谈是研究者在与研究对象的访谈中严格按事先准备好的书面程序进行访谈。研究者在采用结构式访谈前，需详细列出访谈的程序和具体内容。在访谈中，研究者严格控制访谈的进展。结构式访谈通常适用于如下情况：① 研究者已拥有大量系统性的相关文献；② 研究者对访谈内容之外的其他内容或资料不感兴趣；③ 访谈需要在研究者严格控制下进行等。

例如，社区护理研究者为了解在某社区居住的产妇母乳喂养的情况，可以选择结构式访谈的方法获取相关资料。首先研究者需制定访谈的程序和内容，如'您能说说母乳喂养的好处吗？'、'您平时怎样喂养宝宝呢？'、'您如何进行乳房护理呢？'等，制定时应注意访谈内容是否全面，内容安排是否具有逻辑性，问题是否易于理解、便于回答。在访谈中，研究者按已拟定好的访谈程序和内容与产妇进行面对面的交谈，从而了解产妇母乳喂养的情况。

（二）半结构式访谈

半结构式访谈指研究者在与研究对象的访谈中按事先准备的访谈大纲进行访谈。在访谈中，研究者只是部分地控制访谈的进展，鼓励研究对象就某一主题（即研究者的研究主题）进行自由谈论。若研究对象的回答比较表浅，研究者可以引导研究对象深入地交谈下去。与结构式访谈相比，研究者通过半结构式访谈可能会获得更多的信息和资料，但同时由于研究者部分地控制访谈，可在一定程度上避免研究对象的谈论内容偏离访谈主题的现象。例如，某研究旨在了解产妇如何与婴儿进行沟通，研究者可设计一半结构式访谈，明确访谈的主题，即"产后，您怎样对您的宝宝讲话、如何进行抚摩等？"这样，当产妇谈及其他内容时，如产妇自身的饮食、运动、工作时，研究者可通过强调访谈主题，避免或减少访谈内容的偏题现象。

（三）非结构式访谈

非结构式访谈即以开放式问题的形式询问一个或几个范围较广的主题，是一种自然的交谈，一般不对场所进行挑选，而在与研究对象有关的自然场所进行。研究者不同程度地参与到研究对象的交谈中。虽然研究者通过非结构式访谈可能获得的信息很多，但是由于研究者在这样一个自然交谈中很难控制访谈的进展，因此非结构式访谈对于研究者的组织能力是一个挑战。另一方面，非结构式访谈对研究对象的要求也较高，需要研究对象积极参与交谈，有较为丰富的交谈内容，能够清楚地表达自己的观点和感受。

例如，社区护理研究者可通过非结构式访谈了解社区护理管理者的管理模式。研究者并不确定访谈程序和内容，只是作为访谈的组织者，召集多个较为资深的社区护理管理者参加以管理模式为主题的访谈。一般而言，资深的护理管理者对其管理模式具有专业的认知，较为丰富的管理经验，以及一定的表达能力。因此，在这样的情形下非结构式访谈较易进行。

由此可见，3种访谈类型各有利弊。通常在选择其一时，需考虑如下问题：

1. 需要系统性的资料还是非系统性的资料？
2. 是否需要控制访谈的进行？
3. 研究对象是否有可能真正参与此类型的访谈？
4. 研究者是否有可能组织此类型的访谈？

三、访谈法的优缺点

（一）访谈法的优点

由于访谈法需要研究者与研究对象面对面交谈，增加了彼此的沟通，其主要优点是：

1. 应答率较高　当研究者与研究对象面对面交谈时，大多数研究对象均有反应，能够提供相应的信息和资料。

2. 适合于不能填写问卷的研究对象　当研究对象有书写障碍时，如文化程度低或受客观条件限制无法填写问卷，研究者可以通过访谈法从研究对象处直接获取资料。

3. 所获资料较为完整、丰富　由于研究者组织参与访谈，可以及时解答研究对象认为较为困惑的问题，也可通过鼓励研究对象交谈，获取更为丰富的资料。

（二）访谈法的缺点

虽然访谈法具有上述优点，但同时也存在一些缺点：

1. 费时　由于访谈者多需要研究者一对一与研究对象进行交谈，并且完成一次访谈所需的时间远远超过研究对象填写一份问卷的时间，因此研究者往往需要花费大量的时间收集资料。

2. 花费大　研究者需要预约研究对象，并前往预约地点见面、交谈，电话费、交通费支出较大。此外，若研究对象采用现场录音或录相的记录方式，所需设备较为昂贵。

3. 影响因素较多　如研究对象可能因为需要面对面与研究者交谈，而有意改变自己的观点或行为，造成结果偏差。又如人际间的互动关系会影响资料的收集以及所收集资料的质量，如研究对象的年龄、性别、种族、社会地位，以及研究者与研究对象的关系等。

第三节　观　察　法

观察是认识现象的一种手段，是通过视觉和思维对现象做出详细记录和判断的过程。观察法是研究者通过对事物或现象仔细观看和认真考查，以获得第一手资料的方法。可观察的现象包括：个人特征和情形、活动型态、语言性沟通行为、非语言性沟通行为、护理技术熟练程度、环境特征等。观察法适合于不容易测量的情形。由于在社区护理研究中大部分护理问题是很难测量的,因此观察法是社区护理研究者常用的收集资料的方法之一。

一、观察法的分类

观察法按观察情形分类有自然观察法和标准情形观察法,按观察结构分有结构式观察法和非结构式观察法。

(一) 按观察情形分类

1. 自然观察法　自然观察法是在日常工作或生活情形中研究者对研究对象的行为进行观察。例如,社区护理研究者观察社区护士的行为。应用自然观察法研究者可观察到的行为范围较广,但需要研究者花费较多的时间与研究对象进行接触。如要观察社区护士的行为,为确保所观察到的社区护士的工作行为可以代表其日常工作,研究者需要对所选择的社区护士至少连续1周(必要时连续1个月)的工作行为进行逐一的观察,假设选择50名社区护士作为观察对象,由1名研究者进行自然观察,研究者至少需要1年的时间完成资料的收集。

此外,观察者必须具备深刻的洞察力。由于研究者需要观察研究对象在自然状态下的行为,这些行为可能缺乏较强的目的性和集中性,因此需要研究者具有较强的洞察力才能获得有效的研究资料。

2. 标准情形观察法　标准情形观察法是在特殊的实验环境下研究者观察研究对象对特定刺激的反应。例如,观察新生儿对抚摸的反应。在标准情形下的观察是研究者预先精心设计的,按一定的程序进行,每一个观察对象都接受同样的刺激,故称标准观察。虽然通过标准情形观察法研究者可观察到的结果具有较高的可比性,但是可观察到的行为与自然观察相比较为有限。

(二) 按观察结构分类

1. 结构式观察法　结构式观察法有已设计好的、正式的记录格式,以规定研究者要观察的现象和特征以及进行记录的方式。在结构式观察法中,研究者事先确定观察样本和观察项目,设计记录观察结果的表格,并对资料进行准确的分类、记录和编码。

制定分类系统是运用结构式观察法收集资料的第一步。研究者应注意将计划观察的行为或现象归于不同的类别,要避免类别的重复。例如,研究者要观察社区护士解决问题的行为,设计的分类系统为:① 寻找信息;② 给予信息;③ 问题的描述;④ 提出建议;⑤ 建议支持性措施;⑥ 建议不宜采取的措施;⑦ 总结性行为;⑧ 其他。研究者还应对每个类别所属的行为做出详细的说明。

分类系统还可采用'列项'的方式,即先列出各类可能的行为,然后观察这些行为出现的频率。例如,将中风后患者日常活动进行分类:① 饮食行为(用手抓饭吃、用匙吃饭、用吸管喝水、用杯子喝水);② 个人卫生(洗脸、刷牙、剪指甲、梳头);③ 穿衣服的技巧(解/扣扣子、拉/解拉练、系/解鞋带、系/解皮带),研究者通过观察记录研究对象(中风患者)每日出现这些行为的次数。此外,结构式观察还可结合评定量表的形式进行记录,即研究者将观察到的行为在评定量表上作相应的评定和记录。

在结构式观察法中,观察样本的选择也很重要。观察样本可按时间进行选样,时间段的选择可通过预试验确定,例如每小时观察10名样本,也可按事件进行选样,选择完整的行为,如社区健康讲座、健康咨询等。

有助于结构式观察法有效实施的主要措施有:① 明确观察目标和内容;② 对观察内容作操作性说明;③ 培训观察人员:由于观察法容易受人为的感觉和判断力的影响,所以当观察员多于3名时,应制定观察员手册,对研究的目的、行为特征、选样方法、归类系统、记录工具的应用等进行培训,以统一观察标准;④ 建立观察者与被观察者的互动关系;可通过前驱观察确定要观察的变量;⑤ 对分类系统及观察的记录表格进行预试验,并根据结果作适当修改。

2. 非结构式观察法　非结构式观察法是指研究者的观察在自然情形下进行,并且不对研究情形施加任何干预,以观察和记录人们的行为和经历的自然发生、发展过程。质性研究的资料收集常采用非结构式观察法。例如,社区护理研究者观察子宫切除术后妇女出院后的康复过程。

质性研究中应用非结构式观察法首先要收集一些所观察场景的环境特征方面的资料,例如社区的物理环境、交通设施、社区健康服务资源、社区健康工作人员的组织结构等,然后寻找观察的重点。在非结构式观察中,研究者可以以时间为观察单位,也可以以事件为观察单位。一般而言,所观察的内容包括:① 所研究场景的物理环境;② 研究对象的特征;③ 研究对象的活动和相互作用方式;④ 研究对象的活动过程(包括频度、持续时间);⑤ 其他因素,指隐藏在行为后面的信息,或非语言性沟通的方式等。

非结构式观察法记录的方式通常为现场笔记或日记,将情景过程记录下来,或通过事后回忆记录有关资料,同时进行相应的整理和分析。这种方式比流水账式的记录更深入、涉及面更广,更具有分析性和诠释性,它不但包括对信息的记录,而且包括对所记录资料的综合、理解;不但包括所观察到的信息,还包括对其意义的分析、对如何观察到这些资料的方法的描述,以及对其的评注。研究者在对研究对象进行非结构式观察时,一般是边观察边记录,但由于可能影响观察对象的行为和表现,可先在头脑中记忆所要记录的要点,然后找时间速记下来,最后进行整理。

研究者采用非结构式观察法收集的资料较深入、系统、全面,方法也灵活,因此非结构式观察非常适用于探索性研究,但是该资料收集方法也存在一些缺点,如较主观,研究者本身的价值观和观察过程中情感的融入可能对资料的分析带来偏差。

无论是运用结构式观察法还是非结构式观察法,研究者都应该在正式观察和记录之前,用一定的时间与研究对象在一起,建立初步的关系,称为观察前准备阶段,以使双方尽量熟悉、充分放松。

二、观察者与被观察者的关系

观察者在对研究对象进行观察时,二者之间的关系可分为4类:

(一) 局外观察者

观察者经正式介绍后进入观察领域,但不参与被观察者的活动。为使被观察者行为自然,观察者可隔着单面透视玻璃、用录像等方法进行观察。但事先研究者应告知被观察者观察的目的,以尊重其隐私权。

(二) 参与性观察者

观察者作为参与者进入观察领域,但其活动以观察为主,参与为辅。例如研究者在参与社区护理工作中观察社区护士的活动。但因被观察者知道自己在被观察而可能刻意改变自身行为，所以影响观察结果的真实性。只有研究者延长观察时间，与被观察者建立自然的互动关系，才可获得真实客观的资料。

(三) 观察性参与者

观察者作为参与者进入观察领域，其活动以参与为主，观察为辅。观察者参与活动，使观察时尽量维持自然情景，被观察者表现出真实的状况。例如，社区护士在提供社区服务时观察社区居民自我护理的行为，被观察者（社区居民）不会觉得是在被观察，因此在一定程度上能达到接近自然情景的效果。但由于观察者毕竟是作为'外来者'，而不是被观察群体中的一员，所以仍有可能不能得到完全真实的资料。因此，观察性参与者可以采用延长观察时间的策略，有助于充分进入情景，并增加参与的程度。只有通过双方相互熟悉和适应，达到被观察对象在观察者面前的行为自然时，观察者才能获得较多、较深入和较真实的资料。

(四) 完全参与者

观察者完全以参与者的身份进入观察领域。观察者本身就是被观察群体中的一员，所以可以获得一些局外人所不能获得的资料，但值得注意的是当观察者作为完全参与者时，有可能忽视某些现象或因习以为常而对某些现象或行为缺乏敏感性，也可能因其身处其境而不能客观地分析现象。例如，为调查某社区护士的决策行为，研究者申请在该社区工作半年。在此期间，研究者既是该社区的社区护士，又是观察护士决策行为的观察者。

为减少人为造成的'不自然'性并保证观察结果的真实性，一般建议观察者作为观察性参与者或完全参与者通过观察收集资料。特别在质性研究中，研究者的角色起码是参与性观察者。研究者应通过观察、倾听获得整体印象逐渐进入研究场景，逐渐参与被观察对象的活动，并逐渐加深参与程度，成为主动参与者，以深入观察、研究被观察者的行为，最后通过反思性参与观察和理解被观察对象的活动。如果观察者没有与被观察者建立相互信任的关系，所获得的资料很可能受被观察者的防备和戒备心理影响而不能深入到事物的本质中去。

三、观察法的优缺点

观察法是社区护理研究者常用的一种通过观察研究对象而直接获取资料的方法。其优点表现在适合于不易被测量的情形，如对行为和活动以及现象的研究。此外，通过应用观察法研究者可获得更为深入的资料，尤其是质性研究多采用非结构式观察法获得深入、细致的研究资料。

观察法也存在一些缺点，主要表现在：

1. 伦理问题　因观察法要求被观察者的行为直接在观察者的直视下进行，可能涉及到的伦理问题较多且复杂，因此其可行性需要研究者慎重考虑。

2. 结果偏差　被观察者可能因为知道被观察而有意改变其行为，从而造成结果的偏差。这一现象也称为霍桑效应。

3. 主观性　由于观察结果受观察者的主观判断能力和分析能力的影响较大，所以所获资料的主观性较强，可能导致结果偏差，尤其是非结构式观察。

4. 耗时　与其他资料收集的方法相比，一般而言观察法需要研究者花费大量的时间观察研究对象以收集相关资料。

第四节 测量法与档案记录法

一、测量法

在社区护理研究中，单一的资料收集的方法已越来越不能满足对各种资料的收集。除问卷调查法、访谈法和观察法以外，测量法也是一种常用的资料收集的方法。它是指研究者借助特别的仪器设备和技术测量出准确的数据作为研究资料的方法。在护理领域最常用的是生物医学测量法。

生物医学测量法的目的在于测量与护理有关的生物医学数据，例如测量糖尿病患者在餐前、餐后不同时间的血糖水平等。通常包括：

1. 机体指标的测量　通过体检、生理指标的测量直接从生物体测得结果，例如脉搏、血压的测量，心电图的测量、指尖血氧饱和度测定等。

2. 实验室指标的测量　即从生物体抽取标本后通过进行实验室检验测得结果，包括化学测量法、微生物测量法、组织细胞学测量法。例如血气分析指标的测定、细菌菌落计数、生物活检进行病理检查等，一般需要通过专门的检验技术人员完成。

一般而言，社区护理研究者可独立通过测量法收集相关资料，也可和其他工作人员，如医生和辅助科室、实验室的人员协同工作以完成相关数据的测量。与问卷调查法、访谈法和观察法相比，研究者通过测量法获得的资料更为客观、精确、可信度高，但是所能收集的资料有限，且多集中在生物医学方面，不适用于收集研究对象的心理、社会方面的资料。

二、档案记录法

（一）社区中常见的档案记录资料的类型

社区卫生服务的工作范围主要包括社区健康教育、社区预防（传染病和多发病的预防、卫生监督和管理以及慢性病控制）、社区康复、社区医疗、慢性病防治与管理和计划生育技术指导等。因此，社区常见的档案通常分为如下类型。

1. 疾病报告和登记　国家规定所有医务人员都有义务和责任填写法定传染病报告单，向防疫机构报告，以便国家及时了解疫情的发生和流行的分布情况，及时采取防治措施。除了国家规定要报告的法定疾病外，各个地方依据情况也同时规定某些严重危害人群健康的慢性病登记报告，如恶性肿瘤、结核病、职业中毒和职业病等，以便了解其在人群中流行分布的规律，危害人群健康和生命的程度，为防治决策提供科学依据。

社区医务人员的工作直接面向社区人群，因此有关传染病及其他慢性病的报告和登记应是全面、完整和准确可靠的第一手资料。社区护理研究者可充分参考、利用这些资料进行分析、整理。

2. 医疗、护理服务工作记录　有关社区居民在该社区接受的医疗、护理的工作记录是社区健康卫生服务重要的原始资料之一。这些记录应包括：

（1）一级预防服务：计划免疫和各种健康促进手段。

（2）二级预防服务：通过健康筛查发现无症状期的患者；对疾病进行早期诊断和早期治疗。

(3) 三级预防服务：防治合并症或进行康复训练等，使患者早日回归社会或带病正常生活。

3. 健康检查资料　一般而言，社区居民中职工和学生的常年体格检查资料比较系统、完善，可以为观察疾病的发生、发展提供有用的信息。另外，随着人们健康意识的提高，越来越多的人主动进行健康检查，很多社区的社区护士已开始系统地记录社区居民的健康状况，并输入计算机系统，形成资料库或数据库，这为社区护理研究者提供了便利的资料来源。

4. 专题疾病的调查　根据不同社区居民的健康状况特点，社区护士会重点针对一些疾病进行调查和随访，并记录相关资料。如近年来随着人口老龄化的出现，对老年人常见疾病的关注非常突出，因此很多社区已开展高血压、心脏病、糖尿病的追踪调查。

5. 其他资料　如该社区居民的人口构成、出生情况、伤残情况、死亡情况等。

(二) 档案记录资料的收集方法

社区护理研究者可根据研究目标，确定需要的研究资料，在得到相关部门的许可后，可查阅有关记录和档案资料。档案记录收集法经济、无须研究对象合作，而且无应答偏差，但是也存在一些缺点，如可收集的资料有一定的选择性，资料可能不够完整。另外，可能涉及到伦理问题，无论档案资料的来源如何，例如社区医院/社区健康服务中心的疾病记录，无论是公开的还是非公开的，社区护理研究者都必须遵守职业道德，尊重、保护当事人的隐私权。

第五节　研究工具性能的测定

研究工具的性能直接影响应用其测量所获得的研究资料的科学性和准确性，因此选用一个高质量的研究工具是一项研究工作成败的关键环节之一。也就是说，选用的测量工具是否真正能够反映它所需测量的概念、是否能够准确地测量该概念是研究者首要考虑的问题。研究工具的效度和信度是两个常用的评价测量工具的指标。

一、效度

效度是指某一研究工具能真正反映它所期望研究的概念的程度。能反映期望研究的概念的程度越高，研究工具的效度越好。一般可以用表面效度、内容效度、结构效度、效标关联效度等反映一个研究工具的效度。

(一) 表面效度

表面效度是由评估人根据自己对所要测量的概念的理解，判断某一测量工具是否能够测量此概念。例如，有一 20 道题目的问卷计划用之测量社区居民的焦虑状况，评估者应针对这 20 道题目逐一进行分析，以判断它们是否可以测量'焦虑'这一概念。这种对测量工具效度的测定只是一种停留在问卷表面的测定，因此它是一种最为基本、最为简单的方法，往往应用于效度测定的开始阶段，为其他效度的测定提供基础资料。

(二) 内容效度

内容效度是根据理论基础及实践经验来对工具是否包括足够的项目而且有恰当的内容分配比例而做出判断。内容效度需建立在大量文献查阅、工作经验以及综合分析、判断的基础上,多由专家委员会进行评议。专家人数最少不少于3人,最多不超过10人,5人较为合适。专家的选择应与研究工具所涉及的领域有关。如用某研究工具测量糖尿病患者的自我护理行为,为测定该研究工具的内容效度研究者可聘请5位专家,这些专家的工作领域主要在糖尿病患者的护理和/或Orem自理理论研究方面。测定研究工具的内容效度的步骤是:

1. 设计测量内容效度的表格　一般包括测量工具各项目的具体内容和专家评审意见(判断该项目是否能测量某概念,是否需要修改,以及何如修改)。

【例5-8】,您是否同意下列陈述能够反映"角色冲突"这个概念,请在相应的空格内画"√",并填写具体的修改意见。

项目内容	非常同意	同意	不同意	非常不同意	修改意见
我的工作角色与他人对我期望不一致					
我的实际工作角色与我的期望不一致					
我对自己的工作角色范畴不明确					
我的工作角色没有让我完全发挥能力					

2. 邀请相关研究领域的专家组成专家委员会。
3. 专家对研究工具中的各项目是否能够充分反映所要测量的概念做出判断。
4. 研究者收集、总结各专家的意见,并依据专家意见对测量工具进行修改。
5. 研究者再次邀请专家评定修改后的测量工具的内容效度。

如需两次或两次以上请专家评定研究工具的内容效度,应注意两次评议的时间最好间隔10~14天,以免由于时间过近,专家对第1次的评议结果尚存印象,可能会影响第2次评议结果。

(三) 效标关联效度

效标关联效度是通过反映某研究工具与其他测量标准之间的关系,来间接反映该研究工具与所测量概念的相符程度。也就是说,相关系数越高,表示研究工具的效度越好。按照选择的测量标准的时间,效标关联效度可分为同时效度和预测效度两种。

1. 同时效度　同时效度是指研究工具与现有标准之间的相关。如要验证测量"腋温"是否是测量体温的有效方法,我们已知测量口温是有效的测量体温的方法,可以用口温数据作为参考标准,计算腋温与口温数值之间的相关程度。若相关系数高,则说明测量工具的同时效度高。由此可见,被选作标准工具的性能会影响所测研究工具的效度。

2. 预测效度　预测效度是指测量工具作为未来预测指标的有效程度。例如,社区护理研究者用生活方式量表来预测社区人群未来的健康状况,即生活方式量表可用预测效度来表示。研究者可选择目前健康的人群做测试,让他们填写生活方式量表,然后根据填写的结果预测他们将来的健康状况。等到1年、2年或5年后,研究者再调查该人群实际的健康状况,并与预测结果进行比较,即可得出预测效度。一般而言,预测效度需花费较长的时间获得,且在过程中可能会受诸多因素的影响。如上述例子中,所调查人群在1年或5年后的健康状况，不仅受其生活方式的影响，还与其他因素相关，如环境因素、安全因素以及意外因素等。

（四）结构效度

结构效度重点是了解工具的内在属性，而不是关心使用工具后所测得的结果。它主要回答的问题是："该工具究竟在测量什么？"；"使用该工具能否测量出想研究的抽象概念？"。结构效度反映的是工具与其所依据的理论或概念框架的相结合程度，概念越抽象就越难建立结构效度，同时也越不适宜使用效标关联效度进行评价。结构效度的建立最为复杂，目前有关结构效度的计算，应用最多的是因子分析。

二、信度

信度是指使用某研究工具所获得结果的一致性程度或准确程度。当使用同一研究工具重复测量某一研究对象所得结果的一致程度越高，则该工具的信度就越高。同时，越能准确反映研究对象真实情况的工具，其信度也越高。因此，研究工具的稳定性、内在一致性和等同性是信度的3个主要特征。针对不同的特征，有相应的信度测量方法。

（一）重测信度

重测信度常用来表示研究工具的稳定性，即是指用同一研究工具两次或多次测定同一研究对象，所得结果的一致程度。一致程度越高，则研究工具的稳定性越好，其重测信度也就越高。

重测信度用重测相关系数表示，相关系数范围是0~1，越趋近于1，则表示重测信度越高。具体做法是研究者使用研究工具对研究对象进行第1次测试，隔一段时间后对同一研究对象再使用该研究工具进行测量，然后计算两次测量结果的相关系数，这个相关系数反映了该研究工具重测信度的高低。

以护士工作压力量表为例，对10名护士进行第1次工作压力的测试，并在2周后对其进行第2次工作压力的测试，两次测试得分如下：

护士工作压力测试

研究对象	第1次测试	第2次测试
1	36	39
2	34	38
3	25	28
4	34	32
5	28	26
6	46	44
7	49	53
8	37	35
9	38	44
10	27	23

该量表的重测信度为两列数据间的相关系数。具体计算公式为：

$$r=\frac{\sum(X-\bar{X})(Y-\bar{Y})}{\sqrt{\sum(X-\bar{X})^2\sum(Y-\bar{Y})^2}}=\frac{\sum XY-\frac{\sum X \cdot \sum Y}{n}}{\sqrt{\left[\sum X^2-\frac{(\sum X)^2}{n}\right]\left[\sum Y^2-\frac{(\sum Y)^2}{n}\right]}}$$

$\sum X$：第 1 次测试 10 名研究对象各得分之和；
$\sum Y$：第 2 次测试 10 名研究对象各得分之和；
$\sum X^2$：第 1 次测试 10 名研究对象各得分平方之和；
$\sum Y^2$：第 2 次测试 10 名研究对象各得分平方之和。

应用上述公式计算，相关系数 r＝0.93，即护士工作压力量表的重测信度为 0.93。对重测信度的计算也可使用计算机软件进行，如目前应用较多的 SPSS 统计软件，将两次重测数值输入计算机后，即可通过计算机运算获得重测相关系数。

研究者使用重测信度需考虑的问题：

1. 两次测量间隔的时间　原则上讲，两次测量的时间间隔要长到使第 1 次的测量对第 2 次的测量结果不会产生影响，但是也不能太长以至于客观情况已有了转变。通常建议的测量间隔时间在 2～3 周以上。例如，研究者要测量社区护士有关工作角色的认知，第 1 次让某社区的 20 名护士填写角色认知问卷后，可间隔两周，社区护士已忘记所填写的内容后再让他们/她们重新填写同一角色认知问卷。但是如果两次测量的时间间隔太长，如半年后，社区护士对其工作角色可能有较大的认知改变，如他们/她们在这半年的时间里参加了有关的讲座，进行继续教育的学习等。因此，再次测量的结果很可能与第 1 次有很大的不同，也就是说相关性差，但是这种相关性不能客观地反映角色认知问卷的重测信度。

2. 研究工具所测量的变量的性质　由于重测信度的计算需要间隔一段时间进行再次测量，因此当研究工具用于评估性质相对稳定的问题，如个性、价值观、自尊、生活质量等变量时，可用重测信度来表示研究工具的信度。而诸如测量态度、行为、情感、知识等性质不稳定变量的工具，则不宜使用重测信度来反映其稳定性的高低。因此，在使用重测信度来表示研究工具的稳定性时，应考虑此研究工具用来测量的变量的性质如何。

3. 测量环境的一致　研究者在进行重测时，应尽量保证第 2 次测量环境与第 1 次测量环境相同，以减少外变量的干扰。如相同的测试者、相同的测量程序、相同的测量时间以及相似的周围环境等。

（二）折半信度、Cronbach'a 系数与 KR-20 值

此 3 种方法均可用来反映研究工具的内在一致性这一特征。内在一致性是指组成研究工具的各项目之间的同质性或内在相关性，内在相关性越大或同质性越好，说明组成研究工具的各项目都在一致地测量同一个问题或指标，即该研究工具的内在一致性越好，信度越高。如某问卷用于测量社区护士的工作压力，如果组成这一问卷的所有问题都是与护士工作压力有关，则说明此问卷的内在一致性好，信度高。但如果问卷中有几道问题是用来测量护士的工作态度的，则此问卷的内在一致性就差，信度就低。内在一致性的测量是信度测量中应用最多的，因为它更适合于测量心理社会方面变量的研究工具，而且与重测信度相比，它只需进行一次测量。

1. 折半信度　折半信度是测定内在一致性的最古老的方法之一。具体做法是将组成研究工具的各个项目（如组成一份问卷中的各个题目）分成两部分，分别加以计分，对这两部分的数值进行相关分析，然后采用 Spearman-Brown 公式计算信度。Spearman-Brown 公式是：$r_{xx}=2r_{hh}/(1+r_{hh})$，其中，$r_{xx}$ 代表研究工具的信度，r_{hh} 代表两折半组间的相关系数。

折半方法常用的有前后折半法、奇偶折半法。折半信度的主要不足是不同的折半方法可能导致不同的结果，如按奇偶项进行折半与按前后项进行折半计算所得的信度就很可能不同。

【例 5-9】护士角色认知问卷的折半信度的计算。

10 名护士角色认知问卷的总分、奇数项题目得分和偶数项题目的得分如下表：

护士角色认知问卷的得分

调查对象	总分	奇数项得分	偶数项得分
1	55	28	27
2	49	26	23
3	76	34	42
4	37	18	19
5	44	23	21
6	50	30	20
7	57	30	27
8	62	33	29
9	48	23	25
10	66	28	38

根据在重测信度中所列的相关系数 r 的计算公式得出奇数项数目得分与偶数项数目得分的相关系数为 0.64。然后应用 Spearman-Brown 公式计算信度，$r_{xx}=(2\times0.64)/(1+0.64)=0.78$，即该问卷的折半信度为 0.78。

2. Cronbach'a 相关系数与 KR-20 值 Cronbach'a 相关系数与 KR-20 值是通过计算研究工具中所有项目间的平均相关程度以反映该工具的内在一致性。KR-20 值是 Cronbach'a 系数的一种特殊形式，适用于二分制的研究工具，例如回答"是"或"否"、"正确"或"错误"的研究工具。Cronbach'a 相关系数与 KR-20 值的计算较为复杂，可通过计算机来进行，如目前 SPSS 统计分析软件即有 Cronbach'a 与 KP-20 值的计算程序。

3. 评定者间信度 评定者间信度是用来表示研究工具的等同性这一特征，即不同评定者使用相同工具，同时测量相同对象时，需计算评定者间一致程度。一致程度越高，则该测量工具等同性越好，信度越高。如使用观察法收集资料时，不同观察者使用同一研究工具进行观察时会产生观察者偏倚。因此在这种情况下，研究工具应包括两部分，即所使用的观察表和进行观察的观察者们。在计算评定者间信度时，可以用评定者间的评定结果的一致程度来表示。如两个观察者使用同一评定工具同时观察某护士在执行护理操作中的洗手情况，可用两个观察者最后所得的两份评定表中取得的一致结果的项目数,除以一致结果和不一致结果的项目的总数来简单估算信度。如果观察结果是用数字表示的,则可计算观察者们的观察结果之间的相关系数,用此系数可以表示评定者间信度的大小。

值得注意的是,只要研究工具存在,就存在其信度和效度。研究工具的信度和效度不是"有"或"无"的问题,而是程度上"高"或"低"的问题。一个研究工具的信度和效度并不是截然孤立的,二者存在一定的关系。信度低的工具效度肯定不高,即一个不能准确地反映被研究对象情况的研究工具不可能真正反映它所期望研究的概念。但是,信度高的研究工具并不能说明其效度也高。如校正好的体温计测量患者的焦虑程度,虽然体温表已有很高的信度,但它并不能真正反映"焦虑"这一研究概念。

(陆　虹)

第六章 社区护理研究中常用的统计学方法

统计学分析是科研过程中不可缺少的一步。资料收集完成之后，应对原始资料和数据进行整理和归纳，选用恰当的统计学方法进行数据分析，从而根据分析结果得出相应的结论。

第一节 概 述

正确运用统计学分析方法，是保证研究结果科学性和准确性的前提之一。因此，社区护士应了解统计学中的基本概念、护理研究中常用的统计学方法及选择原则，从而恰当地选择统计学方法，并对统计结果做出正确解释。

一、统计学中的几个基本概念

1. **抽样误差** 指样本指标与总体指标之间的差异，是由抽样造成的。在第四章中介绍的非概率抽样方法所产生的误差要大于概率抽样方法。因此，研究者应根据研究目的和研究条件，尽可能采用概率抽样方法，以降低抽样误差，使研究结果更具有代表性。

2. **概率（probability）** 指描述随机事件发生可能性大小的度量，也称几率，统计学上用符号 P 表示。P 值在 0~1 之间，越接近 1，表示事件发生的可能性越大；越接近 0，表示事件发生的可能性越小。统计学中习惯上将 $P \leqslant 0.05$ 或 $P \leqslant 0.01$ 称为小概率事件，表示在一次研究中该事件发生的可能性小于或等于5%或1%。由于此时该事件发生的可能性很小，可视为很可能不发生。在统计学中，将 $P \leqslant 0.05$ 和 $P \leqslant 0.01$ 看作差别有统计学意义的界限。

应用 P 值时需注意：

（1）P 值的大小只说明统计学意义上差别的"显著"，不能完全说明临床意义上实际差别的"显著"。为了避免统计"显著"与专业"显著"相混淆，提倡在描述 P 值时，用"差异有/无统计学意义"来描述，避免用"差异有/无显著性"来描述。

（2）统计结论是根据 P 值大小做出的，"小概率"事件不代表某事件绝对不可能发生，所以统计结论具有概率性质，因目前多用统计软件来进行数据的统计学计算，故最好报告 P 的具体数值，下结论时不要绝对化。此外，统计结论必须与专业知识相结合，才能得出恰如其分的最终结论。

3. **假设检验** 又称显著性检验，是应用统计学原理，由样本之间的差异，去推断样本所代表的总体之间是否存在本质差异的一种推断方法。

在抽样研究中，当由两个或多个样本计算得到的数据之间存在差异时，需进行假设检验，以判断这种差异是由抽样误差所致，还是存在本质差异。

【例6-1】某研究者分别测量了100名6岁男孩和100名6岁女孩的身高，结果：男孩和女孩的平均身高分别为 119.85 cm 和 117.92 cm。问6岁男孩与女孩的身高是否有差异？

从样本的平均身高来看，男孩（119.85 cm）高于女孩（117.92 cm）。但单凭样本均数的差异不能直接推出"6岁男孩身高高于女孩"的结论，即该样本所代表的总体也存在差异。因为样本均数的差异可能是由抽样误差造成的。此时，须进行假设检验，以判断样本差异由抽样误差所致的概率有多大，从而推断总体本质上是否存在差异。

假设检验的基本步骤如下：

（1）建立假设：① H_0：零假设，即不存在差异；② H_1：备择假设，即存在差异。针对例 6-1，H_0 指 6 岁男孩与女孩的身高无差异；H_1 指 6 岁男孩与女孩的身高有差异。

（2）确定检验水准：用 α 表示，通常取 0.05 或 0.01。

（3）计算统计量：根据研究目的和资料类型，选择适当的公式计算统计量，如 t 值、F 值、χ^2 值（将在本章第二、三节具体介绍这些方法）。

（4）确定 P 值：可通过查询相应的统计用表得到 P 的近似值，如 t 界值表（附录2）、χ^2 界值表（附录3）。目前常用计算机软件进行统计学分析，可在提供 t 值、F 值或 χ^2 值的同时，直接给出 P 值，不需再查表。

（5）做出统计推断：如果 $P>\alpha$，则认为 H_0 发生的可能性较大，可得出"差异无统计学意义"的统计结论，针对例 6-1，可认为"6 岁男孩与女孩的身高无统计学差异"；如果 $P<\alpha$，则认为 H_0 发生的可能性很小，属于小概率事件，因此拒绝 H_0，接受 H_1，可得出"差异有统计学意义"的统计结论，即可认为"6 岁男孩与女孩的身高有统计学差异"。

二、科研资料的类型

根据收集到的原始资料的特点，可将其分为计量资料、计数资料和等级资料等类型。资料的类型不同，所采用的统计学分析方法也不同。

1. **计量资料** 又称定量资料或数值变量资料。指用定量方法测定某项指标量的大小而获得的资料。这类资料是定量的，一般有度量衡单位，如年龄（岁）、病程（年）、血压（mm Hg）、身高（cm）等。

2. **计数资料** 又称定性资料或无序分类变量资料。指按照某种属性或类别分组，分别计数各组的例数而得到的资料。这类资料是定性的，表现为互不相容的类别，如性别（男/女）、职业（工人/农民/干部等）、是与否、满意与不满意等，分别计数不同类别的例数，即为计数资料。

3. **等级资料** 又称半定量资料或有序分类变量资料，介于计量资料和计数资料之间。指按照某种属性的不同程度或等级分组，分别计数各组的例数而得到的资料。该类资料具有半定量性质，表现为等级大小或属性程度，如文化程度分为文盲、小学、中学、大学；满意度分为非常满意、一般、不满意 3 个等级；治疗效果用治愈、好转、稳定、恶化 4 个等级表示。

在资料分析过程中，上述各类资料间可以互相转化。例如，年龄是一个计量资料，若以 60 岁为界，分为老年人组与非老年人组，并计数各组的人数，此时所得的资料就转化成了计数资料；若分为青少年、成年人和老年人 3 组，分别计数各组人数，所得的资料就转化成了等级资料。再如，在护理研究中，有时会用到量表，如焦虑自评量表，若以量表的总分作为分析变量，则为计量资料；若根据评分标准，以 40 分为界，将总分转化为无焦虑和有焦虑，并分别计数两组的例数，此时得到的资料则由计量资料转化成了计数资料。

三、常用统计学分析方法的分类与选择

(一) 社区护理研究中常用的统计学分析方法

统计学指标和分析方法多种多样,在社区护理研究中,最基本的统计学分析方法包括下列两类:

1. **描述性统计** 即描述数据的分布规律和特征,如均数、标准差、中位数、率、构成比等。

2. **推断性统计** 用于比较组间差异或探讨相关因素:① 欲比较两个或多个组之间的某个指标是否存在差异时,常用的统计学分析方法包括 t 检验、方差分析、χ^2 检验、秩和检验等;② 欲探讨两个或多个变量间是否有相关性时,可采用相关分析、多元线性回归、Logistic 回归分析等。

(二) 统计学分析方法的选择原则

在数据分析中,正确选择统计学分析方法至关重要。统计学分析方法的选择取决于研究目的、科研设计类型和资料类型。可按照下列思路进行选择。

要分析的资料属于哪种类型(计量/计数/等级)

分析目的是描述性?比较组间差异?探讨变量间的相关性?

是两个/多个独立样本?还是配对设计?

根据分析目的和资料类型选择统计学分析方法

根据统计结果得出统计结论

下面对不同类型资料所对应的基本统计学分析方法进行简单概括。

- 计量资料
  - 统计描述
    - 正态分布:均数±标准差
    - 偏态分布:中位数、四分位数间距
  - 比较差异
    - 两个独立样本:独立样本 t 检验(秩和检验*)
    - 配对资料:配对 t 检验(秩和检验*)
    - 多个独立样本:单因素方差分析(秩和检验*)
- 计数资料
  - 统计描述:率、构成比、相对比
  - 比较差异
    - 两个独立样本:四格表 χ^2 检验
    - 配对资料:配对 χ^2 检验
    - 多个独立样本:行×列表 χ^2 检验
- 等级资料
  - 统计描述:构成比
  - 比较差异
    - 两个独立样本:Wilcoxon 两样本秩和检验或 Mann-whitney U 检验
    - 配对资料:Wilcoxon 符号秩和检验
    - 多个独立样本:Kruskal-Wallis H 秩和检验

(*偏态分布时选用)

本章第二、三、四节将对上述统计学分析方法进行逐一介绍。此外,在探讨两变量间的

相关性时，可采用相关分析。若两变量均为计量资料，且符合正态分布，可选用Pearson相关分析；若两变量不满足正态分布，或其一为等级资料，可选用Spearman相关分析，具体内容将在本章第五节进行介绍。

第二节 计量资料常用的统计学分析方法

一、计量资料的描述性统计

根据数据的分布型态，可分为正态分布（图6-1）和偏态分布（图6-2）两种。前者数据呈对称分布，后者则呈不对称分布。

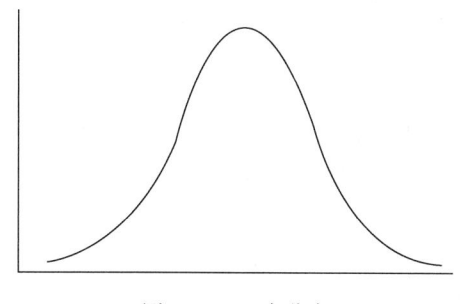

图6-1 正态分布

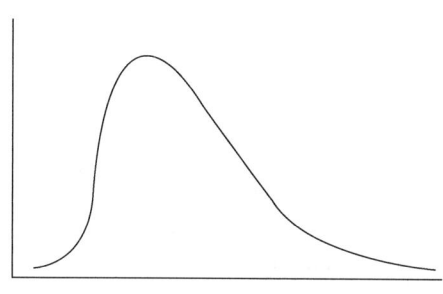

图6-2 偏态分布

描述计量资料时，为了全面反映其分布特征，应同时报告集中趋势和离散趋势两个方面。在描述不同分布型态的计量资料时，所用的描述性统计指标有所不同。

（一）集中趋势

集中趋势反映一组数据的平均水平或一个分布的中心位置。常用的指标有均数和中位数。

1. 均数（mean） 是算术均数的简称，可用于反映一组呈正态分布的资料在数量上的平均水平，用 $\bar{X}$ 表示。计算公式为：

$$\bar{X} = \frac{X_1 + X_2 + \cdots + X_n}{n} = \frac{\sum X}{n}$$

式中 X_1，X_2，$\cdots X_n$ 为各观察值，$\sum X$ 为各值的总和，n 为样本例数。

注意事项：均数适用于正态分布的资料。如果数据呈偏态分布，不宜用均数，可用中位数来描述。

2. 中位数（median） 当数据呈偏态分布时，可将数据从小到大排列，用位置居于中间的那个数值来反映集中趋势，即中位数，用 M 表示。计算公式为：

n 为奇数时，$M = X_{\frac{n+1}{2}}$（即位次居中的那个数值）；

n 为偶数时，$M = \frac{X_{\frac{n}{2}} + X_{(\frac{n}{2}+1)}}{2}$（即位次居中的那两个数值的平均值）。

（二）离散趋势

变异是生物医学数据最显著的特征。所以，要全面描述一组数据的分布特征，除了平均数之外，还必须用反映变异程度的指标，常用的有全距、四分位数间距、标准差等。

1. 全距（range） 亦称极差，即最大值与最小值之差，用 R 表示。例如，某样本中，最大年龄为 75 岁，最小年龄为 62 岁，则全距 $R=75-62=13$。

2. 四分位数间距（quartile range） 把全部数据分为四部分的百分位数称为四分位数，即第 1 四分位数（P_{25}）、第 2 四分位数（P_{50}，即中位数 M）、第 3 四分位数（P_{75}）。四分位数间距用 Q 表示，$Q=P_{75}-P_{25}$。

一般用中位数和四分位数间距一起来描述偏态分布资料的分布特征。

3. 标准差（standard deviation） 反映一组数据的平均离散水平，用 s 表示。计算公式为：

$$s=\sqrt{\frac{\sum X^2-\frac{(\sum X)^2}{n}}{n-1}}$$

式中，$\sum X^2$ 为各值平方的总和，$\sum X$ 为各值的总和，n 为样本例数。

一般用均数±标准差来描述正态分布资料的分布特征。标准差越大，意味着个体间变异越大。

（三）实例演算

【例 6-2】某社区护士测得 30 名脑卒中患者的年龄（见表 6-1），请计算年龄的均数、标准差。

表 6-1 30 名脑卒中患者的年龄分布

病例号	年龄（岁）	病例号	年龄（岁）	病例号	年龄（岁）
1	62	11	56	21	62
2	74	12	71	22	68
3	68	13	77	23	75
4	54	14	69	24	52
5	59	15	62	25	86
6	83	16	53	26	74
7	64	17	78	27	66
8	50	18	83	28	67
9	87	19	65	29	75
10	75	20	66	30	74

1. 计算均数

$$\bar{X}=\frac{\sum X}{n}=\frac{62+74+68+54+59+\cdots+74}{30}=\frac{2055}{30}=68.5（岁）$$

2. 计算标准差

$$s=\sqrt{\frac{\sum X^2-\frac{(\sum X)^2}{n}}{n-1}}$$

因上一步已计算出$\sum X=2055$，接下来计算$\sum X^2$：

$$\sum X^2=62^2+74^2+68^2+54^2+59^2+\cdots+74^2=143\,709$$

将上述数值代入标准差的计算公式：

$$s=\sqrt{\frac{143\,709-\frac{2055^2}{30}}{30-1}}=10.07（岁）$$

二、计量资料的推断性统计

常用的统计学分析方法包括：t检验、方差分析等。这些检验均要求资料服从正态分布。当资料呈偏态分布时，应采用非参数检验方法，具体内容见本章第四节（秩和检验）。

（一）t检验

1. 单一样本t检验 即样本均数$\bar{X}$与已知总体均数μ_0的比较。计算公式为：

$$t=\frac{\bar{X}-\mu_0}{s/\sqrt{n}}$$

式中$\bar{X}$为样本均数，μ_0为总体均数，s为样本标准差，n为样本例数。

自由度：$\upsilon=n-1$

【例6-3】某社区护士采用焦虑自评量表，对50名肾移植术后患者进行测评。结果：该组患者量表得分为（31.63±9.21）分，已知该量表的常模（正常人）得分为（29.78±10.07）分。问肾移植术后患者焦虑得分与常模得分是否有差异？

例题分析：该例中要分析的变量是焦虑得分，为计量资料，欲比较肾移植术后患者（样本）与常模（总体）是否有差异，故选用单一样本t检验。步骤如下。

(1) 建立检验假设

H_0：肾移植术后患者的焦虑得分与常模得分无差异。

H_1：肾移植术后患者的焦虑得分与常模得分有差异。

(2) 确定检验水准：取α为0.05

(3) 计算t值

由题可知，$n=50$，$\bar{X}=31.63$，$s=9.21$，$\mu_0=29.78$。将各值代入单一样本t检验的公式。

$$t=\frac{\bar{X}-\mu_0}{s/\sqrt{n}}=\frac{31.63-29.78}{9.21/\sqrt{50}}=1.420$$

(4) 确定 P 值

自由度 $v=n-1=50-1=49$，查 t 界值表（附录2），得 $t_{0.05,49}=2.009$。本题中，$t=1.420<t_{0.05}$，故 $P>0.05$。

(5) 做出统计推断

因 $P>0.05$，所以接受 H_0，可认为"肾移植术后患者的焦虑得分与常模得分无差异"。

2. 两独立样本 t 检验　适用于两个独立组的均数比较。计算公式为：

$$t=\frac{|\bar{X}_1-\bar{X}_2|}{S_{\bar{X}_1-\bar{X}_2}}$$

式中 $\bar{X}_1$ 和 $\bar{X}_2$ 分别为两样本的均数，$S_{\bar{X}_1-\bar{X}_2}$ 的计算公式为：

$$S_{\bar{X}_1-\bar{X}_2}=\sqrt{S_c^2\times(\frac{1}{n_1}+\frac{1}{n_2})}$$

其中：$S_c^2=\dfrac{S_1^2(n_1-1)+S_2^2(n_2-1)}{n_1+n_2-2}$

自由度：$v=n_1+n_2-2$

【例6-4】某社区护士欲探讨家庭康复指导对脑卒中患者日常生活能力的影响。将60例脑卒中出院患者分为两组，各30例。干预组由社区护士定期家访，提供家庭康复指导；对照组不进行家访。3个月后，采用日常生活能力量表（ADL）对两组患者进行测评（ADL得分越高，日常生活能力受损越严重）。结果：干预组患者ADL得分为（30.45±4.82）分，对照组为（37.58±5.89）分。问家庭康复指导对改善患者日常生活能力是否有效？

例题分析：该例中要分析的变量是ADL得分，为计量资料，是两个独立组之间的比较，故选用两独立样本的 t 检验。步骤如下：

(1) 建立检验假设

H_0：家庭康复指导对改善患者ADL无效。

H_1：家庭康复指导对改善患者ADL有效。

(2) 确定检验水准：取 α 为0.05

(3) 计算 t 值

由题可知，$n_1=30$，$n_2=30$，$\bar{X}_1=30.45$，$\bar{X}_2=37.58$，$s_1=4.82$，$s_2=5.89$。

先计算 S_c^2：

$$S_c^2=\frac{S_1^2(n_1-1)+S_2^2(n_2-1)}{n_1+n_2-2}=\frac{4.82^2\times(30-1)+5.89^2\times(30-1)}{30+30-2}=28.9623$$

然后计算：$S_{\bar{X}_1-\bar{X}_2}$：

$$S_{\bar{X}_1-\bar{X}_2}=\sqrt{S_c^2\times\frac{1}{n_1}+\frac{1}{n_2}}=\sqrt{28.9623\times(\frac{1}{30}+\frac{1}{30})}=1.3895$$

将各数值代入两独立样本 t 检验的公式：

$$t=\frac{|\bar{X}_1-\bar{X}_2|}{S_{\bar{X}_1-\bar{X}_2}}=\frac{|30.45-37.58|}{1.3895}=5.131$$

(4) 确定 P 值

自由度 $\upsilon=n_1+n_2-2=30+30-2=58$，查 t 界值表（附录2），得 $t_{0.05,58}=2.000$，本题 $t=5.131>t_{0.05}$，故 $P<0.05$。

(5) 做出统计推断

因 $P<0.05$，所以拒绝 H_0，接受 H_1，可认为"家庭康复指导对改善患者 ADL 有效"。

3. 配对 t 检验　适用于配对设计两均数的比较。配对设计主要有以下情形：① 同一研究对象分别接受两种不同的处理；② 同一研究对象接受一种处理前后的比较。计算公式为：

$$t=\frac{\bar{d}}{S_d/\sqrt{n}}$$

式中 d 为每对观察值之差，$\bar{d}$ 为差值的均数，S_d 为差值的标准差。

自由度：$\upsilon=n-1$

【例6-5】某社区护士采用自身对照的方法，对20例脑卒中患者进行定期家庭康复指导，分别在指导前和指导后3个月，采用日常生活能力量表（ADL）进行测评，结果见表6-2。问家庭康复指导后，患者日常生活能力是否有改善？

表6-2　20名脑卒中患者两次 ADL 得分情况

病例号	康复指导前	指导后3个月	d	d^2
1	33	29	4	16
2	29	27	2	4
3	35	26	9	81
4	38	32	6	36
5	27	25	2	4
6	26	26	0	0
7	32	28	4	16
8	31	25	6	36
9	29	24	5	25
10	39	32	7	49
11	40	31	9	81

续表

病例号	康复指导前	指导后3个月	d	d^2
12	28	25	3	9
13	32	27	5	25
14	31	25	6	36
15	39	34	5	25
16	27	25	2	4
17	35	28	7	49
18	37	29	8	64
19	26	22	4	16
20	43	38	5	25
			$\sum d=99$	$\sum d^2=601$

例题分析：要分析的变量是 ADL 得分，为计量资料，且要进行自身前后比较，因此属于配对设计，应选用配对 t 检验。步骤如下。

(1) 建立检验假设

H_0：家庭康复指导后，日常生活能力无改善。

H_1：家庭康复指导后，日常生活能力有改善。

(2) 确定检验水准：取 α 为 0.05

(3) 计算 t 值

由表 6-2 可知，$n=20$，已计算出 $\sum d=99$，$\sum d^2=601$。

计算 $\bar{d}=\dfrac{\sum d}{n}=\dfrac{99}{20}=4.95$

计算 $S_d=\sqrt{\dfrac{\sum d^2-\dfrac{(\sum d)^2}{n}}{n-1}}=\sqrt{\dfrac{601-\dfrac{99^2}{20}}{20-1}}=2.4165$

将各值代入配对 t 检验的公式：

$$t=\dfrac{\bar{d}}{S_d/\sqrt{n}}=\dfrac{4.95}{2.4165/\sqrt{20}}=9.161$$

(4) 确定 P 值

自由度 $\upsilon=n-1=20-1=19$，查 t 界值表（附录2），得 $t_{0.05,19}=2.093$。本题中，$t=9.161>t_{0.05}$，故 $P<0.05$。

(5) 做出统计推断

因 $P<0.05$，所以拒绝 H_0，接受 H_1，可认为"家庭康复指导后，患者日常生活能力有改善"。

(二) 方差分析

方差分析在护理研究中的用途很广泛，这里仅简单介绍单因素方差分析方法。单因素方差分析（ANOVA）又称完全随机设计方差分析，适用于3组或3组以上独立样本均数的比较。方差分析的统计量为 F，其计算公式较为复杂，本书不作具体介绍，感兴趣的读者可参见统计学书上的相关内容。

【例6-6】 社区护士将该社区的糖尿病患者随机分为3组,分别采用3种健康教育方式进行糖尿病患者自我管理方法的宣教,半年后,测定三组患者的糖化血红蛋白含量,在此基础上比较3种健康教育方式对血糖控制的效果有无差异?

例题分析:该例将患者随机分配到3个组,分别接受不同的干预,要分析的变量是糖化血红蛋白含量,属于计量资料,是3个独立样本之间的比较,故可选用单因素方差分析法进行统计学分析。

第三节 计数资料常用的统计学分析方法

一、计数资料的描述性统计

(一)常用的描述性指标

常用相对数指标进行描述,包括率、构成比和相对比。

1. 率(rate) 说明某现象发生的频率,常以百分率(%)、千分率(‰)、万分率(1/万)、十万分率(1/10万)等表示。计算公式为:

$$率 = \frac{某时期内发生某现象的例数}{同期可能发生某现象的总例数} \times 100\%$$

例如,有800名社区护士参加了技能操作考试,其中687名护士考试合格,则合格率为 $\frac{687}{800} \times 100\% = 85.9\%$。

在社区护理研究中,常用的指标有:出生率、死亡率、发病率、患病率、感染率、病死率、治愈率、有效率、健康教育参与率等。这些指标已在社区护理学导论一书中进行了详细介绍,在此不做赘述。

2. 构成比(proportion) 反映某一事物内部各构成部分所占的比重或分布,通常以百分率(%)表示。计算公式为:

$$构成比 = \frac{某一组成部分的例数}{同一事物各组成部分的总例数} \times 100\%$$

例如,某社区人口的民族构成情况(见表6-3)。

表6-3 某社区人口的民族构成情况

民族	人数(n)	构成比(%)
汉族	1432	66.7
回族	613	28.5
其他民族	103	4.8
合计	2148	100.0

3. 相对比（ratio） 简称比，是两个有关指标之比，说明两指标间的比例关系。两个指标可以性质相同，例如不同时期发病数之比；也可以性质不同，例如社区护士人数与管辖区的居民数之比。通常以倍数或百分数（％）表示。

计算公式为：

$$相对比 = \frac{甲指标}{乙指标} \times 100\%$$

式中两指标可以是绝对数、相对数或平均数。

（二）应用相对数指标时的注意事项

1. **分母不宜过小** 当分母较小时，计算出的相对数可靠性差。例如，在分析社区老人跌倒发生原因时，社区护士调查了 200 名社区老人，发现有 10 名发生过跌倒，其中 4 名因地面滑而跌倒，占 40％，若因地面滑而跌倒的人数变为 5 名，此比例则变成 50％，在 40％的基础上增加了 10％，但实际上只有 1 例的变化，这主要是由于分母较小导致的。因此，此时最好用绝对数（即发生例数）来表示。

2. **不能以构成比代替率** 构成比只能说明事物各组成部分的比重或分布，并不能说明某现象发生的频率。例如，某护士调查所辖社区慢性病患者的情况，结果发现，某病的年龄分布见表 6-4。表中的构成比仅说明在患有该病的人群中，各年龄段所占的比重，而不能将其看作各年龄段该病的患病率，或者得出 40～59 岁组患病率最高的错误结论。

表 6-4 某病各年龄段分布情况

年龄段（岁）	患者人数（n）	构成比（％）
18～39	16	10.5
40～59	83	54.6
60～	53	34.9
合计	152	100.0

二、计数资料的推断性统计

常用的统计学分析方法是 χ^2 检验，包括两个样本率或构成比之间的比较、配对设计的率的比较、多个样本率或构成比之间的比较。

（一）四格表 χ^2 检验

用于两样本率的比较。四格表是指由 4 个数据组成的表，这 4 个数据分别用 a、b、c、d 来表示（表 6-5）。

【例 6-7】卫生局抽查两个城区社区护士进行基础护理操作考试，结果见表 6-5。问两个城区社区护士的基础护理操作合格率有无差异？

表 6-5 两个城区社区护士操作考试合格情况

城区	合格数	不合格数	合计
城区 A	36 (a)	24 (b)	60 ($a+b$)
城区 B	48 (c)	12 (d)	60 ($c+d$)
合计	84 ($a+c$)	36 ($b+d$)	120 (N)

四格表 χ^2 检验的计算公式如下：

1. 当总例数 $N \geq 40$，且所有格子的 $T \geq 5$ 时，用四格表专用公式：

$$\chi^2 = \frac{(ad-bc)^2 N}{(a+b)(c+d)(a+c)(b+d)}$$

自由度：$\upsilon=$（行数-1）×（列数-1）

T 表示理论数，每个格子理论数的计算公式为：$T=\frac{n_R n_C}{N}$。式中 n_R 表示该格子所在行的合计，n_C 表示所在列的合计，N 为两组总例数。

在进行 χ^2 检验时，可先计算四格表中最小的数据所对应的理论数，因为只要最小的 T 大于 5，其他理论数就一定也大于 5。例如，表 6-5 中，四个格子中最小的数据（12）所对应的 $T_{12}=$（60×36）/120 = 18(>5)。因此，该例适于用四格表专用公式计算 χ^2 值（总例数 $N \geq 40$，且所有格子的 $T \geq 5$）。

2. 当总例数 $N \geq 40$，但 $1 \leq T < 5$ 时，用四格表校正公式：

$$\chi_c^2 = \frac{[|ad-bc|-N/2]^2 N}{(a+b)(c+d)(a+c)(b+d)}$$

3. 当总例数 $N<40$，或 $T<1$ 时，用 Fisher 确切概率法（本章第七节将介绍在 SPSS 软件中进行计算的方法）。

例题分析：在例 6-7 中，要分析的变量是操作考试的合格率，为计数资料，是两个城区社区医院即两个组之间的比较，因此可采用四格表 χ^2 检验，具体步骤如下。

（1）建立检验假设

H_0：两城区社区护士的操作考试合格率相同。

H_1：两城区社区护士的操作考试合格率不同。

（2）确定检验水准：取 α 为 0.05

（3）计算 χ^2 值

首先确定采用哪个公式进行运算。前面已经提到，表 6-5 四个格子中数值最小的是 12，其理论数为 18（>5），故推断所有格子的理论数均>5，应采用四格表专用公式。将各值代入公式：

$$\chi^2 = \frac{(ad-bc)^2 N}{(a+b)(c+d)(a+c)(b+d)} = \frac{(36 \times 12 - 24 \times 48)^2 \times 120}{60 \times 60 \times 84 \times 36} = 5.714$$

（4）确定 P 值

自由度 $\upsilon=(2-1)\times(2-1)=1$，查 χ^2 界值表（附录3），得 $\chi^2_{0.05,1}=3.84$，本题中，$\chi^2=5.714>\chi^2_{0.05}$，故 $P<0.05$。

(5) 做出统计推断：

因 $P<0.05$，所以拒绝 H_0，接受 H_1，可认为"两城区社区护士的操作考试合格率不同"。

（二）配对设计的 χ^2 检验

适用于配对设计的计数资料，常用于两种检验方法或诊断方法的比较。

【例6-8】某社区护士同时采用两种记忆量表对200名老人进行记忆筛查，结果见表6-6，欲判断两种量表的测查结果有无差异？

表6-6 两种记忆筛查量表的测查结果

量表A	量表B		合计
	+	−	
+	35 (a)	10 (b)	45
−	8 (c)	147 (d)	155
合计	43	157	200

配对 χ^2 检验的计算公式如下。

1. 当 $(b+c) \geqslant 40$ 时，用专用公式：

$$\chi^2=\frac{(b-c)^2}{(b+c)}$$

2. 当 $(b+c)<40$ 时，用校正公式：

$$\chi_c^2=\frac{(|b-c|-1)^2}{(b+c)}$$

例题分析：例6-8中，要分析的变量是阳性率，为计数资料，且为配对资料的比较，故采用配对设计的 χ^2 检验。步骤如下。

(1) 建立检验假

H_0：两种量表的测查结果无差异。

H_1：两种量表的测查结果有差异。

(2) 确定检验水准：取 α 为0.05

(3) 计算 χ^2 值

首先确定采用哪个公式进行计算。因本例中 $(b+c)=18<40$，故选用校正公式。

$$\chi_c^2=\frac{(|b-c|-1)^2}{(b+c)}=\frac{(|10-8|-1)^2}{(10+8)}=0.056$$

(4) 确定 P 值

自由度 $v=(2-1)\times(2-1)=1$，查 χ^2 界值表（附录3），得 $\chi^2_{0.05,1}=3.84$，本题中，$\chi^2=0.056<\chi^2_{0.05}$，故 $P>0.05$。

（5）做出统计推断

因 $P>0.05$，所以接受 H_0，可认为"两种量表的测查结果无差异"。

（三）行×列表 χ^2 检验

用于多个样本率的比较、两个或多个样本构成比的比较。计算公式为：

1. 当各格子的 $T\geq1$，且 $1\leq T<5$ 的格子数不超过格子总数的 1/5 时，可用下列公式计算：

$$\chi^2=N\left(\sum\frac{A^2}{n_R n_C}-1\right)$$

自由度：$v=$（行数－1）×（列数－1）

式中 A 表示各格子的实际数值，n_R 表示每个格子所在行的合计，n_C 表示每个格子所在列的合计。

2. 若不符合上述条件，可通过以下方法解决：① 增加样本量，使 T 增大；② 根据专业知识，考虑能否删去 T 太小的行或列，或将 T 太小的行或列与性质相近的邻行或邻列合并；③ 用 Fisher 确切概率法（可用统计软件进行计算）。

【例6-9】某护士调查了90名肾移植术后患者的焦虑发生率，将患者按照文化程度分为3组，即小学组、中学组和大学组（表6-7），欲比较不同文化程度的患者焦虑发生率有无不同？

表6-7　不同文化程度的肾移植术后患者焦虑发生情况

文化程度	有焦虑的例数	无焦虑的例数	合计
小学组	9	16	25
中学组	15	27	42
大学组	8	15	23
合计	32	58	90

例题分析：例6-9中，要分析的变量是焦虑发生率，是计数资料，且欲比较3组患者间的焦虑发生率的差异，共6个格子，故可采用行×列表 χ^2 检验。步骤如下。

（1）建立检验假设

H_0：不同文化程度的患者焦虑发生率无差异。

H_1：不同文化程度的患者焦虑发生率有差异。

（2）确定检验水准：取 α 为 0.05

（3）计算 χ^2 值

首先确定采用哪个公式进行计算。先计算6个格子中最小的数据（8）对应的理论数：$T_8=\frac{n_R n_C}{N}=\frac{23\times32}{90}=8.17$（>5），推断所有格子的理论数均大于5，故采用行×列表 χ^2 检验的计算公式：

$$\chi^2 = N \left(\sum \frac{A^2}{n_R n_C} - 1 \right)$$
$$= 90 \times \left(\frac{9^2}{25 \times 32} + \frac{15^2}{42 \times 32} + \frac{8^2}{23 \times 32} + \frac{16^2}{25 \times 58} + \frac{27^2}{42 \times 58} + \frac{15^2}{23 \times 58} - 1 \right) = 0.0086$$

(4) 确定 P 值

自由度 $\upsilon = (3-1) \times (2-1) = 2$，查 χ^2 界值表（附录3），得 $\chi^2_{0.05, 2} = 5.99$，本题中，$\chi^2 = 0.0086 < \chi^2_{0.05}$，故 $P > 0.05$。

(5) 做出统计推断

因 $P > 0.05$，所以接受 H_0，可认为"不同文化程度的肾移植术后患者焦虑发生率无差异"。

第四节 等级资料常用的统计学分析方法

一、等级资料的描述性统计

通常用构成比来描述。例如，某社区中人口的年龄段分布、文化程度构成；居民对社区工作满意度的级别分布；某病的恶化、好转、痊愈情况等。计算方法同计数资料。

如以某社区人口的年龄构成为例（见表6-8）：

表6-8　某社区人口的年龄构成情况

年龄段（岁）	人数（n）	构成比（%）
<18	599	27.9
18~59	896	41.7
≥60	653	30.4
合计	2148	100.0

二、等级资料的推断性统计

通常采用秩和检验，此种方法属于非参数统计方法。其适用范围广，可用于：① 等级资料的比较。例如，比较两组患者文化程度的构成有无差异；② 呈偏态分布的计量资料的比较。例如，两组患者的病程分别为（3.3±4.5）年和（2.9±3.8）年，数据分析提示为偏态分布，不适于采用两独立样本的 t 检验，宜进行秩和检验。

根据设计类型的不同，可采用不同的秩和检验方法：① 配对设计：可采用 Wilcoxon 符号秩和检验；② 两独立样本的比较：可采用 Wilcoxon 秩和检验或 Mann-Whitney U 检验；③ 多个独立样本的比较：可采用 Kruskal-Wallis H 秩和检验。

下列以两独立样本的秩和检验为例，介绍具体的运算方法。

【例6-10】卫生局抽查了北京市两个城区25所社区医院的护理质量，结果见表6-9，问两个城区社区医院的护理质量有无差异。

表6-9 两个城区社区医院的护理质量

城区	医院例数	护理质量（例数）			
		优	良	中	差
城区A	10	3	4	2	1
城区B	15	4	5	4	2

例题分析：该例中，护理质量（优、良、中、差）这组数据为等级资料，且是对两个独立组的比较（即城区A与城区B的比较），故采用两独立样本的秩和检验。步骤如下。

1. 建立检验假设：

H_0：两个城区社区医院的护理质量无差异。

H_1：两个城区社区医院的护理质量有差异。

2. 确定检验水准：取 α 为0.05。

3. 计算统计量

(1) 编秩（表6-10）：① 列出各等级的例数：见第（2）栏和（3）栏；② 计算各等级的合计人数：见第（4）栏；③ 确定秩次范围，见第（5）栏：例如，"优"这一等级的合计人数是7，则秩次范围为1~7；"良"这一等级的累计合计人数为7+9=16，则秩次范围为8~16，依次类推；④ 计算平均秩次，见第（6）栏：取秩次范围高限和低限的平均值。例如，"优"这一等级的平均秩次为（1+7）/2＝4，依次类推。

表6-10 两个城区社区医院护理质量的等级与秩和计算

护理质量 (1)	例数			秩次范围 (5)	平均秩次 (6)	秩和	
	城区A (2)	城区B (3)	合计 (4)			城区A (7)=(2)×(6)	城区B (8)=(3)×(6)
优	3	4	7	1~7	4	12	16
良	4	5	9	8~16	12	48	60
中	2	4	6	17~22	19.5	39	78
差	1	2	3	23~25	24	24	48
合计	10	15	25			123	202

(2) 求秩和：以各等级的平均秩次与例数相乘，分别计算两组各等级的秩和，见第（7）栏和（8）栏。例如，城区A"优"这一等级的秩和计算方法为（2）栏×（6）栏＝3×4＝12。依次计算出各等级的秩和之后，最后再计算总秩和。本例中，城区A的总秩和 T_1＝123，城区B的总秩和 T_2＝202。

(3) 计算统计量：若两组例数（$n_1=n_2$）相等，则取任一组的秩和为统计量；若两组例数不等，则取例数较小者对应的秩和为统计量。本例中，例数较小的组（城区A）对应的秩和为123，故统计量 T＝123。

4. 确定 P 值 查 T 界值表（附录4），先从左侧找到 n_1（两组例数较小者），本例为10；再从表上方找到两组例数之差（n_2-n_1），本例为15－10＝5。在二者交叉处即为 T 的临界值，本例概率为双侧 0.05 所对应的 T 界值为 94～166。将计算出的 T 值与 T 临界值相比，若 T 值在界值范围内，则 P 值大于相应的概率；若 T 值等于界值或在界值范围外，则 P 值等于或小于相应的概率。针对本例，因 $T=123$，在 T 界值（94～166）范围内，故 $P>0.05$。

5. 做出统计推断　因 $P>0.05$，所以接受 H_0，可认为"两个城区社区医院的护理质量无差异"。若 n_1 或 n_2-n_1 超出了 T 界值表的范围，可用正态近似检验，具体见例 6-11。

【例 6-11】某护士将该社区中的高血压患者分为两组，即干预组和对照组。干预组实施为期 1 年的系统的社区管理，而对照组则不进行任何特别干预。1 年后，两组患者的治疗依从性见表 6-11。问社区管理对提高高血压患者的治疗依从性是否有效。

表 6-11　两组高血压患者的治疗依从性比较（例）

组别	总例数	依从性		
		完全依从	部分依从	不依从
干预组	60	31	25	4
对照组	80	20	39	21

例题分析：该例中，依从性（完全依从、部分依从、不依从）为等级资料，且为两个独立组的比较，故采用两独立样本的秩和检验。步骤如下。

1. 建立检验假设

H_0：社区管理对提高高血压患者的治疗依从性无效。

H_1：社区管理对提高高血压患者的治疗依从性有效。

2. 确定检验水准：取 α 为 0.05。

3. 计算统计量

(1) 编秩：见表 6-12。

表 6-12　两组高血压患者的治疗依从性等级与秩和计算

依从性 (1)	人数			秩次范围 (5)	平均秩次 (6)	秩和	
	干预组 (2)	对照组 (3)	合计 (4)			干预组 (7)=(2)×(6)	对照组 (8)=(3)×(6)
完全依从	31	20	51	1～51	26	806	520
部分依从	25	39	64	52～115	83.5	2087.5	3256.5
不依从	4	21	25	116～140	128	512	2688
合计	60	80	140			3405.5	6464.5

(2) 求秩和：见表 6-12。可得干预组的总秩和为 3405.5，对照组的总秩和为 6464.5。

(3) 计算统计量：该例中较小的组别 $n_1=60$，超出了 T 界值表的范围，需用近似正态检验。

$$Z=\frac{|T-n_1(n_1+n_2+1)/2|-0.5}{\sqrt{n_1n_2(n_1+n_2+1)/12}}=\frac{|3405.5-60\times(60+80+1)/2|-0.5}{\sqrt{60\times80\times(60+80+1)/12}}=3.4697$$

4. 确定 P 值 查标准正态分布表（相当于 t 界值表中 $υ=\infty$ 时对应的值，见附录2），因查得 $t_{0.05,\infty}=1.96$，本例中统计量>1.96，故得出 $P<0.05$。

5. 做出统计推断 因 $P<0.05$，所以拒绝 H_0，接受 H_1，可认为"社区管理对提高高血压患者的治疗依从性有效"。

值得注意的是，有些研究者采用行×列表资料的 χ^2 检验代替秩和检验。例如，比较两组患者病情严重度（轻、中、重）时，由于病情严重度为等级资料，应该用秩和检验，但有研究者用行×列表资料的 χ^2 检验进行统计学分析，这种做法不妥。因为行×列表 χ^2 检验只能推断两组或多组间构成比的差异，不能推断出等级强度上的差异。

第五节 相关分析

在社区护理研究中，经常会遇到探讨两个变量或多个变量之间是否存在相关性的情况。例如患者的生活质量与社会支持的关系，患者血糖控制情况与遵医行为的关系等，此时常用相关分析。

相关分析有多种方法，按变量的多少，可分为：① 单相关，指两个变量间的相关；② 复相关，指一个变量与多个变量间的相关；③ 偏相关，指在多个可能相关的变量中，固定其余变量后，一个变量与另外一个变量间的相关。本节主要探讨两个变量之间的相关。

一、计量资料的相关分析

当两个变量均为计量资料，且均符合正态分布时，可应用 Pearson 相关分析。通过计算相关系数描述其相关的程度和方向。

（一）相关系数

1. 相关系数的含义 相关系数是表示两个变量之间相关的密切程度和方向的统计量，用 r 表示。r 的取值范围在 $-1\sim1$ 之间。

r 的绝对值大小表示两变量之间相关的密切程度。r 值越接近于 1，表示相关的程度越大；越接近于 0，表示相关的程度越小。一般当 $r\geqslant0.7$ 时，两变量为高度相关；当 $0.4\leqslant r<0.7$ 时，为中度相关；当 $r<0.4$ 时，为低度相关。

r 的"+"、"-"号表示两变量相关的方向。"+"表示两变量呈正相关，即一个变量增加或减少，另一个变量也随之增加或减少，二者的变化方向一致；"-"表示两变量呈负相关，即一个变量增加或减少，另一个变量反而减少或增加，二者的变化方向相反。

2. 相关系数的计算 r 的计算公式为：

$$r=\frac{\sum(X-\bar{X})(Y-\bar{Y})}{\sqrt{\sum(X-\bar{X})^2\sum(Y-\bar{Y})^2}}=\frac{\sum XY-\frac{\sum X\cdot\sum Y}{n}}{\sqrt{\left[\sum X^2-\frac{(\sum X)^2}{n}\right]\left[\sum Y^2-\frac{(\sum Y)^2}{n}\right]}}$$

计算出 r 值之后，还需对其进行假设检验，以判断两个变量之间的相关是本质存在，还是由抽样误差所致。相关系数的计算较为复杂，本章第七节将介绍如何运用 SPSS 统计软件进行计算，软件的分析结果中会直接给出 r 值和 P 值。

(二) 应用相关系数时的注意事项

1. **正确解释 r 值和 P 值的含义** 在报告相关分析结果时,应将 r 值和 P 值均报告出来。P 值代表两变量之间在统计学意义上是否存在相关性,r 值则代表相关的方向和程度。当 $P>0.05$ 时,表示二者无相关性;当 $P\leq0.05$ 或 $P\leq0.01$ 时,表示二者有相关性,相关的程度和方向须看 r 值的大小及其正、负号。例如:由"$r=0.127,P>0.05$"的结果,可得出"二者无相关性"的统计结论,r 值是由抽样误差所致;由"$r=-0.456,P<0.01$"的结果,则得出"二者呈中度负相关"的统计结论。须注意,不能只看到 $P<0.01$,而不管 r 值的大小,就描述成"二者高度相关",这是不正确的。

2. **相关不等于因果** 相关系数仅表示两变量之间的变化存在某种规律性,不能直接把这种相关性解释为因果关系。有无因果关系的结论还须从专业角度作进一步的实验性研究。当然,如果两个变量之间不存在相关性,就不可能存在因果关系。

3. **相关分析要求有一定的样本量** 当样本量较少时(如 $n<15$),相关系数容易受个别观察对象的特殊值所影响而不够稳定,有时甚至个别特殊值的存在也能改变相关的结果。因此,在研究设计时,应考虑样本含量是否足够。

二、等级资料的相关分析

当两变量为等级资料时,可应用等级相关分析。等级相关分析适用于下列条件:① 两变量均为等级资料;② 两变量虽为计量资料,但不服从正态分布;③ 两变量中其一为计量资料,其一为等级资料。常用的分析方法是 Spearman 等级相关分析。Spearman 相关系数用 r_s 表示,其取值范围和含义与 r 相同,在本章第七节中也将介绍如何在 SPSS 统计软件中进行计算。

例如,探讨糖尿病患者治疗依从性(完全依从、部分依从、不依从)与血糖控制间是否有相关性时,因治疗依从性为等级资料,血糖为计量资料,此时适于采用 Spearman 等级相关分析。

三、计数资料的相关分析

当两个变量之一为计数资料时,不宜用上述的相关系数来计算相关性。此时可通过进行相关假设检验和计算相关程度大小来实现。

1. **相关假设检验** 一般用 χ^2 检验完成。

【例 6-12】某护士调查了肾移植术后患者的焦虑发生情况,欲分析性别与焦虑发生率之间有无相关性?具体结果见表 6-13:

表 6-13 男性和女性肾移植术后焦虑的发生情况

性别	总例数	有焦虑		无焦虑	
		n	%	n	%
男性	46	2	4.35	44	95.65
女性	44	9	20.45	35	79.55
合计	90	11	12.22	79	87.78

例题分析：因性别和焦虑发生率均为计数资料，故不能作相关分析，可将其转化为"男性和女性焦虑发生率是否有差异"这个问题，进行 χ^2 检验。

（1）建立检验假设：

H_0：男性和女性焦虑发生率无差异。

H_1：男性和女性焦虑发生率有差异。

（2）确定检验水准：取 α 为 0.05。

（3）计算 χ^2 值：首先确定应用哪个公式进行运算。四个格子中数值最小的是 2，其理论数为 $46\times11/90=5.62$（＞5），故推断所有格子的理论数均＞5，因此，可采用四格表专用公式进行运算。

$$\chi^2=\frac{(ad-bc)^2 N}{(a+b)(c+d)(a+c)(b+d)}=\frac{(2\times35-44\times9)^2\times90}{46\times44\times11\times79}=5.438$$

（4）确定 P 值：

自由度 $\upsilon=(2-1)\times(2-1)=1$，查 χ^2 界值表（附录3），得 $\chi^2_{0.05,1}=3.84$，本题中，$\chi^2=5.438>\chi^2_{0.05}$，故 $P<0.05$。

（5）做出统计推断：

因 $P<0.05$，所以拒绝 H_0，接受 H_1，可认为"女性焦虑发生率高于男性"，进而推出"性别与焦虑发生率存在关联性"。

2. 计算相关程度　相关程度可用 Pearson 列联系数表示。计算公式为：

$$r=\sqrt{\frac{\chi^2}{\chi^2+n}}$$

接例 6-10，计算其列联系数为：

$$r=\sqrt{\frac{\chi^2}{\chi^2+n}}=\sqrt{\frac{5.438}{5.438+90}}=0.24$$

由此可得出，性别与焦虑发生率有低度相关。

第六节　统计表和统计图

统计表和统计图可以代替冗长的文字叙述，从而更加直观、形象、清晰地描述研究结果，它们是科研论文中表达数据的重要工具。

一、统计表

统计表是以表格的形式，展示数据的分布和主要特征。

（一）统计表的种类

1. 简单表　纵标目（数字上方的文字）只有一个层次，如表 6-14。

表 6-14　两组患者不同时间糖化血红蛋白含量 $\bar{x}\pm s$　　←表号、表题
　　　　　　　　　　　　　　　　　　　　　　　　　　　←顶线

组别	基线	3 个月	6 个月
对照组	9.8±1.1	10.2±1.3	9.6±0.8
干预组	9.9±1.2	8.7±0.8	7.6±0.9

←分界线

←底线

2. 组合表　纵标目有两个或多个层次，如表 6-15。

表 6-15　两个城区社区护士技能操作合格情况　　←表号、表题

组别	总例数	合格		不合格	
		例数（n）	合格率（%）	例数（n）	不合格率（%）
城区 A	48	42	87.5	6	12.5
城区 B	46	38	82.6	8	17.4
合计	94	80	85.1	14	14.9

←顶线
←分层线
←分界线

←合计线
←底线

（二）统计表的结构及绘制要求

统计表由表题、标目、数字、线条、备注等部分组成。

1. 表号和表题　即表上方的序号和文字，用以扼要说明表的主要内容。每个表均应有相应的表号和表题，写在表的上方中央。

2. 标目　即表内的文字，有横标目（数字左边的文字）、纵标目（数字上边的文字）之分，分别说明每行和每列数字的含义。注意标明单位，如"%"、"岁"、"mm Hg"等，这些单位不要重复出现在表格的数字中。

3. 数字　位于横、纵标目相交叉的右下方。一律用阿拉伯数字表示，同一列数字注意个位对齐，小数点后位数保持一致。表中数值为"0"者记为"0"，缺失数字用"…"表示，无数据用"—"表示，不应留空项。

4. 线条　简单表一般是三条线（见表 6-14），即顶线、底线、分界线（将标目和数字分隔开）；组合表还有分层线（见表 6-15），将两层纵标目分隔开。另外，可有合计线（见表 6-15）。统计表中不应有多余的横线、竖线和斜线。

5. 备注　如果有必要对表中的某些文字或数字进行解释或说明，可在表中相应位置用"*"等符号标出，将备注写在表的下面。

下面举一个统计表格式不当的例子（表 6-16）：

表 6-16　某基层医院医生和护士论文发表情况

期刊类别	护士		医生	
	例数	百分比	例数	百分比
核心期刊	7	5.8%	21	17.5%
非核心期刊	12	10%	27	22.5%

表 6-16 在绘制格式上存在下列问题：① 表号和表题位置不对；② 有多余的横线和竖

线；③同一列数字没有保持个位对齐，小数点后位数不一致；④百分比对应的数字不应重复出现%，应将其标在纵标目中。该表修改如下：

表6-16 某基层医院医生和护士论文发表情况

期刊类别	护士		医生	
	例数（n）	百分比（%）	例数（n）	百分比（%）
核心期刊	7	5.8	21	17.5
非核心期刊	12	10.0	27	22.5

（三）绘制统计表的注意事项

1. 重点突出　一个统计表以表达一个中心内容为宜，不要把过多内容放在一个庞杂的大表里。

2. 层次清楚　通常统计表就如完整的一句话，主语和宾语分别作为横标目和纵标目，构成完整的一句话。

3. 简洁、明了　表中的文字、数字和线条尽量从简，不要出现过多重复的字符。

4. 统计表与文字描述结合使用　用了统计表后，可以用文字对表格中的内容进行总结或补充。但是，不要用文字再次简单重复表格中的内容，这样浪费篇幅和读者的时间。

二、统计图

统计图是用图形将统计结果形象化，易于进行结果的分析和比较，并给读者留下深刻的直观印象。但统计图一般不能提供确切数值，因此不能完全代替统计表，必要时可与统计表一同列出。

（一）统计图的种类

统计图的种类很多，一般根据资料类型和分析目的，选择不同种类的图形，常用的有以下几种。

1. 圆图和百分条图　适用于构成比资料，描述各类别所占的构成比。

（1）圆图（图6-3）：以一个圆形的总面积为100%，将其分割成若干个扇面，表示事物内部各部分所占的比例。圆图只能描述一组资料的构成比。

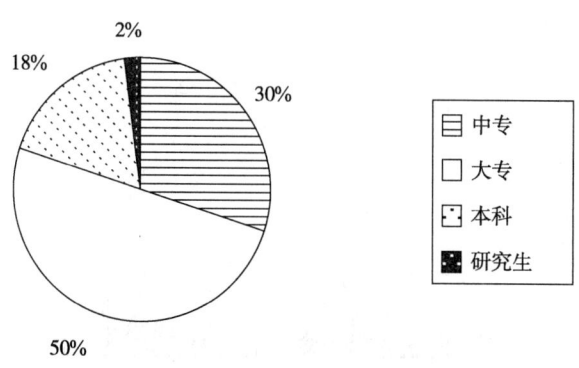

图6-3　某医院护士学历构成情况

（2）百分条图（图6-4）：以矩形总长度为100%，将其分割成不同长度的矩形，表示各部分所占的比例。矩形的宽度无特殊要求。百分条图可用来描述多个资料构成比，将不同组别、不同时间或不同地区的某指标的构成比平行地绘制在一个百分条图中，便于比较。

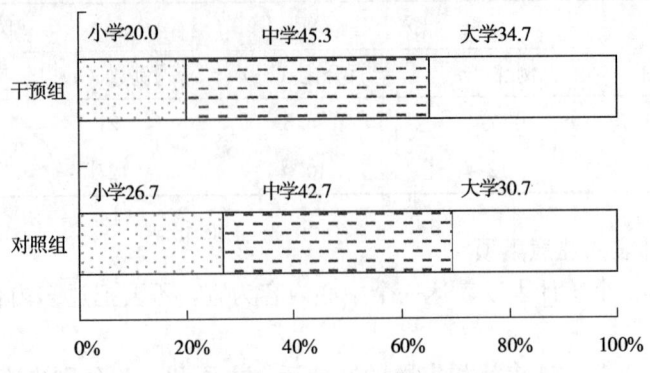

图6-4 干预组和对照组患者的学历构成情况

注意事项：各构成部分的扇面或矩形可用不同颜色或花纹区别，需用图例说明。也可将各类别的名称和数值标在相应的扇面或矩形旁。

2.直条图 用相同宽度的直条长短，表示几个相互独立组别的某指标数值的大小。通常横轴是几个独立的组别或事物，纵轴为某统计指标。又可分为单式直条图（见图6-5）和复式直条图（见图6-6）两种。

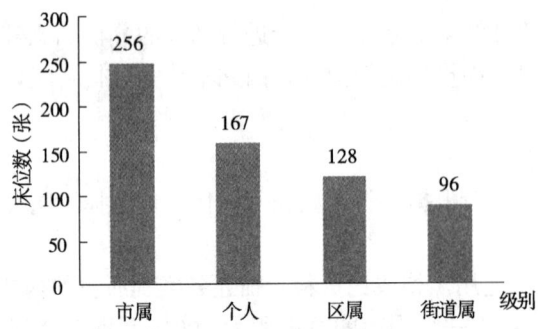

图6-5 不同级别养老机构的床位数比较

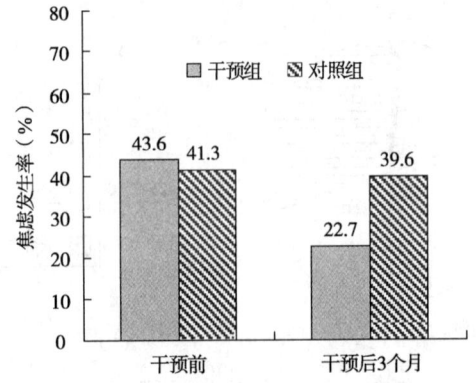

图6-6 两组患者干预前后焦虑发生率的比较

注意事项：① 纵轴刻度一般应从 0 开始；② 各直条宽度应相等；③ 在复式直条图中，同一组的直条间不留空隙。

3. 线图　以线段的升降表示一个事物随另一个事物数值变化的趋势（图 6-7）。通常横轴是时间或其他连续性变量，纵轴是某统计指标，可以是算术尺度，也可以是对数尺度。

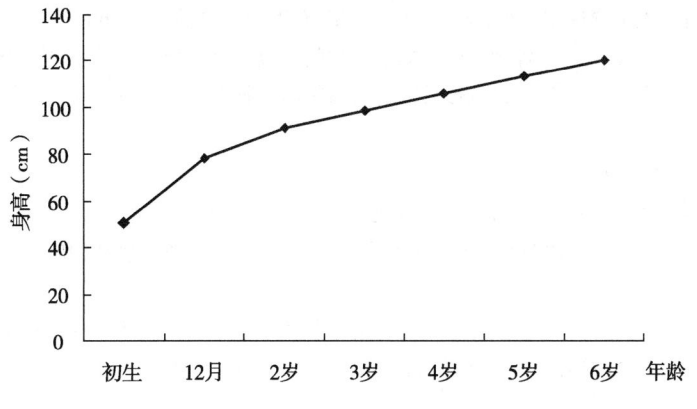

图 6-7　6 岁以内儿童身高随年龄的增长情况

注意事项：① 相邻的点用直线连接，不可用光滑的曲线连接；② 不同指标或组别可以用不同的线型表示，如实线、虚线等，并用图例说明；③ 如果纵轴是算数尺度，一般以 0 为起始点。

（二）统计图的结构及绘制要求

1. 图号和图题　扼要说明图的内容，写在图的下方中央位置。

2. 纵轴和横轴

（1）刻度应均匀等距，标明数值。横轴尺度自左至右，纵轴尺度自下而上，数值一般由小到大。纵轴刻度一般以 0 点为起始点（对数图、点图等除外）。

（2）在横轴下方和纵轴外侧，用文字标明各轴所代表的含义，有单位者应注明。

（3）纵、横轴的比例以 5∶7 或 7∶5 为宜。

3. 图例　统计图中用不同线条或色调代表不同事物时，需用图例说明。

附　SPSS 统计软件在社区护理研究中的应用

SPSS 是国际上较为流行，并具有权威性的统计软件之一，广泛应用于社会科学、心理学、医学等各个领域，是目前护理科研人员常选用的统计软件之一。SPSS 自 1992 年推出 Windows 版本以来，已从最初的 4.0 版本升级到目前的 14.0 版本。各版本的基本统计功能类似，但随着版本的不断更新，软件功能日益完善，操作越来越简便。本节简要介绍 SPSS 统计软件的基本功能及操作方法，有兴趣的读者可以进一步参考其他相关书籍。

一、SPSS 统计软件的特点

1. 操作简单　可以在 Windows 界面下操作，进行数据录入和分析时，只需用鼠标结合简单的数据输入便可完成操作。操作者只要给出分析指令，系统便自动进行数据处理，得到相应的结果。适于非计算机专业的人员使用。

2. 完善的帮助系统　包括图解帮助、在线帮助和联机帮助等，使应用者能通过自学学会使用该软件。

3. 可调用其他软件的数据文件　该软件可以调用 Excel（.xls）、Epi‐data（.dat）、Dbase（.dbf）等多种软件的数据文件。

4. 有图表功能　该软件不仅能实现统计功能，还能将分析结果用清晰简练的表格或生动形象的图形来表达，真正做到了实用与美观的统一。

下面以 SPSS 11.5 for Windows 为例，介绍其基本统计功能及操作方法。

二、数据文件的建立

在使用 SPSS 软件之前，首先将该软件安装在计算机上。SPSS 所处理的数据文件可有两种来源：一是在 SPSS 软件中建立数据文件；二是从 SPSS 外部调用已建立的数据文件，如使用 Excel 建立的数据文件。下面介绍在 SPSS 中建立数据文件的过程和操作方法。

（一）打开 SPSS

可通过下列两种方式打开 SPSS：① 单击计算机桌面左下角的"开始"→"程序"→"SPSS 11.5 for Windows"；② 桌面上有 SPSS 快捷方式图标者，直接双击该图标即可。

SPSS 运行后，出现下列对话框（图 6-8）。点击"Cancel"按钮，即进入 SPSS 主界面（图 6-9）。

（二）定义变量

如图 6-9 所示，在 SPSS 界面的左下方有 2 个标签（图 6-9），一个是"Data View"（数据界面），用于进行数据的录入和分析；另一个是"Variable View"（变量界面），用来定义变量。

在建立新的数据文件时，首先应点击"Variable View"，进入变量界面（图 6-10），定义各变量的名称及属性。该界面中的纵行代表各个变量，横行中的 Name，Type 等字段代表每个变量的属性，各字段的含义详见图 6-10。

下面以附录 5 所附的问卷为例，说明定义变量的步骤。

1. 输入变量名称（Name）和变量标签（Label）　SPSS 软件对变量名有一定要求：① 可用英文或汉字，但长度不能超过 8 个字符（即最多不超过 4 个汉字或 8 个英文字母）。如果输入的变量名超过 8 个字符，则只显示前 8 个字符；② 如果不用汉字，起始字符必须是英文字母，其后可用数字等符号。如果输入的变量名不符合要求，则会弹出提示框"Variable name contains an illegal character"（变量名字包含非法特征）。

结合上述要求，当原有名称在 4 个汉字以内时，可输入原有名称；当原有名称较长时，可用简称或代码，而将完整的名称写在"Label"栏里，以解释"Name"中的简称或代码。

例如，附录 5 问卷中的问卷编号、调查日期、年龄、性别、文化程度、职业等变量，仍可采用原有名称输入。而"是否患有慢性疾病"则可设定为"慢性病"；"对护理工作的意见和建议"可设定为"建议"，

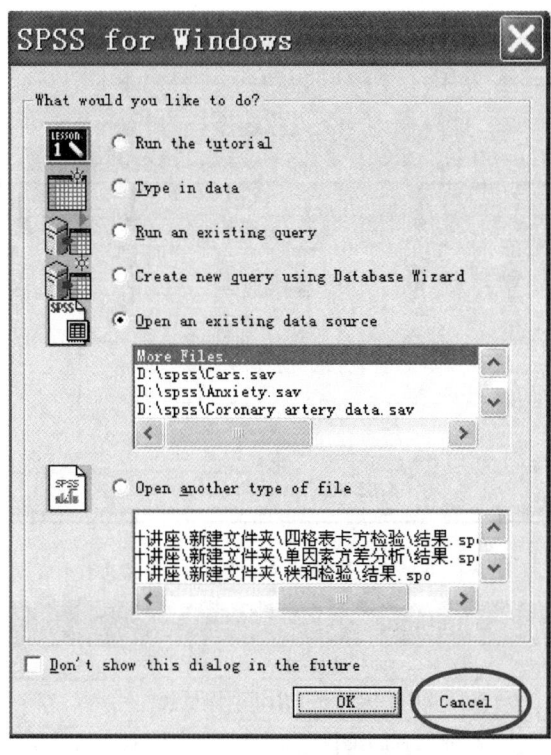

图 6-8 SPSS 运行对话框

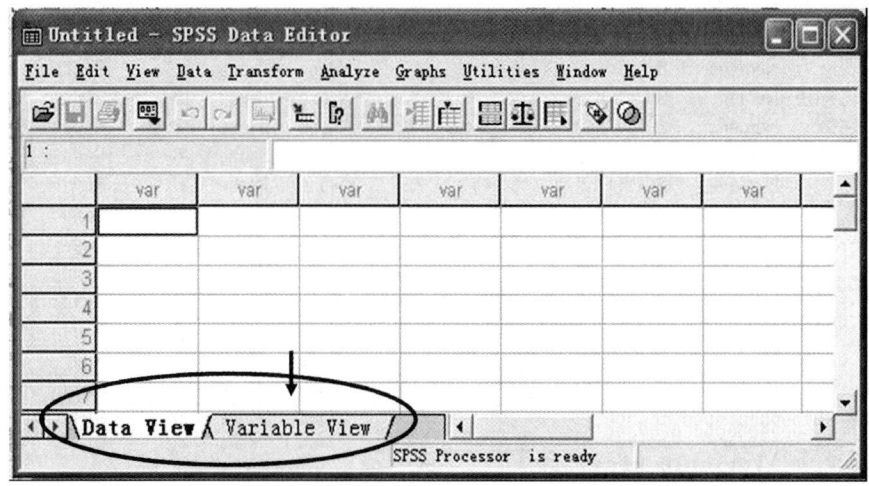

图 6-9 SPSS 主界面

在相应的"Label"栏中分别写上"是否患有慢性病"和"对护理工作的意见和建议"(图 6-11),以免事后忘记变量名的含义。关于量表中各条目的变量名,因其字数较多,通常用一个字母加上条目序号表示,如 a1,a2……,或 x1,x2……

2. 界定变量类型(Type)、小数点后位数(Decimal)、变量宽度(Width)、变量值标签(Value)。输入变量名后,每个变量名后会自动出现默认的变量属性(图 6-11)。此时,往往根据资料类型和统计需要,需重新设定变量类型(Type)、小数点后位数(Decimals)、变量值标签(value)等。

(1)变量类型

① 系统默认的是"Numeric",即"数值型",在资料录入时,只能输入数值,不能输入字母、汉字。

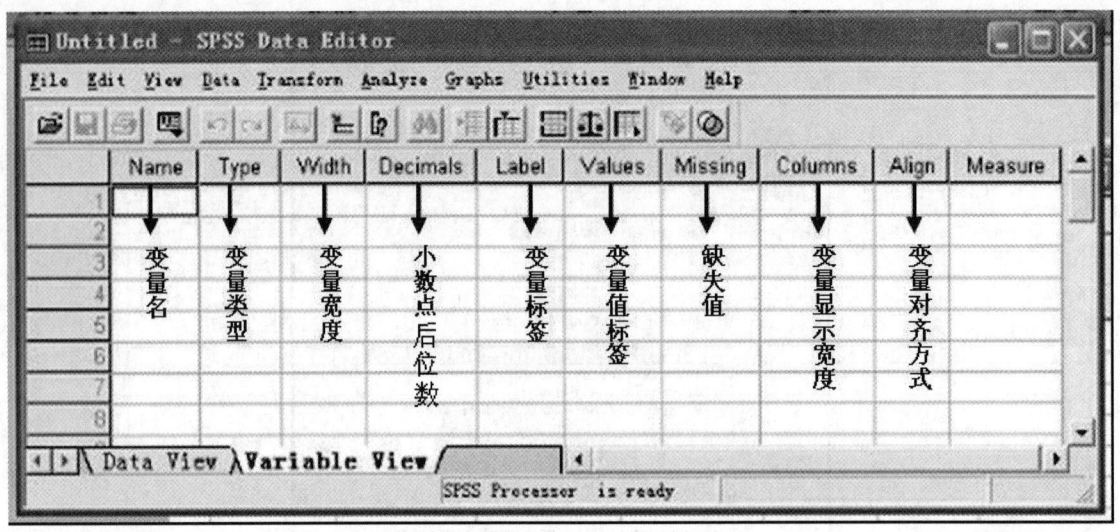

图 6-10　变量界面及各字段的含义

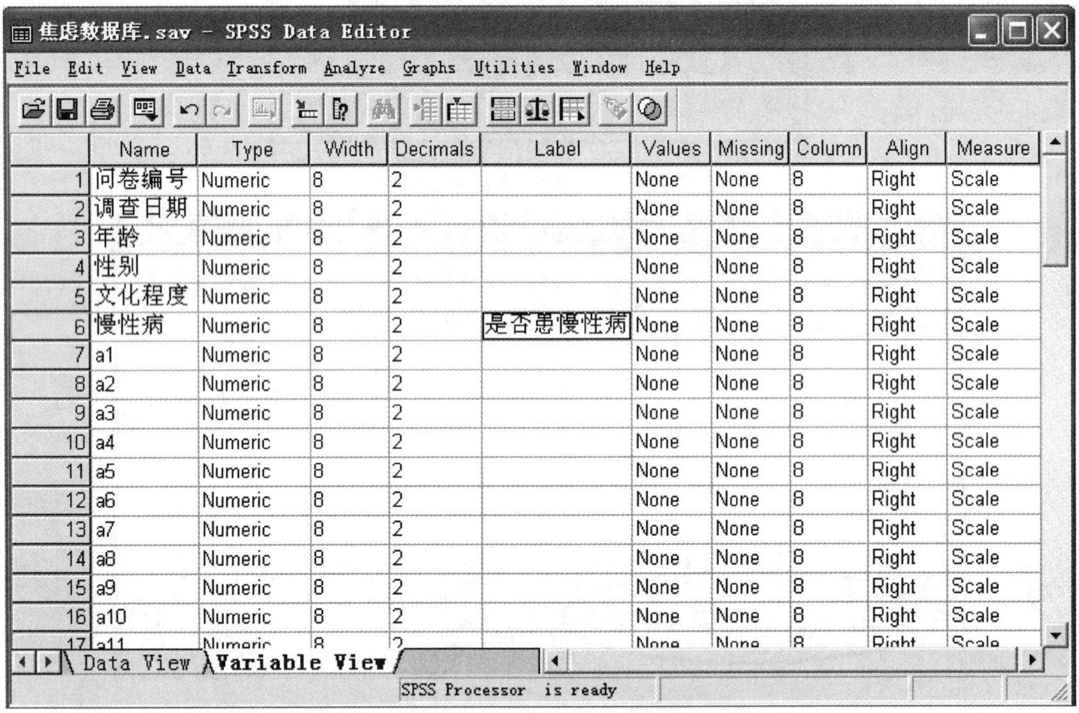

图 6-11　各变量名及系统默认的各变量属性

若该变量对应的数值为整数，可点击"Decimal"对应的格子，将系统默认的 2 改为 0。

② 当要录入的资料为汉字时，如"调查日期"、"建议"等变量，可点击该变量"Type"下方对应的单元格，则弹出"Variable Type"选项框（图 6-12），可选择"String"类型，此时在录入资料时，可输入汉字，系统默认的汉字长度是 8 个字符，可根据需要，将"Width"中的 8 改为适当的数字，如 50、100。

需注意：SPSS 系统只对"Numeric"类型的变量进行统计分析，而不对"String"类型的变量进行分析。因此，一般需要进行数据分析的变量，尽量采用"Numeric"类型。

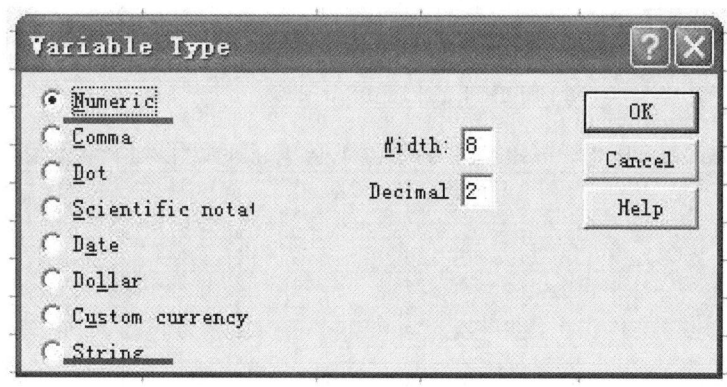

图 6-12 变量类型选项框

针对附录 5 问卷中的各变量，因要计算"年龄"的均数±标准差，"性别"、"职业"、"文化程度"的构成比、量表的得分等，因此，将上述变量均设为"Numeric"类型，"Decimal"改为 0；而"调查日期"、"对护理工作的意见和建议"，如果不需要进行统计分析，只需要用汉字记录在 SPSS 数据文件中，则可将其设定为"String"类型。

（2）变量值标签（Value）：用来解释数据的含义。因计数资料或等级资料的选项往往为汉字，如性别（男、女），因此，须用数值代码代替各选项，如性别（男=1，女=2）；文化程度（小学及以下=1，中学或中专=2，大学及以上=3）；量表各条目的选项（很少=1，有些=2，中等程度=3，非常明显=4）。为避免事后忘记各类别所对应的数值代码，可在"Value"中标明各数值代码的含义。

操作过程：以文化程度为例，点击"Value"下方"文化程度"所对应的单元格，弹出"Value Labels"对话框（图 6-13）。在第一行"Value"对应的空格内输入数值"1"，在第二行"value"的空格内输入"1"所代表的含义"小学及以下"，点击"add"按钮，即在下方的框内出现"1=小学及以下"字样。然后，依次输入"2"和"中学或中专"；"3"和"大学及以上"，点击"OK"按钮。

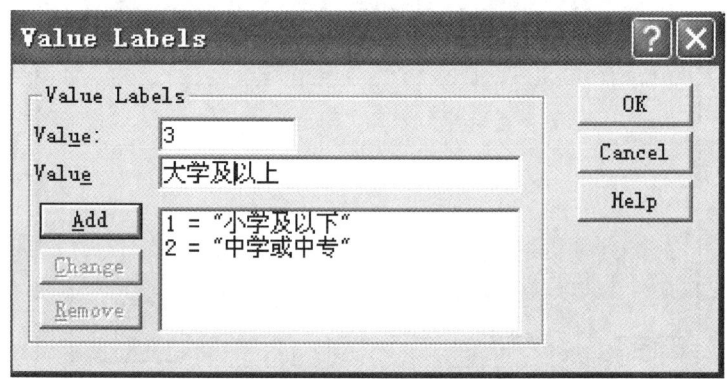

图 6-13 界定变量值标签的对话框

（三）录入数据

在"Variable View（变量界面）"下将所有变量设定好之后，可点击"Data View"，回到数据界面。该界面中，各变量名称显示在上方一横行，每个单元格对应着一个病例序号和一个变量名，点击单元格，即可输入数据。录入好的数据文件见图 6-14，每一横行数据显示的是每个病例的所有资料，每一纵行数据显示的是所有病例该变量的资料。

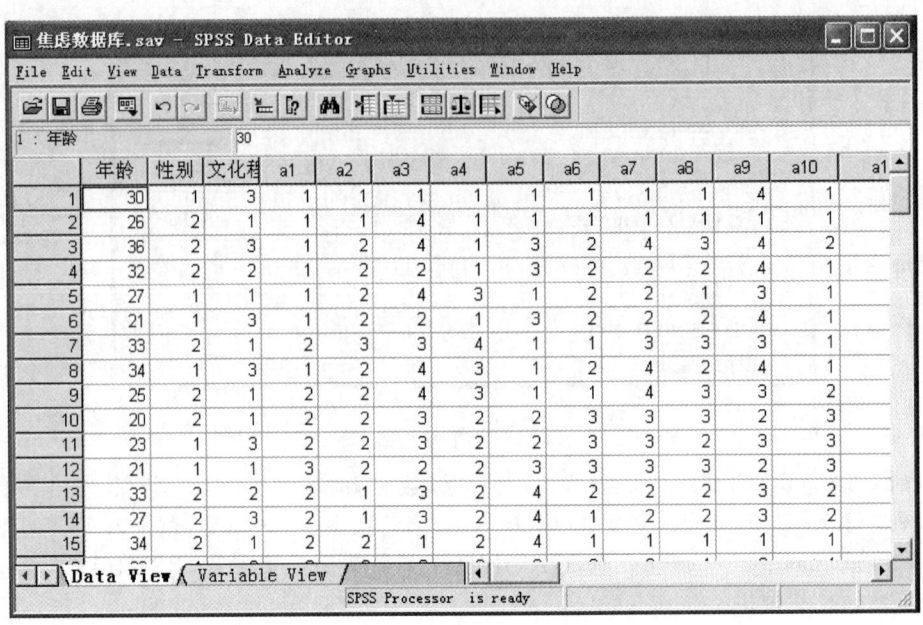

图 6-14 SPSS 数据文件（数据界面）

（四）数据文件的保存、退出和导入

1. 保存数据文件　保存方式同"Word"文件。点击"File"→"Save"，或直接点击保存图标 ■ ，弹出保存文件的对话框（图 6-15）。在"保存在"栏中输入文件的保存路径（例如，将附录 5 对应的数据文件保存在 E 盘"社区护理研究"文件夹中），在"文件名"栏中输入文件名（本例将文件名设定为"焦虑数据库"），点击"保存"按钮即可。SPSS 数据文件的保存类型为"＊.sav"。

图 6-15　SPSS 数据文件的保存

在对数据文件进行录入或分析过程中，可随时点击"Save"及时保存，避免计算机突发故障而造成数据丢失。也可点击"File"→"Save as"，将文件保存为另一个文件名。

2. 退出数据文件　保存好数据文件后，点击"File"→"Exit"或界面右上角的 图标，即可退出 SPSS。

3. 数据文件的导入　在进行数据编辑和分析时，可找到保存该数据文件的磁盘位置，双击该文件名，即可打开已保存好的数据文件。也可按照前面介绍的打开 SPSS 的方式，在图 6-8 所示的对话框中点击"OK"按钮，即进入"Open file"对话框（图 6-16），找到 SPSS 数据文件的保存位置，点击"打开"按钮。

图 6-16　SPSS 数据文件的导入

在 SPSS 中也可导入 Excel 数据文件，但往往需要对变量名及其属性进行重新设定。数据较少时，可采用拷贝、粘贴的方法，将数据粘贴在 SPSS 中。

三、数据文件的编辑

（一）SPSS 主界面中的菜单及功能

SPSS 主界面的上方是由 10 个菜单项组成的主菜单，具体功能见表 6-17。

表 6-17　SPSS 主界面上方的菜单项及功能

菜单项	中文含义	常用的功能项
File	文件操作	Open 打开数据文件； Save 保存；Save as 另存为； Print 打印；Exit 退出。
Edit	编辑	Undo 撤消操作；Redo 恢复操作； Cut 剪切；Copy 复制；Paste 粘贴； Clear 清除；Find 查找。
View	视图	Status Bar 状态栏；Toolbars 工具栏等
Data	数据	Insert Vairable 插入变量； Insert Cases 插入病例； Go to Case 对病例定位； Select Cases 选择病例；merge/split files 合并/拆分数据文件

续表

菜单项	中文含义	常用的功能项
Transform	转换	Compute 计算； Recode 重新编码； Rank Cases 排序
Analyze	分析	Descriptive Statistics 描述性统计； Compare Means 比较均数； Correlate 相关分析； Regression 回归分析； Scale 计算量表的信度； Nonparametric Tests 非参数检验
Graphs	图表	各种统计图形的生成
Utilities	工具	变量列表、文件信息等
Window	窗口	窗口列表
Help	帮助	指南、统计学指导、询问等

（二）增加或删减变量

1. 增加变量（Insert Variable） 若想增加新的变量，可按顺序输入，也可插在两个变量之间。如"焦虑数据库"中，欲在"慢性病"和"a1"之间插入一个变量"高血压"，可在"Variable View"界面下（亦可在"Data View"），按下列步骤操作（图6-17）：

（1）插入点定位：鼠标左键单击"a1"左侧的序号，则整行变黑。

（2）点击菜单项"Data"→"Insert Variable"，则在"慢性病"和"a1"之间出现一个新变量"var00001"。

（3）设定新变量的名称、属性。

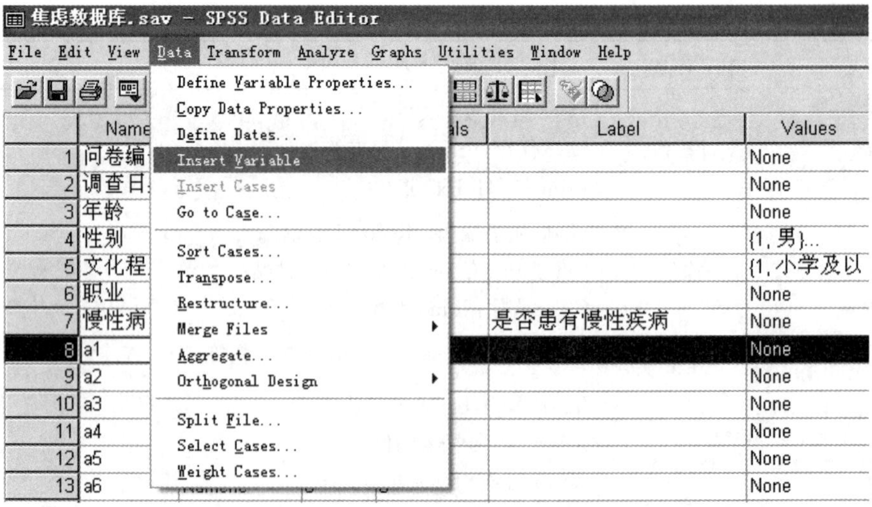

图6-17 插入变量的操作过程

2. 删除变量　①在"Variable View"界面下，鼠标左键单击要删除变量左侧的序号，则其所在的整行变黑；或在"Data View"界面下，鼠标左键单击要删除变量的名称，则其所在列变黑；②按计算机键盘上的"delete"键即可删除。若不慎删错，可点击菜单项"Edit"→"Undo"恢复。

（三）变量转换（Transform）

1. 通过计算产生新变量（Compute）　例如，在"焦虑数据库.sav"中，欲通过将焦虑量表各条目得分相加，转换出"焦虑得分"这个新变量，可按下列步骤操作：

(1) 点击菜单项"Transform"→"Compute"（图 6-18）。

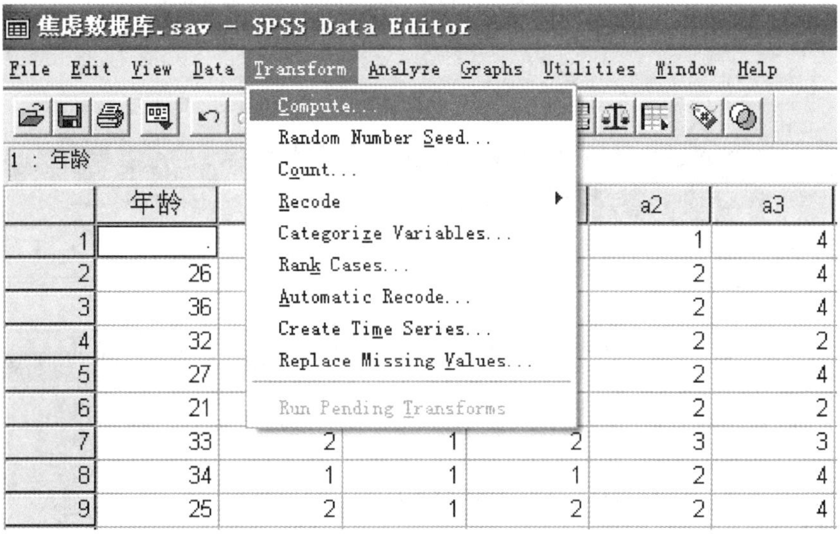

图 6-18　计算量表总分的操作过程

(2) 弹出"Compute Variable"对话框（图 6-19）：在左上角"Target Variable"栏中输入要转换出的新变量名称"焦虑得分"；在"Numeric Expression"栏中，利用该栏下方提供的"＋"等符号键，写入计算公式"a1＋a2…"。

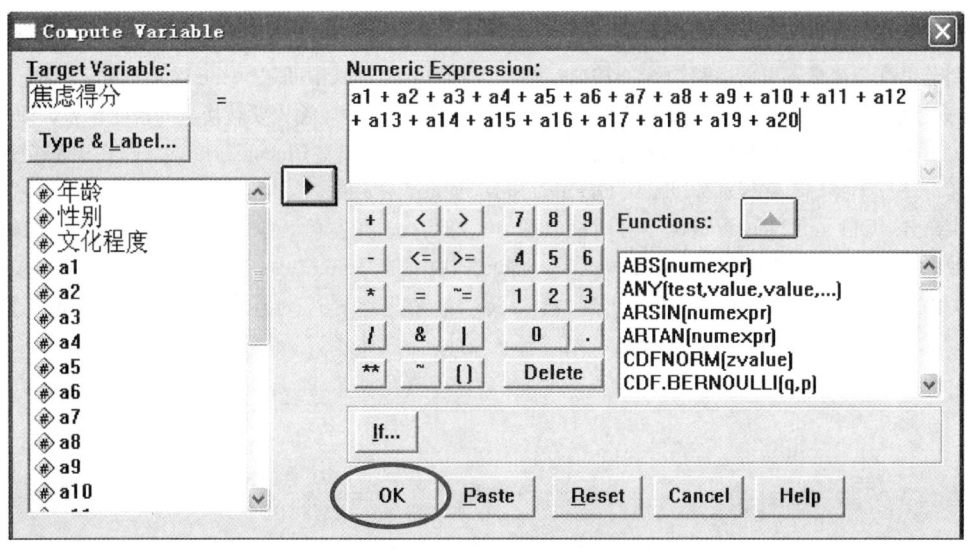

图 6-19　Compute Variable 对话框

③ 点击"OK"按钮，即转换出新变量"焦虑得分"及其相应的数据。

2. 重新分类或赋值（Recode）

（1）将计量资料按界值进行归类，转换为计数资料或等级资料。

例如，在"焦虑数据库"中，转换出"焦虑得分"这个变量后，可根据焦虑的划分标准，20～40 分为无焦虑，41～80 分为有焦虑，在"焦虑得分"的基础上，转换出另一个变量"有无焦虑"，由计量资料转换成计数资料。可设定用数值代码"0"表示无焦虑，"1"表示"有焦虑"，则可按下列步骤操作。

① 点击菜单项"Transform"→"Recode"（图 6-20），可见两个选项："Into Same Variables"表示转换出的新变量覆盖"焦虑得分"这个变量；"Into Different Variables"表示转换出新变量"有无焦虑"后，仍保留原"焦虑得分"变量。因本例中需保留"焦虑得分"这个变量，因此选择"Into Different Variables"。

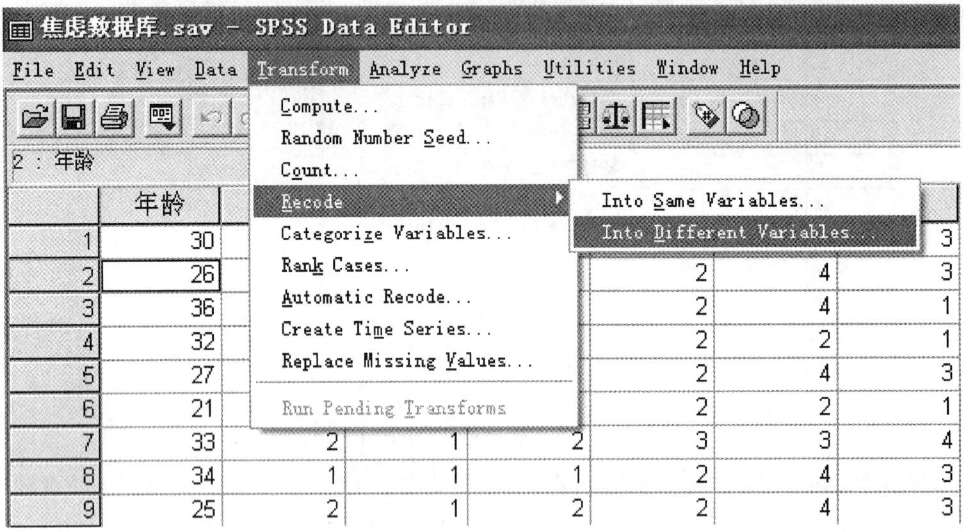

图 6-20 重新归类的操作过程

② 弹出"Recode into Different Variable"对话框（图 6-21）：a. 在左侧变量选项栏中，用鼠标选中"焦虑得分"这个变量，点击中间的 ▶ 按钮，则"焦虑得分"进入中间"Numeric Variable→Output"框内，出现"焦虑得分→?"字样；b. 在右侧"Output Variable"栏中，输入要转换出的新变量名，即"有无焦虑"，可根据需要在"Label"栏内对新变量名进行解释；c. 点击"Change"按钮，即在中间栏内出现"焦虑得分→有无焦虑"字样；d. 点击"Old and New Values"按钮。

③ 弹出"Old and New Values"对话框（图 6-22）：a. 在左侧"Old Value"栏中，点击第一个"Range"，输入 20 through 40；b. 在右侧"New value"栏中的"Value"处输入"0"，然后点击"Add"按钮，即在右下方的"Old→New"栏内出现"10 thru 40→0"字样；c. 再在左侧"Old Value"栏中的"Range"处输入 41 through 80，对应在右侧"New Value"栏中的"Value"处输入"1"，点击"Add"按钮。

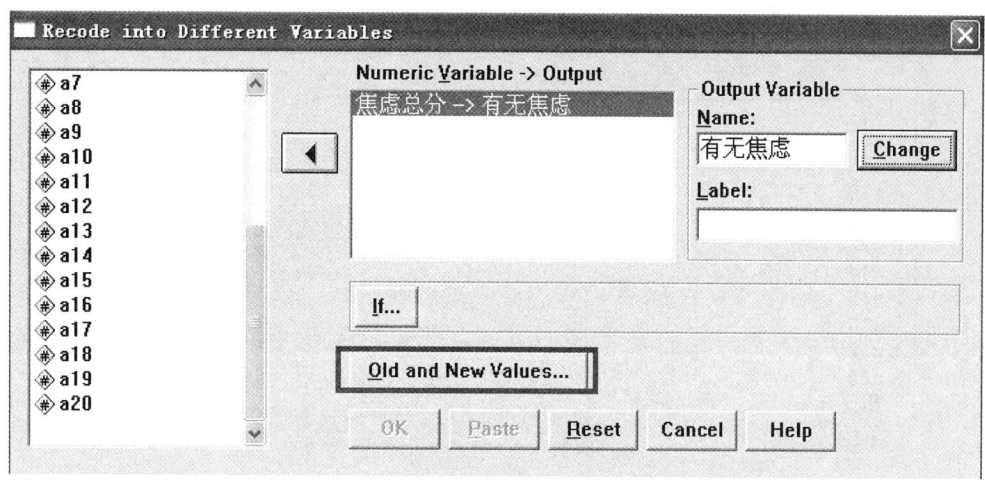

图 6-21　Recode into Different Variable 对话框

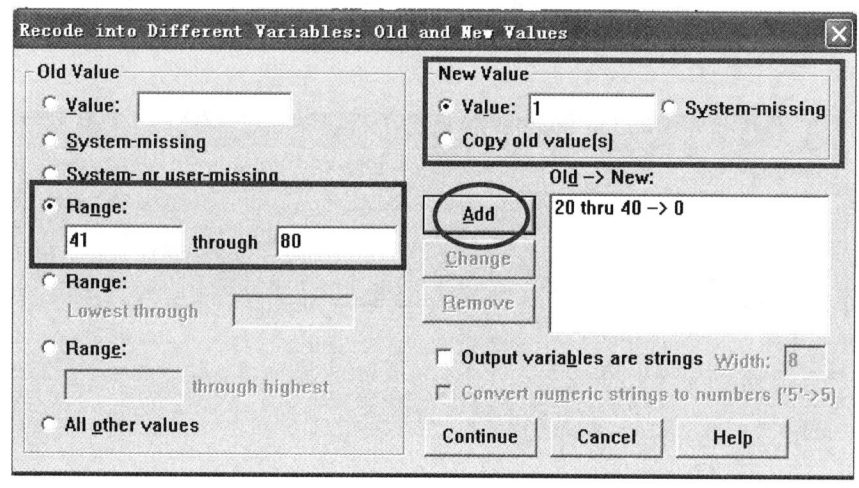

图 6-22　"Old and New Values"对话框

④ 点击"Continue"按钮，回到图 6-21 对话框，点击"OK"按钮，即转换出"有无焦虑"变量及其相应的数据。

(2) 将计数或等级资料的选项重新进行分类或编码

在一些量表中，会遇到反向计分的条目，如附录 5 中的量表，条目 5，9，13，17，19 是反向计分条目。计算焦虑得分时，需将这些条目的计分反过来。操作步骤为：

① 点击菜单项"Transform"→"Recode"→"Into Same Variables"。

② 弹出"Recode into Same Variable"对话框（图 6-23）：在左侧变量选项栏中，用鼠标选择 a5，a9，a13，a17，a19 这几个变量，依次点击中间的 ▶ 按钮，则被选变量进入中间框内。点击下方的"Old and New Values"按钮。

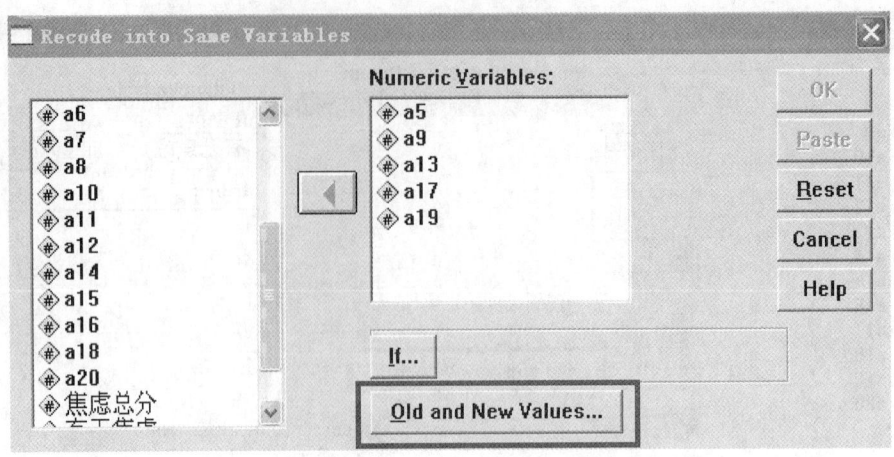

图 6-23 Recode into Same Variable 对话框

③ 弹出"Old and New Values"对话框（图 6-24）：在左侧 Old Value 的"Value"栏中，输入"1"，在右侧 New Value 的"Value"栏中输入"4"，点击"Add"按钮，则在右下方框内出现"1→4"字样；同样过程，2→3，3→2，4→1。

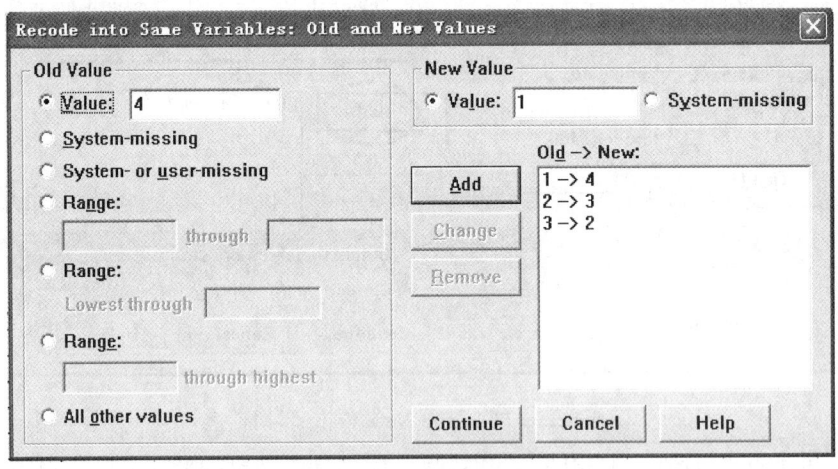

图 6-24 "Old and New Values"对话框

④ 点击"Continue"按钮，回到图 6-23 对话框，点击"OK"按钮，即完成对计分的转换。

四、数据的统计学分析

（一）示例涉及的统计学分析

以附录 5 对应的数据文件"焦虑数据库"为例。首先根据研究目的，确定需要计算下列结果：

1. 一般资料（年龄、性别、文化程度）　计算年龄的均数、标准差；性别、文化程度的构成比。
2. 焦虑得分和焦虑发生率　计算均数、标准差、率。
3. 比较焦虑得分和常模分有无差异　单一样本 t 检验。
4. 分析年龄、性别、文化程度对焦虑有无影响

（1）年龄与焦虑是否相关：年龄与焦虑得分均为计量资料，可作 Pearson 相关分析。

（2）文化程度与焦虑是否相关：因文化程度为等级资料，焦虑得分为计量资料，故可采用 Spearman 相关分析。

（3）性别与焦虑是否相关：因性别为计数资料，不宜进行相关分析。因此可通过下列两种途径进行

分析。

① 比较男性和女性焦虑得分有无差异：因焦虑得分为计量资料，男性和女性为两个独立的组别，故采用独立样本 t 检验进行分析。

② 比较男性和女性焦虑发生率有无差异：因焦虑发生率为计数资料，因此采用 χ^2 检验。

下面结合本例，逐一介绍各统计学分析方法在 SPSS 中的运算过程。大致步骤为：① 选择分析路径；② 选中要分析的变量，点击相应按钮进行分析；③ 查看"Output"分析结果。

（二）描述性统计

1. 计算年龄的均数、标准差等指标　可通过下列两种分析路径进行运算（可任选其一）。

（1）第一种分析路径

① 选择分析路径：点击菜单项"Analyze"→"Descriptive Statistics"→"Descriptives"（图 6-25）。

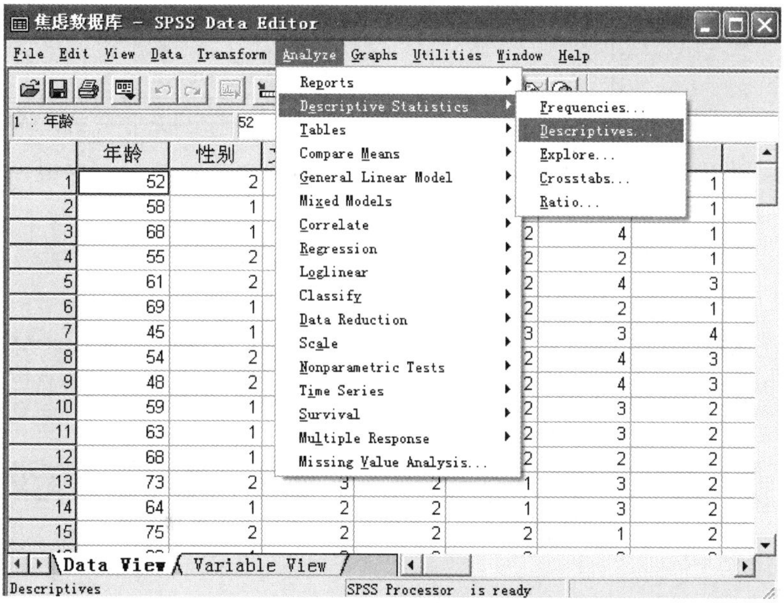

图 6-25　均数和标准差的分析路径

② 弹出"Descriptives"对话框（图 6-26）：在左侧的变量选项中，选择要分析的变量"年龄"，点击中间的 ▶ 按钮，则年龄进入"Variable"框内，然后点击"OK"按钮。

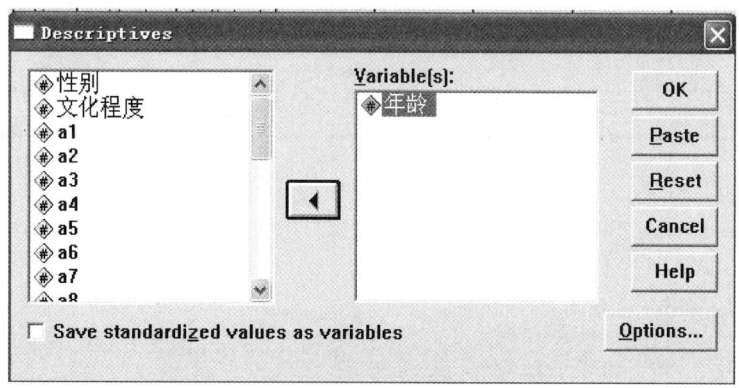

图 6-26　"Descriptives"对话框

③ 查看"Output"分析结果(图6-27):结果表格中,最左列显示分析的变量是"年龄",总例数(N) 90 例,最小值(Minimum)为 36,最大值(maximum)为 80,均数(Mean)为 60.03,标准差(Std. Deviation)为 9.086。因此,在报告结果时,可写成"年龄为 36~80 (60.03±9.09) 岁"。"Output"是一个单独的文件,若需保存,可点击保存按钮进行保存操作。

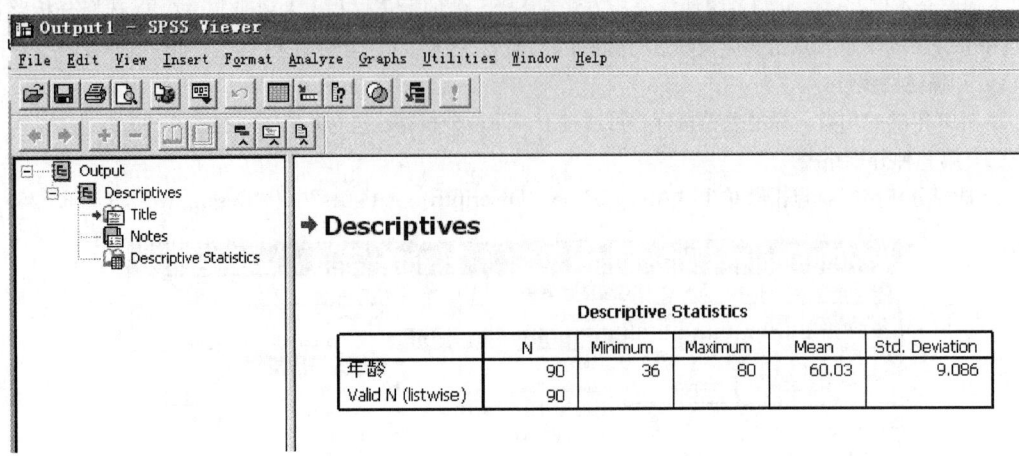

图 6-27 均数和标准差的分析结果

(2) 第二种分析路径

① 选择分析路径:点击菜单项"Analyze"→"Descriptive Statistics"→"Frequencies"。

② 弹出"Frequencies"对话框(图6-28):按上述方法将年龄选进"Variable"框内,点击"Statistics"按钮。

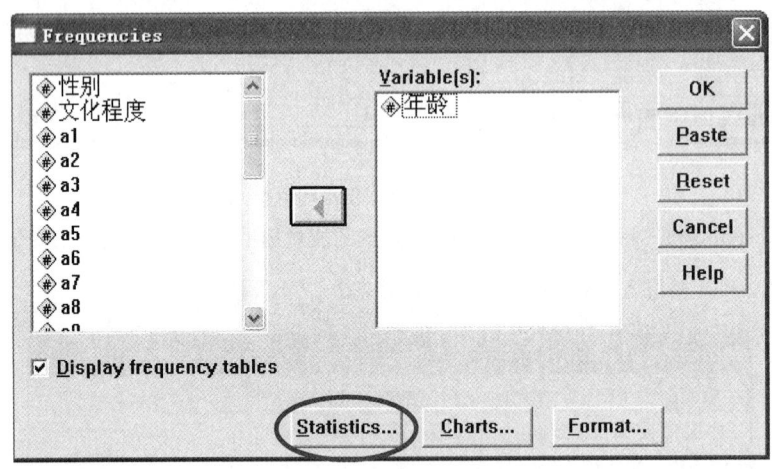

图 6-28 "Frequencies"对话框

③ 弹出"Frequencies:Statistics"对话框(图6-29):可根据需要,选中 Quartiles(四分位数)、Mean(均数)、Median(中位数)、Std. Deviation(标准差)、Range(全距)、Minimum(最小值)、Maximum(最大值)等,点击右上角的"Continue"按钮。

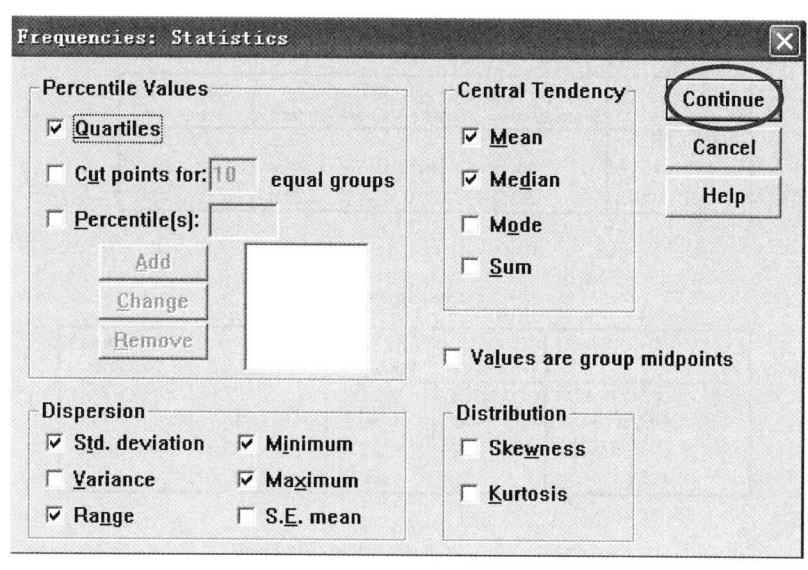

图 6-29 "Frequencies: Statistics"对话框

④ 回到图 6-28 对话框,点击"OK"按钮,查看"Output"分析结果(图 6-30):报告结果时,可写成"年龄为 36~80(60.03±9.09)岁";若为偏态分布,则报告中位数(Median=60.50)和四分位数间距($P_{75}-P_{25}=68.00-53.75=14.25$)。

Statistics

年龄

N	Valid	90
	Missing	0
Mean		60.03
Median		60.50
Std. Deviation		9.086
Range		44
Minimum		36
Maximum		80
Percentiles	25	53.75
	50	60.50
	75	68.00

图 6-30 均数、标准差、中位数、四分位数间距等指标的分析结果

2. 计算性别、文化程度的构成比

(1) 选择分析路径:点击菜单项中"Analyze"→"Descriptive Statistics"→"Frequencies"。

(2) 弹出"Frequencies"对话框:将"性别"和"文化程度"选进"Variable"框内,然后点击"OK"按钮。

(3) 查看"Output"分析结果(图 6-31):结果中列出了性别和文化程度各类别的例数(Frequency)、百分比(Percent)、有效百分比(Valid Percent)和累积百分比(Cumulative Percent)。

性别

		Frequency	Percent	Valid Percent	Cumulative Percent
Valid	男	46	51.1	51.1	51.1
	女	44	48.9	48.9	100.0
	Total	90	100.0	100.0	

文化程度

		Frequency	Percent	Valid Percent	Cumulative Percent
Valid	小学及以下	25	27.8	27.8	27.8
	中学或中专	42	46.7	46.7	74.4
	大学及以上	23	25.6	25.6	100.0
	Total	90	100.0	100.0	

图 6-31 率或构成比的分析结果

注意：因为在定义变量时，设定了变量值标签（Value Label），因此，分析结果中显示的是"男"、"女"等文字标签；如果不设定变量值标签，则分析结果显示的是1"、"2"等数值代码。

3. 计算焦虑得分的均数、标准差　因数据文件中未输入"焦虑得分"这个变量，需通过"Transform"→"Compute"路径转换出该变量，然后按年龄的运算步骤，计算均数和标准差。

4. 计算焦虑发生率　因数据文件中未输入"有无焦虑"这个变量，需通过"Transform"→"Recode"路径，在"焦虑得分"的基础上，转换出"有无焦虑"这个变量，然后按性别的运算步骤，计算有焦虑的人数及发生率。

（三）t 检验

1. 单一样本 t 检验　结合本例，欲比较焦虑得分与常模得分有无差异。已知常模得分为（29.78±10.07）分，进行单一样本 t 检验，步骤如下。

(1) 选择分析路径：点击菜单项"Analyze"→"Compare Means"→"One - Sample T Test"（图 6-32）。

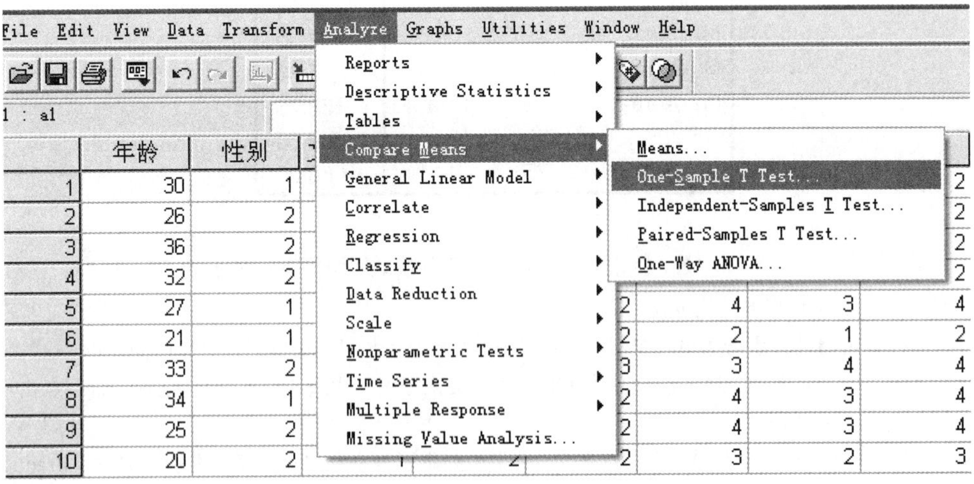

图 6-32　单一样本 t 检验分析路径

(2) 弹出"One - Sample T Test"对话框（图 6-33）：把要分析的变量"焦虑得分"选进"Test Vari-

able"框内,并在"Test Value"对应的框内输入常模得分"29.78",然后点击"OK"按钮。

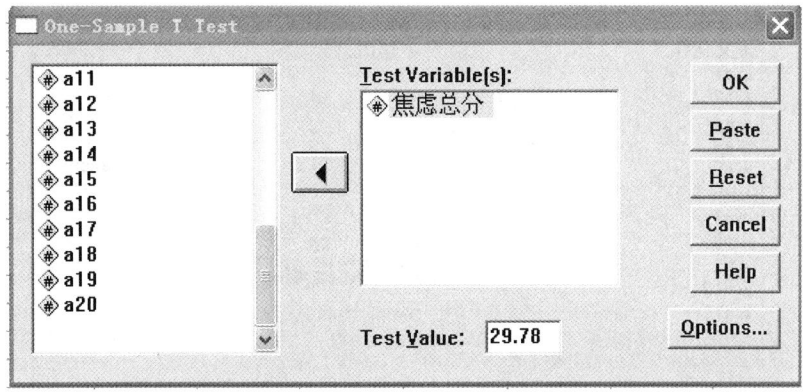

图6-33 单一样本 t 检验对话框

(3)查看"Output"分析结果(图6-34):第1个表格列出了焦虑得分的均数和标准差;第2个表格列出了 t 值和 P 值,由此得出,该组人群焦虑得分高于常模($t=11.380$,$P=0.000<0.01$)。

T-Test

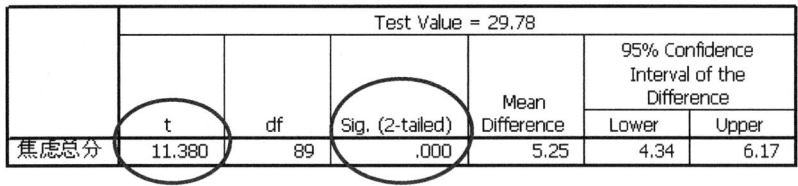

图6-34 单一样本 t 检验的分析结果

2. 独立样本 t 检验　结合例题中的分析目的,欲比较男性和女性的焦虑得分有无差异,进行独立样本 t 检验,步骤如下。

(1)选择分析路径:点击菜单项"Analyze"→"Compare Means"→"Independent-Samples T Test"。

(2)弹出"Independent-Samples T Test"对话框(图6-35):将"焦虑得分"选进"Test Variable"框内,将"性别"选进"Grouping Variable"框内,并点击"Define Groups"按钮。

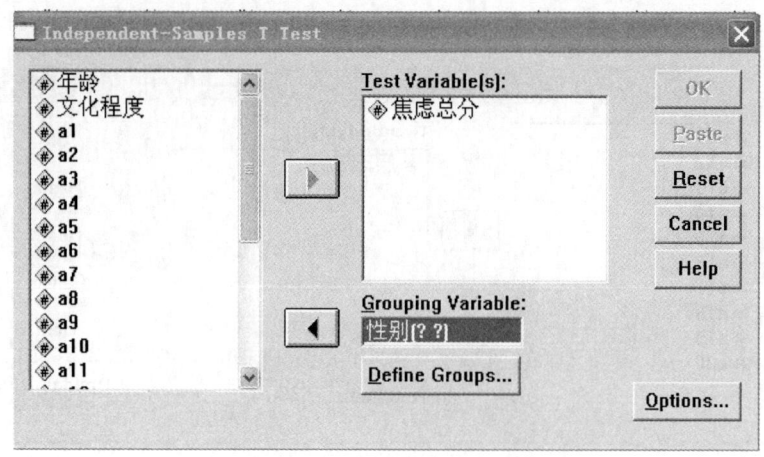

图 6-35　独立样本 t 检验对话框

(3) 弹出"Define Groups"对话框（图 6-36）：将男性和女性的数值代码分别输入 Group1 和 Group 2 对应的框内。点击"Continue"，回到图 6-35。点击"OK"按钮。

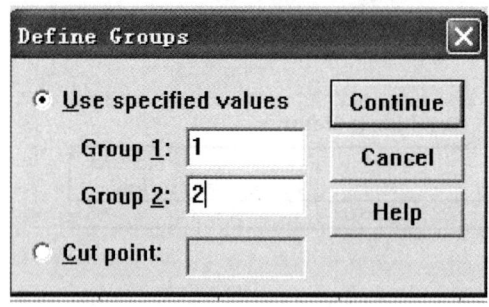

图 6-36　独立样本 t 检验中"Define Groups"对话框

(4) 查看"Output"分析结果（图 6-37）：第1个表格是男性和女性焦虑得分的描述性统计，列出了各自的均数、标准差；第2个表格又分为两部分，① 左边部分是方差齐性检验，用于判断两总体方差是否齐，此处 $F=2.598$，$P=0.111$，可见本例中方差齐；② 右边部分是 t 检验的结果，因为方差齐，所以 t 检验结果选择上面一行的结果，即 $t=3.030$，$P=0.003$，则得出"女性与男性焦虑得分有统计学差异"。

T-Test

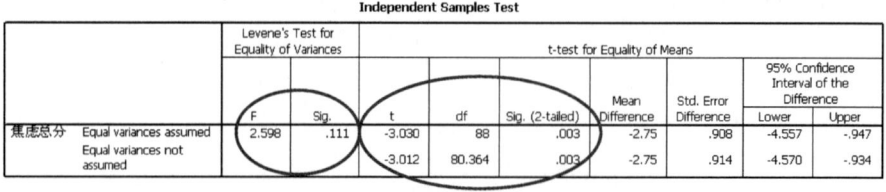

图 6-37　独立样本 t 检验的分析结果

3. 配对 t 检验

假设该示例中，半年后对同一研究对象进行第 2 次量表测评，欲比较两次焦虑得分有无差异。因为是自身比较，故进行配对 t 检验。

将第 2 次测量的数据输入数据文件中，可用"焦虑 2"这个变量代表第 2 次的焦虑得分（图 6-38），之后按下列步骤进行配对 t 检验。

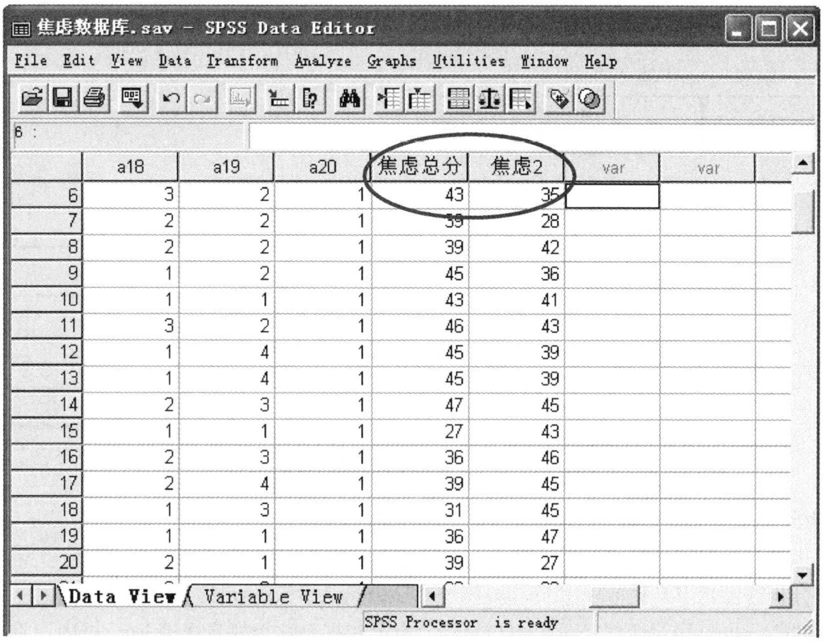

图 6-38 用于配对 t 检验的数据文件

（1）选择分析路径：点击菜单项 "Analyze" → "Compare Means" → "Paired-Samples T Test"。

（2）弹出 "Paired-Samples T Test" 对话框（图 6-39）；借助 shift 键，将"焦虑得分"和"焦虑 2"两个变量同时选进 "Paired Variables" 框内，点击 "OK" 按钮。

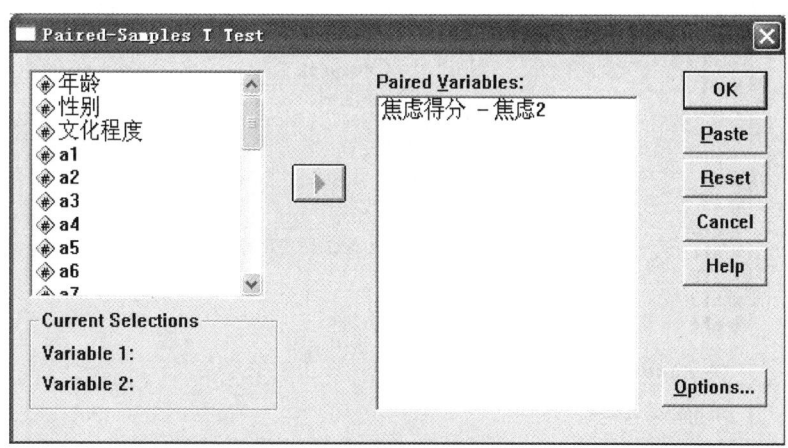

图 6-39 配对 t 检验的对话框

（3）查看 "Output" 分析结果（图 6-40）：第 1 个表格列出了两次焦虑得分的均数、标准差；第 2 个表格列出了二者的相关系数；第 3 个表格是配对 t 检验的结果，$t=0.333$，$P=0.740$，则得出"两次焦虑得分无统计学差异"。

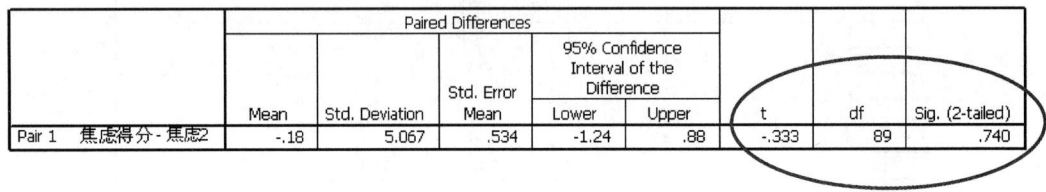

图 6-40　配对 t 检验的分析结果

(四) χ^2 检验

结合例题中的分析目的，欲比较男性和女性的焦虑发生率有无差异，应进行 χ^2 检验，步骤如下。

(1) 选择分析路径：点击菜单项 "Analyze" → "Descriptive Statistics" → "Crosstabs"。

(2) 弹出 "Crosstabs" 对话框（图 6-41）：将 "有无焦虑" 这个变量选进 Row 框内，将 "性别" 这个变量选进 Column 框内，点击 "Statistics" 按钮。

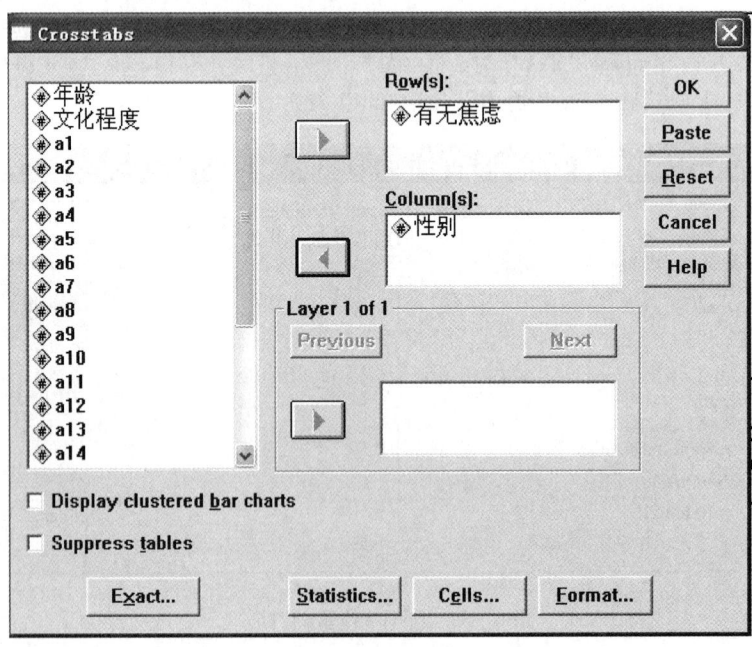

图 6-41　"Crosstabs" 对话框

（3）弹出"Crosstabs：Statistics"对话框（图6-42）：选中Chi-square，然后点击"Continue"按钮，即回到图6-41，之后按"OK"按钮。

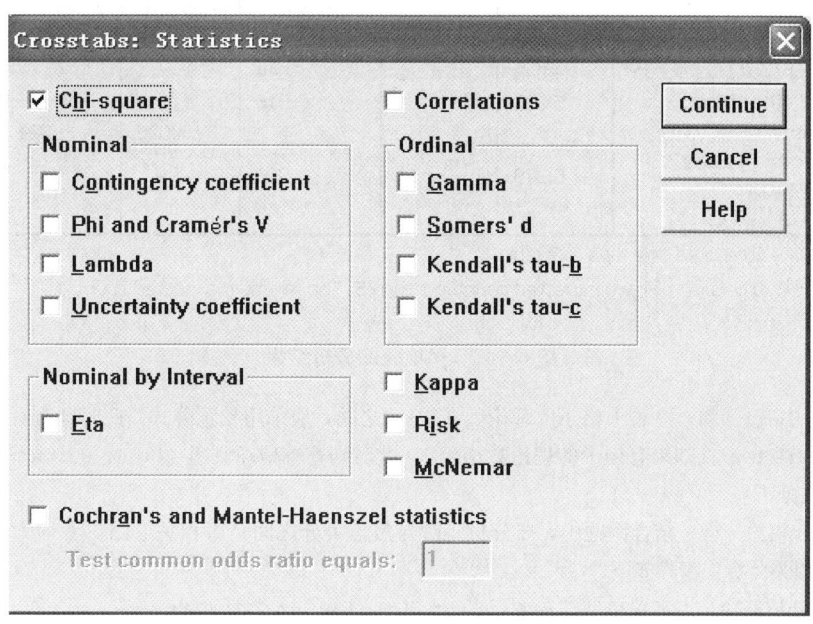

图6-42 "Crosstabs：Statistics"对话框

（4）查看"Output"分析结果（图6-43）：第1个表格列出了有效及缺失例数；第2个表格列出了描述性统计的结果；第3个表格是χ^2检验结果，首先看表下备注b，"0个格子的理论数小于5"，即所有格子的理论数>5，适用于专用公式，故应查看第一行"Pearson Chi-Square"对应的结果，即$\chi^2=5.438$，$P=0.020$，则得出"男性和女性焦虑发生率有统计学差异"。

Crosstabs

Case Processing Summary

	Cases					
	Valid		Missing		Total	
	N	Percent	N	Percent	N	Percent
有无焦虑 * 性别	90	100.0%	0	.0%	90	100.0%

有无焦虑 * 性别 Crosstabulation

Count

		性别		Total
		男	女	
有无焦虑	0	44	35	79
	1	2	9	11
Total		46	44	90

Chi-Square Tests					
	Value	df	Asymp. Sig. (2-sided)	Exact Sig. (2-sided)	Exact Sig. (1-sided)
Pearson Chi-Square	5.438b	1	.020		
Continuity Correctiona	4.040	1	.044		
Likelihood Ratio	5.801	1	.016		
Fisher's Exact Test				.025	.021
Linear-by-Linear Association	5.378	1	.020		
N of Valid Cases	90				

a. Computed only for a 2x2 table

b. 0 cells (.0%) have expected count less than 5. The minimum expected count is 5.38.

图 6-43 χ^2 检验的分析结果

如果表下的备注标明，有若干格子的理论数在 1~5 之间，应采用校正公式，此时则查看第 2 行的结果（Continuity Correction）；如果有格子的理论数小于 1，此时则查看精确概率（Fisher's Exact Test）。

（五）相关分析

1. Pearson 相关分析　结合例题中，要分析年龄与焦虑得分之间是否相关，因二者均为计量资料，故进行 Pearson 相关分析，步骤如下。

(1) 选择分析路径：点击菜单项"Analyze"→"Correlate"→"Bivariate —"。

(2) 弹出"Bivariate Correlations"对话框（图 6-44）：将"年龄"和"焦虑得分"这两个变量选进"Variables 框内，对话框中默认的是"Pearson"，故直接点击"OK"按钮即可。

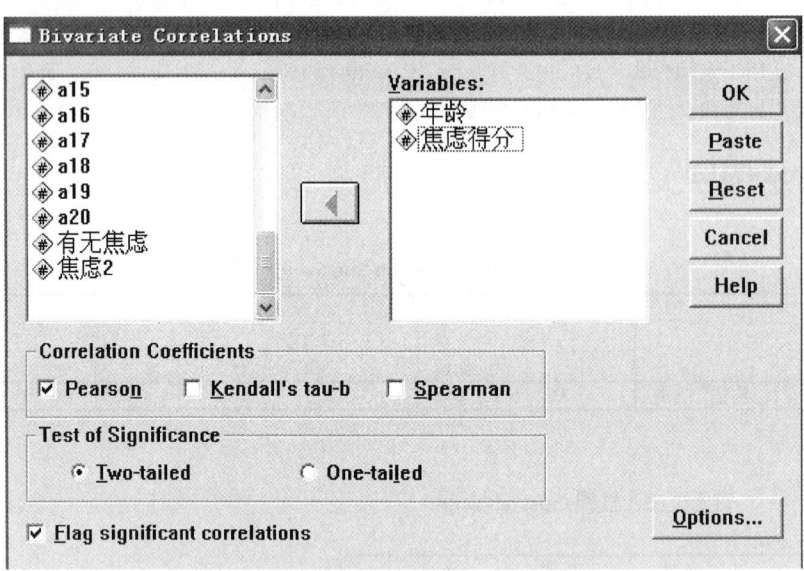

图 6-44　相关分析对话框

(3) 查看"Output"分析结果（图 6-45）：$r=0.054$，$P=0.611>0.05$，则得出"年龄与焦虑得分无相关性"。

		焦虑总分	年龄
焦虑总分	Pearson Correlation	1	-.054
	Sig. (2-tailed)	.	.611
	N	90	90
年龄	Pearson Correlation	-.054	1
	Sig. (2-tailed)	.611	.
	N	90	90

图 6-45　Pearson 相关分析的结果

2. Spearman 相关分析　结合例题中，要分析文化程度与焦虑得分之间是否相关，因文化程度为等级资料，故进行 Spearman 相关分析，步骤如下。

（1）选择分析路径：点击菜单项 "Analyze" → "Correlate" → "Bivariate —"。

（2）弹出 "Bivariate Correlations" 对话框（图 6-44）：将"文化程度"和"焦虑得分"这两个变量选进 "Variables 框内，点除 "Pearson" 前面的 ☑，而选中 "Spearman"，然后点击 "OK" 按钮。

（3）查看 "Output" 分析结果（图 6-46）：$r_s=0.356$，$P=0.001<0.01$，则得出"文化程度与焦虑得分呈正相关"。

Correlations

			文化程度	焦虑总分
Spearman's rho	文化程度	Correlation Coefficient	1.000	.356**
		Sig. (2-tailed)	.	.001
		N	90	90
	焦虑总分	Correlation Coefficient	.356**	1.000
		Sig. (2-tailed)	.001	.
		N	90	90

**. Correlation is significant at the 0.01 level (2-tailed).

图 6-46　Spearman 相关分析的结果

读者可按照本节介绍的操作方法，通过应用 SPSS 软件具体分析一个或几个实例，在实践中学习该软件的使用。但需要注意的是，统计软件仅仅代替了复杂的公式计算过程，在使用之前，首先应确定对哪些变量进行分析，选择哪种统计学分析方法，这样才能按照正确的分析路径在 SPSS 软件中进行运算，并读懂分析结果，得出正确的统计结论。

（王志稳）

第七章　社区护理研究论文的撰写

护理研究论文是指护理科学技术领域中的学术论文，是将护理科学研究中的研究目的、采用的方法和获得的结果用恰当的方式，严谨的科学态度，准确的语言进行科学的整理、归纳和分析等一系列思维劳动以后而形成的文字记录和总结。护理研究论文是对护理研究及其结果分析的系统阐述和深入表达，是护理科研成果的一种表现形式，是护理研究工作的总结。护理论文可促进护理学科的发展和完善护理学科体系，加快科研信息的传播和学术交流，也是提高广大护理人员学术水平的重要途径。目前国内护理期刊常见的护理论文有以下4种：护理科研论文、护理综述论文、护理个案论文和护理经验论文等。每种论文都有其基本写作格式与要求，选用何种格式进行论文写作，应根据写作目的而确定。

第一节　护理科研论文的书写方法

护理科研论文是指按照护理科研设计方案，有目的、有计划、有步骤地完成某项护理研究课题而获得第一手研究资料，并通过资料整理、分析后撰写的学术论文。护理科研论文是护理论文的重要类型之一。护理科研论文的格式有统一的要求，国际医学期刊编辑委员会根据实践和国际上沿用的惯例，在《生物医学期刊投稿统一要求》（Br Med J，1988，296（6619）：401－405）中，规定论文格式应由文题、作者署名、摘要、关键词、正文和参考文献等部分组成。

一、文题、作者署名和单位

（一）文题

文题即文章的题目，是论文主要内容和中心思想的高度概括。一个好的论文题目应既能准确表达出论文的主题、概括论文的主要内容，又新颖醒目、富有吸引力，起到画龙点睛的作用，使读者对论文研究的大致内容能一目了然。文题的书写应注意以下事项：

1. 切题　文题要与文章内容相符，准确反映论文的主要内容，使人一看就能对全文的内容有一个大致的了解。论文题目最忌讳的是文题不符，文不对题。另外，论文题目切忌过大，让人抓不住要害，引不起读者的阅读兴趣。如"高血压患者的健康教育"这一论文题目就显得过大，让读者很难从题目上了解论文的主要内容。根据该文章的具体内容，将其改为"社区高血压患者健康教育的效果分析"，则使得文题有很好的针对性。虽然论文题目切忌过大，但题目过小或过于具体也不能很好地反映论文的主题。

2. 规范　文章题目中所使用的专业词必须选用当前医学和护理学公认的词汇，以利于国内外期刊杂志的索引与检索。题目中的文字尽量不用简称和缩写，如需要用时一定要用公认的简称和外文缩写。文题用词要符合语言逻辑，使之成为能明确表达题义的短句，不至于产生歧义。如"社区脑卒中患者功能康复锻炼的体会"，该题缺少动词，使行为主体不明确，易误认为行为主体是"脑卒中患者"，如改成"对社区脑卒中患者实施功能康复锻炼的体会"

就更加明确了。

3. 简明　"简"是对文题中文字数量的要求，要用尽量少的文字高度概括论文的中心内容，使之言简意赅。中文题目一般不超过 20 个汉字，英文题目一般不超过 10 个英文实词，题目中不加标点符号。如果题目的字数过多，可去掉"关于"、"有关"、"观察"、"体会"等无实质性意义的"虚词"，但不能轻易删掉"实词"，如："北京市城镇社区老年人的健康状况及其护理服务需求"一文，标题虽然超过 20 字，但若删掉任意一个概念都会影响文章主题内容的揭示。所以应注意文题字数的限定不是绝对的，必须以能清楚地表达文章的内容为主要目的。若遇文题必须长时，也可用副标题对文题加以说明和补充，用破折号将副标题与主标题分开。

（二）作者署名和单位

作者署名应包括作者的姓名、工作单位、地址和邮政编码。作者署名标明了科研成果的归属，是作者对文章内容负责的一种表现，同时也便于杂志编辑和读者与作者联系和进一步进行学术讨论。作者署名是非常严肃的问题，必须遵守科学道德，实事求是。若作者在两位以上时，一般按参加研究工作的多少和实际贡献大小排列作者的先后名次，要求将主要作者放在前面，排名顺序不应受职务、职称、资历或者其他因素的影响。其中，论文的第一作者应是研究工作的构思、设计、执行和论文的主要撰写者。作者署名的形式有集体署名和个人署名两种，如集体署名可以写某某协作组等。科研论文的作者署名要用真名而不用化名、笔名或假名，以示文责自负。署名多在文题之下，多个作者姓名之间要空一格，但不需加标点符号。作者的工作单位和地址可以根据杂志的要求放在文题下面或题页下方位置。目前各期刊在作者姓名及其工作单位和地址的书写方式上要求不尽相同，投稿时可根据杂志的具体投稿要求进行书写。

二、摘要与关键词

（一）摘要

1. 概念　摘要即文章的内容提要，是用最扼要的文字对论文内容进行高度概括的简短陈述。摘要也是论文的一个重要组成部分，它使编辑和读者能够迅速准确地了解论文的主要内容和精华所在，从而决定有无阅读全文的必要，起到导读的作用。

2. 主要内容　摘要作为一种文体，具有独立和完整的结构。写作时应注意其语意的连贯性，能够形成一篇完整的短文，可以独立使用。目前，各种杂志一般均要求采用结构式摘要对论文进行概括叙述，其结构由 4 部分组成，即：目的、方法、结果、结论。"目的"主要陈述研究的宗旨、研究和解决的问题；"方法"主要陈述研究对象、研究途径、实验范围、分析方法等；"结果"主要陈述研究得出的重要数据及其统计学意义；"结论"主要论述论文关键的论点以及经验教训和应用价值。摘要应着重说明研究工作的创新内容，使读者能在较短时间内了解论文的概况。

3. 书写注意事项　摘要写在文题和作者署名之后。其陈述的方式要求用第三人称进行描述，避免自我介绍和评论。摘要要求连续写成，不分段落而独立成章，字数一般以 200~300 字为宜。摘要的格式要求规范化，尽可能采用专业术语，不用图表、化学结构式和非公认的符号或术语，也不引用文献，尽量不用缩略语。

【例 7-1】题目：社区护理现状调查与分析

摘要　目的：了解我国社区护理的现状，为制定《中国护理事业发展规划纲要（2005～2010年）》提供依据。方法：采用问卷调查与实地调研相结合的方法，对120个社区卫生服务中心（站）的负责人进行问卷调查，对7个社区卫生服务中心（站）进行实地调研。结果：仅30.0%的被调查单位的社区护理管理工作由护士长负责；社区卫生服务中心的护士人数平均占卫生技术人员的31.2%，医护比例为1.6∶1；社区卫生服务站的护士人数平均占卫生技术人员的33.3%，医护比例为1.5∶1。结论：社区护理管理体制不健全、社区护士人力配置严重不足、社区护士素质亟待提高等是目前我国社区护理存在的主要问题。

一篇投稿文章在3500字左右时，可不用写摘要，当文章较长如超过5000字以上时，为了帮助读者很快了解论文大意，可写200字左右的摘要，放在文章正文之前，也有某些杂志要求每篇投稿文章都需附上摘要。另外除中文摘要之外，目前国内大多数卫生类期刊都要求附有与中文摘要内容、结构一致的英文摘要。联合国教科文组织曾对科技论文英文摘要作过规定："全世界公开发表的科技论文，不管用何种文字写成，都必须附有一篇短小精悍的英文摘要"。其具体要求如下：①结构：一般采用结构式，长150～250个英文单词；②题目：简明扼要，题目常用短语，不用完整的句子；③作者信息：主要包括作者的姓名、工作单位及地址（包括E-mail联系方式）、邮编、省份和国籍；④语态：摘要中多用第三人称和被动语态；⑤时态：摘要中的句子常采用一般过去时描述研究的方法和结果；结论常采用一般现在时；⑥缩略语：首次出现时应注明英文全称。

（二）关键词

1. 概念　关键词是从文章中选取的，反映文章的主要内容、在表达论文内容主题方面具有实在意义、起关键性作用的单词、词组或短语。关键词是20世纪60年代初期出现的一种检索语言，80年代应用于医护学术刊物。书写关键词的目的是为了便于读者了解论文的主题，起到帮助人们在检索过程中能通过此词迅速查到文献的作用。同时利于计算机收录、检索和储存文献。

2. 书写注意事项　一般一篇文章选3～5个关键词，并可附与中文相对应的英文关键词。要选好关键词必须了解全文的内容和特点，从论文题目、摘要及主要内容中抽取最重要、最关键、最能代表论文主题或反映文章实质内容的、概念精确专指性好的原形词。关键词的选择可参考美国出版的《Index Medicus》中的医学主题词表（Medical Subject Handings, MeSH）。另外，1984年中国医学科学院情报所翻译的《医学主题词注解字顺表》和中国科技情报所及北京图书馆主编的《汉语主题词表》等也可作为参考。关键词要求使用原形词，不能用缩写词，应尽可能用规范化语言，以便论文能被国内外文献检索系统收录，提高论文的引用率。关键词应置于摘要之后，另起一行进行书写，各关键词之间采用空一格或用分号隔开，最后一词末不加标点符号。如例7-1中的关键词写为：

关键词：社区护理；社区卫生服务；护士

三、论文正文

论文的正文是文章的核心部分，包括前言（introduction）、材料与方法（materials and methods）、结果（results）和讨论（analysis and discussion）4个部分。国内称之为四段式，国外简称为IMRAD。但此格式并非一成不变，研究者可以根据文章的实际内容进行必要的调整，但对大多数研究论文或初学者而言，采用四段式写作是必要的。

(一) 前言

前言又称序言或引言,是正文的起始部分。前言主要通过叙述本课题的研究背景和预期目的,使读者对本文的宗旨有一概括的了解,以引出下文。前言部分主要应介绍以下有关方面的内容:① 说明为什么要做这项科研,指出研究目的;② 以简洁的文字叙述立题的背景、理论依据和解决问题的关键;③ 简要地介绍当前国内外关于本课题研究的现状及其研究价值和意义。前言的文字不宜过长,一般在200字以内,写作时不用写"前言"二字,直接在关键词下一行空二格后书写,文中不宜作自我评价和用"国内首创"、"填补空白"等评论性语言,点明主题即可。

(二) 材料与方法

材料与方法也可称为"对象与方法"或"资料与方法"。该部分主要介绍该研究是如何实施、如何获得研究结果的。这部分内容应具体描述,不能过于简单,因为它是获得研究结果和论点依据的重要步骤,也是判断论文科学性和先进性的主要依据。主要包括3个方面的内容:

1. 研究对象或材料　应介绍研究对象或材料的入选条件或标准、排除标准、获取的来源、抽样方法和样本量等。

2. 研究方法　主要介绍研究步骤、资料的收集方法、选用的研究工具(如问卷或量表的来源、主要内容、评分标准、信度和效度等)、用于评价的指标或评价标准;研究对象如有分组,还要具体介绍其分组方法;研究中如果有干预,还应具体介绍干预措施、干预流程等。

3. 资料整理与分析　主要介绍数据整理和分析时所采用的方法,如采用的统计软件和具体选用的统计分析方法。

(三) 结果

结果是将收集到的原始资料和数据,经过核对、整理、归纳和必要的统计学处理后,用文字叙述或图表的形式,准确、客观、具体地报告出来。结果部分是论文的核心,是讨论部分论述观点的依据和基础。撰写结果时应注意:

1. 按一定的逻辑顺序描述结果　这也就意味着结果部分不是所有的所收集上来的数据的简单堆积,而是作者经过思考和分析之后将认为需要展示的结果以一定的逻辑顺序进行描述。这种逻辑顺序一方面是从读者更容易理解的角度进行考虑,另一方面也要与讨论部分涉及的编排顺序相一致。

2. 选用适当的统计表或统计图来报告结果　有关统计图和统计表的绘制一定要符合规范,根据数据所欲表达的内容选择相应种类的统计表和统计图。

3. 文字叙述与图表不重复使用　已用文字描述清楚的就不必再列图或表。列出图表后,可用文字对图表中表达的内容进行扼要的分析、总结或补充。

4. 注意结果的客观性和科学性　不论结果是阳性还是阴性,只要是真实的,都是有价值的,都应实事求是地报告出来,避免篡改数据或者只描述对论点有利的阳性结果。

5. 统计学表达正确　涉及的统计学术语应按照杂志的要求描述确切,使用规范符号。

(四) 讨论

讨论部分是科研论文的精华和中心内容,是针对研究结果的各种现象、数据及资料进行阐释,结合相关理论和他人研究结果做出科学合理的分析和解释。总的书写要求是论点明确、论据充分。撰写时要注意：① 紧密围绕研究结果进行阐释和分析。在讨论部分一定要以结果为基础，抓住重点、层次分明地进行分析和展开讨论。可以与前人研究结果进行比较，分析结果相同或者不同的原因，从研究结果中分析出本次研究的创新点或文章结果可为护理实践提供的指导意义；② 要注意结合相关理论陈述论点，用已有的理论对结果进行分析；③ 避免重复描述结果，或大量罗列文献，而看不出作者是如何解释结果和阐述自身观点的。

四、参考文献

正文完成之后即为参考文献的撰写。参考文献是撰写论文时引用的有关期刊、书籍等资料，凡是引用前人已发表文献中的数据或观点等，都要在文中引用处予以标明，并在文末列出具体的参考文献，说明其出处。研究者一定认识到，列出参考文献表明科研工作的继承性和尊重他人研究成果的科学态度，反映论文有真实可靠的科学依据，给读者提供必要的信息。同时，参考文献的数量和质量也反映出作者对本课题的了解程度，在一定程度上反映出论文的水平和质量。参考文献在正文中标注时，一定在引用文字最后的右上角，标注一个带阿拉伯数字的方括号角码，如用"[1]"，文末的文献书写格式一定要按引文在正文中出现的先后顺序进行书写，标引的参考文献最好以近来3~5年内的最新文献为主，在该研究领域有开创性贡献的旧文献也可以适当引用，但不宜过多。

文献的种类很多，一般常引用的是期刊和书籍，而文摘、内部刊物和网上的文章等均不列入参考文献中。参考文献应严格按照下列格式进行书写：

1. 期刊　序号. 作者名. 文章题目. 杂志名称，年，卷（期）：起止页码.

【例7-2】　肖又姑，宋国菊. 城市社区老年人健康状况及其护理服务需求的调查. 护理管理杂志，2006，6（2）：9~12.

期刊文章作者不超过3人的，写出全部作者名中间用逗号隔开，超过3人者只写前3位，后加"等"字。

【例7-3】　张立威，郭明，李晓枫，等. 社区卫生服务从业人员工作满意度研究. 中国全科医学，2006，9（15）：1304~1306.

2. 书籍　序号. 主编名. 书名. 版次. 出版地：出版社，年. 起止页码.

【例7-4】　肖顺贞，主编. 护理学研究. 第3版. 北京：人民出版社，2006.1~24.

注：若参考的书籍为第一版，则在文献书写时可不必标明版次。

【例7-5】　梁万年，主编. 临床医学研究方法. 北京：北京科学技术出版社，2002. 132~157.

五、论文实例分析

题目：社区痴呆患者激越行为应对策略的调查分析

【前言部分】

原文：

激越行为（agitation）是痴呆患者较常出现且最顽固的行为问题，也是家庭照顾者感到最难应对、加重照顾者负担和精神压力的问题之一。国外文献报道，痴呆患者激越行为的发生率可达50%~90%以上[1]。国外学者对激越行为的管理做了大量研究，而我国此类研究很少。本研究采用问卷调查结合访谈法，旨在描述目前社区中痴呆患者的照顾者对激越行为采取的应对策略,分析存在的问题,为今后有针对性地对家庭照顾者提供技能指导,降低负担提供依据。

分析:

前言部分的内容一定要包括为什么要进行此研究(选题的背景和理由)和研究的预期目的,使读者对研究主题有基本的了解。本文前言部分明确介绍了研究问题的背景:"激越行为是痴呆患者较常出现且最顽固的行为问题,也是家庭照顾者感到最难应对、加重照顾者负担和精神压力的问题之一。国外文献报道,痴呆患者激越行为的发生率可达50%～90%以上。国外学者对激越行为的管理做了大量研究,而我国此类研究很少。"说明积极应对痴呆患者的激越行为在痴呆患者护理中的重要性,且简单介绍了国内外相关研究的情况。同时指出研究的预期目的:"描述目前社区中痴呆患者的照顾者对激越行为采取的应对策略,分析存在的问题,为今后有针对性地对家庭照顾者提供技能指导,降低负担提供依据。"前言部分不要写得太长,要简明扼要和有吸引力,切忌啰嗦冗长或列出许多与本文无关的资料。

【对象与方法部分】

原文:

1 对象与方法

1.1 调查对象 采用方便取样,患者由临床医师诊断为痴呆,在家里接受照顾,照顾者需连续承担照顾任务1个月以上,并能提供有关该患者激越行为的详细信息。

1.2 调查工具 ① Cohen-Mansfield 激越行为量表(Cohen-Mansfield Agitation Inventory, CMAI)。本研究采用短量表,共14项,根据最近2周患者出现该行为的频率进行评分。本研究中该量表的 Cronbach α 系数为0.78。② 自设问卷。参阅大量相关文献,列出照顾者在激越行为发生时采取的应对方式,问卷经精神卫生和护理学领域的有关专家审阅,并进行预调查和反复修改而成。

1.3 资料处理与分析 采用 SPSS/PC 10.0 软件包进行数据录入及描述性分析。

分析:

本部分应详细介绍研究设计的内容,如研究对象、研究方法、统计学分析方法等。研究设计的内容是由研究目的决定的,本文根据研究目的选定社区的痴呆患者及其照顾者作为研究对象。采用的抽样方法为方便取样,明确研究对象的入选条件为"患者由临床医师诊断为痴呆,在家里接受照顾;照顾者需连续承担照顾任务1个月以上,并能提供有关该患者激越行为的详细信息。"本文采用的研究方法是问卷调查法,文章中对研究工具(问卷)的内容和性能都作了详细的介绍。材料与方法部分在书写时要求把研究设计的内容和具体做法描述清楚,便于重复验证,也体现文章的科学性。

【结果部分】

原文:

2 结果

2.1 基本情况

本研究共调查痴呆患者72例,平均年龄为(70.86±7.24)岁。主要照顾者年龄在60岁以上者占多数(65.3%),其中男31例,占43.1%,女41例,占56.9%。文化程度大多为中学以上,占83.3%。照顾者中绝大多数为患者配偶(73.6%),其次为患者子女(26.4%),平均照顾时间为(3.18±1.97)年。其中25例(34.7%)由1人承担长期照顾任务；47例（65.3%）由2~3名照顾者共同照顾。

2.2 痴呆患者激越行为的发生情况

72例痴呆患者中有62例（86.1%）在被调查前2周内发生过激越行为。主要表现为反复问相同的问题（52.7%）、骂人（44.4%）、藏东西或收集废品（55.6%）、坐立不安或重复机械性动作（52.8%）、徘徊（33.3%）、不恰当地处理物品（33.3%，如乱拿别人的东西、翻抽屉等），身体攻击行为（19.4%，如打人、推人、摔东西等）。

2.3 照顾者感到苦恼的行为

调查发现，73.6%的家庭照顾者经常为患者的激越行为感到苦恼，其中最苦恼的行为是：身体攻击行为（87.5%）、骂人（64.3%）、藏东西（50.0%）、不恰当地处理物品（50.0%）、反复问相同的问题（47.4%）、徘徊（41.7%）等。进一步分析可见，这些问题多是痴呆患者经常出现的行为，身体攻击行为虽然相对较少见，但却是照顾者感到最苦恼的问题。

2.4 照顾者在激越行为发生时采取的措施

通过对62例发生过激越行为的痴呆患者的照顾者进行访谈，结果发现，照顾者在痴呆患者激越行为发生时采取的措施，见表1。

表1 照顾者在患者激越行为发生时采取的措施（62例）

照顾者采取的措施	例数（%）	感到该措施有效的例数（%）
用语言制止或责备	37（59.7）	5（13.5）
给患者服用药物	20（32.3）	12（60.0）
转移注意力	18（29.0）	15（83.3）
暂时回避	16（25.8）	12（75.0）
保持安静	15（24.2）	11（73.3）
有意忽略和表扬	8（12.9）	5（62.5）

表1可见，用语言制止或责备是多数照顾者采用的措施（59.7%），但效果相对较差；32.3%的照顾者使用药物来控制行为；不足1/3的照顾者采用转移注意力、暂时回避或保持安静的方法，且多数感到效果较好。

2.5 照顾者对技能指导及服务方式的需求

结果显示，50.0%的家庭照顾者不知道激越行为是痴呆的一种症状，37.5%的照顾者不能理解和接受患者的激越行为，38.9%的照顾者明显感到在患者出现激越行为时不知如何应对，52.8%的照顾者强烈希望得到激越行为应对策略的技能指导。较为欢迎的服务项目是专业人员家访（50.0%）、痴呆照顾者联谊会（50.0%）、媒体宣传（37.5%）及专家门诊（36.1%）。

分析：

本部分要求先把全部资料整理后，归纳资料找出最有新意的内容，然后用文字或各种统计图表准确无误地将其表达出来，而不是把原始数据全部罗列出来。因图表占较大篇幅，故一篇文章中不宜选用太多,以准确、清晰地呈现研究结果为目的。本文报告了研究对象的基本情况、痴呆患者激越行为的发生情况、照顾者感到苦恼的行为、照顾者在激越行为发生时采取的措施、照顾者对技能指导及服务方式的需求等结果。结果呈现清晰、准确,表格规范,逻辑性、条理性强。

【讨论部分】
原文:

3 讨论

3.1 照顾者在护理过程中摸索出一些有效的应对技巧。

本研究发现,激越行为在痴呆患者中普遍存在,最常见的表现是反复问问题、骂人、藏东西、不恰当地处理物品及徘徊等。照顾者在长期护理过程中摸索出一些有效的技巧,在激越行为发生时,采用非直接或非干涉性策略,如转移注意力、保持安静、暂时回避等方法,并感到这些措施在多数情况下对控制激越行为效果较好。29.0%的照顾者通过提起患者感兴趣的话题、找简单的事情让患者做、带患者到户外活动、放患者熟悉的歌曲等方法转移患者的注意力,在多数情况下对缓解患者发脾气、骂人、反复问问题、坐立不安等行为比较有效,而且利用各种活动转移注意力可以缓解患者徘徊或试图走出去的倾向。有些照顾者(24.2%)提出,在患者发脾气或发生身体攻击行为时采取保持周围环境安静,尽量不激惹患者,或暂时离开一会儿(25.8%),避免与患者发生正面冲突的方法,能使患者慢慢变得安静下来。少数照顾者(12.9%)在患者发生激越行为时采取有意忽略的态度,而在患者表现好时通过口头表扬,或带患者出门、吃东西等给予患者喜欢的奖励,患者往往表现得较为安静。国外研究报道,鼓励和表扬对增加痴呆患者的自尊和自我价值感有很大作用,痴呆患者对表扬的反应尤其好,照顾者的微笑和关心与患者激越行为减少有明显的相关性[2]。

3.2 照顾者在应对策略方面仍存在一定问题。

本研究发现,在激越行为发生时,多数照顾者(59.7%)倾向于采用直接干涉,甚至责备的方式来制止患者的行为,结果适得其反。如对经常反复问问题、藏东西、收集废品的痴呆患者,照顾者感到难以理解,总试图说服患者"这个问题已经问过很多遍了","这件东西是你自己藏起来了","这些东西都没用了该扔掉"等,反而激惹患者,诱发其他激越行为的发生。痴呆患者由于短期记忆受损,记不住问过的问题,东西放在哪儿,所以照顾者应理解这不是患者故意做出的,一味地说服和制止只会增加患者不安。对骂人或身体攻击行为,照顾者因为患者不但不能理解自己对他的照顾,反而回以无理由的骂人、打人、摔东西等行为,感到不能接受、伤心,甚至愤怒,有时对患者发脾气或争吵,结果反而使激越行为加重,并影响与患者的关系。国外研究发现,照顾者对患者表现出的责备、愤怒等负性情绪反过来会对痴呆患者的行为产生负性影响,激越行为会因批评或责备而持续存在,并可能诱发其他激越行为[3,4]。有些照顾者感到无能为力,只能求助于药物(32.3%)。

3.3 为照顾者提供有针对性的技能指导十分必要。

激越行为给照顾者带来很大压力与负担,本研究发现,73.6%的家庭照顾者经常为患者的激越行为感到苦恼。其中身体攻击行为(87.5%)和骂人(64.3%)是照顾者最苦恼的问题,国外研究也提出类似结果,并将这种困难部分归咎于照顾者缺乏足够的培训[5]。照顾者对激越行为的认识和理解影响他们的应对方式[6]。本研究发现,50.0%的照顾者并不清楚激越行为是痴呆的一种症状,37.5%不能理解和接受患者出现的激越行为,38.9%明显感到在患者出现激越行为时缺乏应对技巧。所以，有必要对照顾者进行相关知识和技能指导，如指导照顾者观察诱发行为发生的因素，从而预防激越行为的发生；教给照顾者具体的应对技巧，如转移注意力、有效的沟通方式、合理使用触摸等。调查发现，50.0%的照顾者希望专业人员定期家访、参加照顾者联谊会，针对患者的具体问题给予指导。国外多项研究报道，经过培训，照顾者能学会预防和应对行为问题的策略，对减轻照顾者心理压力、降低患者激越行为有一定效果[7]。此外，长期照顾痴呆患者导致照顾者自己的时间明显减少，他们希望与人交流，来理解他们的处境。照顾者联谊会能够为处于相同境况下的家属提供交流经验、表达情感和相互支持的机会。

参考文献（7篇，略）

分析：

讨论部分是论文的最后一段，主要是对研究结果做出理论性的分析，说明为什么会产生这样的结果，指出所得结果的意义及其内在规律。如本文通过对研究结果的分析，作者认为："照顾者在护理过程中摸索出一些有效的应对技巧"、但"照顾者在应对策略方面仍存在一定问题。"，所以"为照顾者提供有针对性的技能指导十分必要。"同时在讨论部分作者对自己的观点进行了详细的阐述，并将研究所得的结果与前人的研究结果进行比较。在分析结果的基础上对如何提高照顾者的应对技巧进行了探讨。讨论部分在书写时应注意结合相关理论并与结果部分相呼应，切忌大量抄录与研究结果无关的文献资料。在分析原因、提出建议和下结论时要慎重，避免过于绝对性的言论。在全文的最后可以有结束语，对论文进行总结，并指出本研究的意义和价值所在，但字数不要过多。此外，在讨论的最后还可以提出本研究的局限性和将来进一步研究的方向，为其他研究者提供进一步研究的线索。

一篇好的学术论文，除内容新颖、有创新、符合科学性和实用性外，还应注意文字通顺，语法修辞恰当及避免错别字等问题，这些方面同样也反映了作者严谨的科学态度。因此，用词一定要准确、精炼、严谨，切忌使用华丽的修饰和夸张的语言，不要用口头语。论文中要避免使用第一人称，如不要用"我"或"我们"，而用"研究者"或"观察者"等。文中涉及的专有名词或术语要规范，在全文中要前后一致。科研工作结束后，要尽快完成论文的撰写工作，及时向杂志投稿，争取论文及早发表，以便及时进行学术的交流。

第二节 护理经验（体会）论文和个案研究论文的书写方法

护理经验论文和个案研究论文在护理研究中同样占有重要地位，它们可以帮助护理人员交流护理过程中的心得、体会、经验及感受等，具有重要价值。

一、护理经验（体会）论文

(一) 概念

护理经验论文是护理期刊中较常见的一种论文形式，它是护理人员将其对某一护理问题通过长期的护理实践积累而总结出来的护理经验和体会，汇成文字而写成的专业文章。

护理经验论文主要来自于长期护理实践中日常资料的积累，来自于日常临床护理工作的经验和体会。其写作的意义在于将日常护理工作中的经验进行总结，为进一步深入地探讨某一方面的临床护理问题提供参考和线索。

（二）格式与内容

护理经验论文常见的基本格式主要包括：题目、作者和单位、摘要、关键词、正文和参考文献等部分。护理经验论文的正文部分又由前言、临床资料与方法、护理效果、讨论与分析等几部分组成。其结构与护理科研论文格式基本一致。

1. 前言　要求同护理科研论文，但要简述出所采用的护理措施或方法对某种疾病护理的意义和目的，并说明具体的观察时间。

2. 临床资料与方法　重点介绍护理实践中的具体方法，以便于读者了解、学习和借鉴。此部分内容主要包括：① 临床资料：介绍观察对象的基本特征，包括年龄、性别、观察例数、病情介绍和诊断标准；② 护理措施：描述研究者欲着重介绍的本次护理中所使用的各种护理方法和措施，如药物护理方法、心理护理方法、饮食护理方法、手术前后护理方法、仪器护理使用方法、健康教育护理措施、康复护理措施等；③ 介绍护理效果判断的标准。

3. 结果/护理效果　主要叙述采取护理措施后的护理效果，并对观察患者采取护理措施前后的情况进行比较。可以通过典型病例的介绍，从护理对象反馈的情况，反映出护理经验的意义和价值，也可同时有一些必要的数据帮助说明护理的效果。

4. 讨论与分析　主要分析和解释产生护理效果的原因和作用机制，同时也可以与以往的护理方法或措施相比较，在分析的基础上得出一定的护理经验和结论。在进行分析和解释时，应结合一定的理论依据来进行说明，以增加该护理方法的科学性，提高论文的学术水平，并能由此总结出新的认识和观点。

（三）论文实例分析

题目：老龄高血压患者的社区干预护理体会

【前言部分】

原文：

加强社区的卫生保健，是医院卫生工作发展的重要组成部分。高血压是一种常见病和多发病，也是引起脑卒中和冠心病的危险因素，老龄高血压患者除坚持药物治疗外，加强社区卫生保健对于减少高血压并发症甚为重要。

分析：

此护理经验论文的前言较为简洁，介绍了所采用的护理措施或方法是"加强老龄高血压患者的社区卫生保健"，其护理的意义和目的是"加强社区卫生保健对于减少高血压并发症甚为重要"。欠缺的是前言中对具体观察时间未作介绍。

【临床资料与方法部分】

原文：

1. 临床资料

1.1　一般资料　选择老龄高血压患者351例，其中60～70岁106例，70岁以上245例。男247例，其中曾有吸烟饮酒史者109例，单纯吸烟者32例，只饮酒者26例。女104例，其中有吸烟史者25例，有饮酒史者18例。高血压病程1～10年207例，11～20年93例，20年以上51例。心脑血管意外事件史：中风9例，心肌梗死5例。

1.2　老龄高血压患者的心理特点　人到老年，随着机体各种功能的衰退，生理和心理活动发生一系列的变化，离退休影响、新老疾病的困扰等易产生孤独感、怀旧感、失落感和忧郁感，进而加重高血压的病情。因此，要根据老年人的心理特点进行疏导工作。

1.3 老龄高血压患者的健康需求 随着年龄的增加，血压逐渐增高，且波动性大，影响健康。老人们对自身的健康状况越来越重视，希望能够经常得到有关健康方面的指导和帮助，以达到强身健体、改善生活质量的目的。我们举办的卫生保健讲座和咨询活动，95％以上的高血压患者积极参加，学习有关高血压卫生保健和饮食的知识。

2. 社区康复护理的操作程序

2.1 建立社区康复指导机构 由心血管内科医师1人，护理人员3人组成。

2.2 社区康复护理的操作方法

2.2.1 建立老龄高血压患者的个人健康档案，有详细体检与实验室资料，便于掌握他们的健康状况。

2.2.2 定期巡诊 每周星期一定期测量血压和体检，如有特殊情况随诊。每年发放宣传资料2 100份，开展咨询和健康讲座每月1~2次，接受咨询3 000人次。将医疗、保健、康复和饮食咨询指导融为一体，指导老年人注意休息和适当活动，戒烟忌酒，清淡低盐低脂饮食等，为他们提供全面的社区卫生保健服务。

2.2.3 建立保健卡 我们为每位高血压患者设立保健卡，将他们的健康状况、主要疾病、用药禁忌、家庭地址、联系电话等内容编在保健卡上，以便联系和应急处理。

2.2.4 开设家庭病床 开设家庭病床11张，专人上门提供病情观察、导尿、按摩、肢体功能锻炼等康复服务。

2.2.5 会同社区和家庭进行思想精神护理，加强与家人和居委会的沟通，取得支持和配合。协助居委会开设老年人协会，开展象棋、书法、保健操、歌咏、舞蹈、文艺晚会等有益的文化娱乐活动，倡导健康的生活方式，保持乐观的情绪，增强老年人战胜疾病的信心。

分析：

本文的"资料与方法"分两部分介绍，即"临床资料"和"社区康复护理的操作程序"。在"临床资料"部分作者介绍了选择研究对象的情况，并重点介绍了老年高血压患者的心理特点和健康需求。"社区康复护理的操作程序"部分对具体的操作方法作了详细说明，包括建立社区康复指导机构、建立个人健康档案、定期巡诊、建立保健卡等，使读者明确具体的操作步骤，便于经验的推广；不足之处是未明确介绍护理效果判断的标准。

【结果/护理效果部分】

原文：

3. 结果

通过我们进行社区保健干预，350例老龄高血压患者，在连续3年的社区健康服务中，只有3例出现血压波动需进一步临床治疗，其余病例的血压都基本控制在正常范围内，未发生心脑血管意外事件。

分析：

结果部分作者对研究对象的血压控制情况和并发症发生情况进行了介绍，说明社区康复护理的应用取得了较好的护理效果。

【讨论与分析部分】

原文：

4. 讨论

高血压病发病率颇高，且呈现群体发病现象，应用群体的方法来防治，可取得良好的效果。国内外经验表明控制高血压最有效的方法是社区防治，其主要目标是在一般人群中预防高血压的发生，在高危人群中降低血压水平，提高高血压患者的管理率、服药率和控制率，最后减少并发症发生[1]。普及社区健康，需要全科医务人员做大量工作。

高血压病最易发生心脑血管意外事件，最常见的并发症是脑血管意外，其次是高血压性心脏损害或心力衰竭，再次是肾功能衰竭。[2]倘若开展经常性的社区健康服务，使血压能经常保持正常，则不易发生心脑肾等并发症。

高血压病是可预防的，健康的生活方式、合理的饮食、控制体重、低盐饮食、适量运动、戒烟忌酒和心理平衡，可降低高血压的发病率。在社区干预过程中，医务人员与患者保持经常性接触，缓冲患者的紧张情绪，及早发现病情变化，及时采取相应对策，防患于未然。因为同患者密切的交谈中，可以疏泄其焦虑或抑郁情绪，所以心理治疗是无形的药物[3]。同时也增进了患者对高血压病知识的了解，提高患者战胜疾病的信心。为了更有效地防治高血压病，尚要重视心理和社会环境，运用生物—心理—社会的现代医学模式，积极开展公共教育、专业人员教育和高血压患者教育，是社区健康教育的重要内容。

参考文献（3篇，略）

分析：

讨论部分作者主要分析和解释产生护理效果的原因："高血压病呈现群体发病现象，应用群体的方法来防治，可取得良好的效果"；且"国内外经验也表明控制高血压最有效的方法是社区防治"。文章的讨论部分对得出的经验和结论进行了很好的概括和分析。

在撰写护理经验论文时，也可以把护理效果和体会合为一段进行书写，重要的是要把"如何做的"、"这样做的效果"、"为什么会有此效果"和由此得出的体会介绍出来，以供他人借鉴。注意切忌将护理经验论文写成工作汇报形式，否则会降低论文的学术性。

二、个案研究论文

（一）个案研究的概念

个案研究（case study）是针对个案护理（case nursing）的资料进行研究，了解资料的内涵，探讨未知领域或对新措施、新理论进行深入分析，写出论文的过程。

个案研究属于质性研究的一种。所谓个案，从广义而言可指特定的个人、家庭、团体或社区，把它们看作一个整体进行研究。某些时候，在研究样本来源有困难而无法进行大样本研究时，也可选用个案研究方法对少量样本进行探讨，如有关社区中吸毒患者、艾滋病患者等方面的护理研究。个案研究的资料可来源于样本的互动过程或病历记录，也可采用各种测量工具和收集资料的方法，如问卷法、访谈法、观察法等，取得资料进行分析和解释，在此基础上还可提出进一步的研究方向和可行性。由于个案研究侧重对少量样本进行深入分析和解释，所以资料收集要求尽可能丰富和全面，研究结果虽较难大规模推广，但可获得一些新观点、新知识，并可为进一步研究提供依据。

由于护理工作的服务对象是人，而人是存在个体差异的，每个人都有各自不同的生理、心理和社会背景，所以个案研究可以对一个病例个体化护理的经验和问题进行研究，总结护士做过的工作和从中得出的经验或体会。同时也可以通过对个案护理中罕见事件的观察或对反常规事件的研究，重新认识原有的理论，并提出新的观点和见解。为揭示事物的内在规律和本质提供新的线索和参考依据。

（二）个案研究的步骤

个案研究过程可按以下步骤进行：

1. 选定研究对象　个案研究选择的研究对象，要求为研究者至少每天都可以观察到的个案，以便于连续观察和获得详细资料。如在社区工作中，护理研究人员可以选择其所服务的社区中的患者、特殊的家庭或者社区中的某一特殊群体作为研究个案。

2. 找出个案的健康问题或有关的护理诊断　以文献资料和有关护理理论或概念框架为依据，从健康问题中确定研究问题和目的。

3. 针对研究问题制定相应的护理计划和护理措施　在护理计划的实施过程中，应密切观察和详细记录个案的变化。

4. 整理结果或护理效果。

5. 做出评价　结合护理理论或概念框架，评价护理效果，引出新的观点和认识。

（三）个案研究论文的书写格式和内容

个案研究论文书写格式多样，如国外的个案研究文章联系面广，注重密切联系护理理论和概念。一般而言，个案研究论文的撰写格式主要按护理程序思路进行资料组织和论文写作。

个案研究论文主要由文题、作者署名、摘要、关键词、正文和参考文献几部分内容组成。其中文题、作者署名、摘要、关键词、参考文献等部分的要求与护理科研论文中的要求相一致，其正文写作格式如下。

1. 序言　序言部分内容包括提出本文研究问题的依据和写论文的目的，及所选定个案的情况介绍。介绍个案的要点应与文章后面护理计划和措施所要解决的问题相呼应，不要过多叙述医生做的事，应多选与护理有关的内容进行介绍。

2. 对个案进行评估，提出研究问题　本段应扼要描述护理评估的主要内容，提出要研究的护理问题或者基于评估基础上所做出的护理诊断。针对确定的护理问题，定出相应的护理计划，并提出具体目标，如近期（几天内）做什么，远期（几周）做什么，达到什么目标等，对护理措施的完成时间和内容都应有具体介绍。

3. 护理效果　通过列表或文字叙述报告护理效果，叙述要真实，有依据和有比较。

4. 评价效果　对研究中的护理计划的实施结果，需要结合相关护理理论进行评价，在护理目标和实际结果之间进行比较，通过个案情况的变化来判断效果，从中获得新知识和新观点，以指导临床实践。

如前所述，个案研究论文的最后部分为参考文献。在个案研究中阅读文献是很重要的，因个案研究论文的写作要求密切结合相关理论。复习文献内容直接关系到个案研究论文的水平，所以在论文的最后应把主要参考文献列出，供读者查阅。

（四）论文实例分析

题目：1例糖尿病足大面积溃疡患者的护理

【前言部分】

原文：

糖尿病足是糖尿病的严重并发症之一，处理不当有截肢的危险。[1]我科收治了1例非胰岛素依赖型糖尿病合并糖尿病足、并伴有双足严重感染的患者，经采用清得佳凝胶对患肢的创面湿式愈合处理，配合控制血糖、抗感染、中药活血化瘀等一系列综合治疗，取得了满意的疗效。2个月后，患者避免了截肢，伤口愈合好，痊愈出院，现将护理体会报告如下。

1 病例介绍

患者男，55岁，工人，糖尿病史5年，不规律服药，血糖控制不稳定。自用远红外线理疗器照射双足后，引起双足背部皮肤灼伤，逐渐加重，导致溃烂1个月，门诊入院。入院诊断：非胰岛素依赖型糖尿病合并双足感染。入院后查体，双下肢皮肤苍白，主诉有麻木、静止痛，为典型的糖尿病足表现[2]。双足背部创面水肿溃烂，化脓，坏死，无脉搏搏动。创面有大量渗出，伴有恶臭，左足背部伤口面积8 cm×6.5 cm，深度2 cm，右足背部伤口8.5 cm×7.0 cm，深度2.5 cm，实验室检查（入院后第1天）空腹血糖289 mg/dl（正常值80～120 mg/dl），餐后2h血糖325 mg/dl（正常值80～200 mg/dl），血酮体（-），尿糖（+++），尿蛋白（++），尿素氮31 mg/dl（正常值<20 mg/dl）。

入院后用短效胰岛素皮下注射控制血糖，并给予抗感染治疗，用青霉素静脉滴注2次/天。辅以中药汤剂予以活血化瘀、清热解毒、祛腐生肌，1剂/天水煎服，连服14 d。双足溃疡伤口给予清创处理后，局部以创面湿润治疗为主，经过医护积极配合，2个月后患者伤口愈合。

分析：

作者在序言部分提出了选择本文研究问题的依据："糖尿病足是糖尿病的严重并发症之一，处理不当有截肢的危险"，所以作者选择此方面的问题进行研究和探讨。个案研究论文选择的研究个案应具有典型性或特殊性，序言部分应包括病历简介，描述患者的病情和健康问题等，介绍的内容要和后面确定需要研究的护理问题和护理措施相呼应，临床表现最好按时间顺序进行描述。切忌将原始病历照搬，避免各种非客观性、怀疑或推测性语句。应将有特殊意义的症状、体征、检查结果等详细描述，突出重点。

【护理方法部分】

2 护 理

2.1 护理评估

2.1.1 伤口评估

根据患者伤口有无血管、神经病变及感染程度评估为四期[2]。患者足部感染和缺血并存，双足背部大面积溃疡已累及骨组织，创面有大量的渗出，且已有1个半月的溃烂史，如果创面得不到及时控制，可致趾端缺血、继发感染而导致坏疽，截肢将不可避免。

2.1.2 全身情况

本例患者血糖控制差，空腹血糖及餐后血糖均高于200 mg/dl。Juile[2]认为，血糖升高直接影响伤口愈合，若血糖不能降至200 mg/dl，无论采用何种方法，伤口也难以愈合。患者入院第3天的双下肢血管彩色多普勒超声检查报告显示：双下肢以下深静脉回流不畅，双下肢足背动脉闭塞。这种状况容易造成组织灌注不足而延误伤口愈合，而患者又患有糖尿病肾病，要求低蛋白饮食，蛋白质的摄入量控制在每日每公斤0.8 g以内，但蛋白质是伤口愈合过程中最重要的营养素。上述因素成为我们护理伤口中的重大难题之一。

2.1.3 心理因素

负性心理强烈，影响伤口愈合。患者正值壮年，面对截肢的危险出现紧张、惧怕、焦虑等负性心理，影响睡眠和食欲。另一方面，患者爱人已病退在家，家中尚有父母、幼子、幼女需要抚养，而患者是司机，截肢后将面临失业，如此巨大的家庭经济压力，使患者心理负担很重。

2.2 护理措施

与我科医生共同讨论病历,在医生采用综合治疗基本控制血糖的同时,我们对伤口进行了如下护理。

2.2.1 创面处理

常规局部消毒后,用无菌剪刀剪去坏死组织,其原则是:与正常组织结合疏松的先清除,干性坏死组织后清除。清除坏死组织以不损伤正常组织或不出血为宜。对坏死组织过多的创面采用"蚕食法",即少量多次清创。用无菌生理盐水冲净创面,并用无菌纱布蘸干。

2.2.2 优选伤口护理方法

伤口护理采用的是本科近5年的压疮护理研究取得的成功经验。具体做法是:先用生理盐水涡流式冲洗伤口,保护创面免受机械性损伤,然后挤入清得佳凝胶,用压舌板抹平凝胶,凝胶厚度1 cm,用药面积大于创面2~3 cm,其上覆盖可吸性敷料(水合纤维素空腔敷料),用以吸收过多的渗液以加速伤口愈合,最后用安舒妥透明敷料封闭伤口。保护创面,隔绝细菌侵入,避免伤口污染。根据伤口渗液量,前5 d,每日换药1~2次,6~14 d时创面渗出减少,创面开始缩小,改为隔日换药,14 d后新生的肉芽组织已生长,皮肤的浸渍也很少,1周换药2次,且不用可吸性敷料。28 d后每周换药1次,40 d后伤口直接用封闭性敷料覆盖。指导患者换药后卧床,伸直肢体,患肢抬高,促进肢端的血液回流。同时在整个治疗过程中,坚持患者穿拖鞋,少走路,尽量不压迫双足背部伤口。结果:左足创面57 d完全愈合,右足创面62 d完全愈合,均无瘢痕。

2.2.3 控制血糖,饮食护理是关键

正确的饮食指导是控制血糖的基础,我们参照"DM食品交换份"[3]、"DM营养治疗原则与膳食指南"[4],在不增加肾脏负担的前提下,合理安排饮食,与营养师共同商量饮食计划。每日主食可供选择的品种有:高粱米、玉米渣、荞麦面、燕麦片、各种挂面、通心粉、大米、小米。每日总热量1600大卡。为促进伤口愈合每日保证2个鸡蛋,鱼汤(100 g)。具体安排如下:早餐,牛奶/豆浆250 ml、鸡蛋1个(60 g)、主食1两;午餐,瘦肉类75 g、鱼汤100 g、蔬菜300 g、主食2两;晚餐,鸡蛋1个(60 g)、蔬菜300 g、主食2两。劝阻患者尽量不吃水果,或少吃苹果、李子、橘子等,可在两餐之间或睡前将水果作为加餐。并增加膳食纤维(如芹菜等青菜),用粗杂粮替代精细粮,以延续餐后2 h血糖的升高。经过医患的积极配合,患者的血糖水平控制在正常范围内,促进了伤口的早日愈合。

2.2.4 心理支持

调动患者的正性心理。向患者说明负性心理对伤口愈合的影响,以及正性心理对调动机体免疫力的作用。采用心理疏导和正面鼓励的方法调动患者的正性心理,如每次换药将创面好转的信息反馈给患者和家属,形成一种良好的心理氛围。同时注意调动患者的主观能动性,建立共同参与的新型护患关系。

分析:

本部分中作者首先按照护理程序对个案进行评估,提出研究个案存在的主要护理问题:双足背部大面积溃疡、血糖控制差和负性心理强烈。针对确定的护理问题,提出相应的护理措施。文中非常详细地介绍了创面处理、伤口护理、饮食护理和心理支持的具体措施,利于读者借鉴。

【护理效果部分】

原文：

3　效果

经过上述护理，血糖控制好（餐后血糖＜200 mg/dl），患者能以乐观的情绪积极配合，因此伤口愈合情况好，第7天创面开始缩小，15天时新生的肉芽组织已生长，1个月时创面明显缩小、红润，新生肉芽组织大部分长全，2个月后伤口愈合，双足背部伤口均符合正常的Ⅱ期愈合标准。[5]

分析：

文中从血糖控制、伤口愈合和患者情绪3个方面对护理效果进行了介绍，与前面护理评估提出的护理问题相对应。

【评价效果部分】

原文：

4　体会

本例采用的伤口护理方法在伤口愈合中起到了关键作用。伤口在湿润环境下愈合是近年来研究最多的一种治疗组织溃烂的新概念。我们采用的清得佳凝胶是一种新型治疗组织溃烂的局部用药，它是一种亲水性凝胶敷料，其中包含77.7%的水、20%的丙二醇以及2.3%改进的羧甲基纤维素聚合体。清得佳凝胶把强力的伤口清洁作用与促进伤口愈合作用结合起来。具有使用简单方便，能够软化吸收溃烂组织和过多分泌物、促进湿式创面愈合等优点，本例患者使用了这种新型伤口愈合方法后，避免了截肢，减轻了患者的痛苦，是一种可取的方法。

传统治疗伤口的方法是尽可能地保持伤口干燥，防止发生细菌感染。沿用至今的纱布敷料使伤口干燥、脱水、结痂，但痂皮中混有一些表皮细胞，这些细胞将被迫移向干燥痂皮下深处，从而延长了伤口愈合过程[6]。创面湿润治疗组织溃烂为现代医学的重要课题，应用近年研究的密封敷料覆盖创面，不形成痂皮，使表皮细胞能很快地随着聚集于伤口与敷料间的渗出物移动到皮肤表层，并能保持创面湿润和自溶作用，简化了创面清创术，这样在伤口愈合过程中不发生继发性损害，而且湿润的创面能保护肉芽颗粒，有助于创面的上皮化[7]。

参考文献（7篇，略）

分析：

论文的最后部分是评价护理效果。本文结合相关理论，并通过与传统的方法相比较，肯定了创面湿润治疗组织溃烂的临床效果。

第三节　护理综述论文的书写方法

护理综述论文是护理论文的一种特殊体裁，是对特定护理主题在特定时间和领域内的情报资料的综合叙述，是作者在阅读大量原始文献后，对文献中提出的或探讨的某些护理问题的进展情况，经过将各种资料归纳、总结、对比、分析和评价，加上自己的观点而写成的一种专题性的学术论文。

一、综述论文的特点

综述论文一般介绍研究的历史背景、前人的工作成就、争论焦点、发展前景，以及作者对某个问题的看法和评论；反映当前某个领域中某分支学科或重要专题的最新进展、学术见解和建议；反映有关问题的新动态、新原理和新技术等。目的是帮助读者在较短的时间内了解该专题的情况、最新进展、当前急需解决的问题等。学术界对某专题存在一些争论时，如能撰写一篇好的综述，则可使读者对争论焦点更加清晰，同时作者也可以陈述自己的某些观点；某个问题有新突破或新进展时，如撰写一篇综述，不仅可以了解新知识，而且可从中汲取经验。经常撰写文献综述，可以培养归纳、整理、分析的思维能力，并系统全面地了解某专题或某疾病的有关问题和指导开展新工作或新科研课题。同时，综述还是科学研究选题和立题的基础，开题报告前常需借助综述提供科学的信息资料。因此文献综述的撰写非常重要。

综述论文的特点主要体现在"综、述"二字上，所谓"综"即综合、归纳文献中有实用价值、有见解的新材料，将大量分散、重复、甚至论点相异的有关某一专题的材料加以汇集整理，并具体指出它们的异同点，也就是进行文献横向的对比综合；经过作者的综合分析、归纳整理，而使材料更精炼、更明确、更有层次和更有逻辑，这也是综述论文的核心、精髓。所谓"述"即是结合作者的观点和实践经验对文献的观点、结论进行述评、分析，对以前的研究工作做适当的评价，阐明自己的观点，同时对该课题的未来发展方向及研究重点加以预测。

综述论文与科研论文的区别主要在于综述论文资料来自文献，而科研论文资料数据是由研究者通过科研设计，自己收集到的。撰写综述论文是积累、理解和传播资料的过程，可使作者和读者对所论述的问题的发生、发展、历史背景和现状的来龙去脉有一个比较完整的了解，也是培养资料综合能力和提高科研能力的过程。

二、综述论文的写作步骤

（一）选题

能否写出高质量的综述论文，选题恰当与否至关重要，原则上应结合实际需要，选自己实践经验较丰富的课题，应避免重复他人已发表的文献综述。一篇综述论文应有其信息占有量和实用价值。一般综述论文选题来源有：① 可从实际工作或科研工作中发现某方面问题需要归纳；② 某护理问题的研究近年来发展较快，需要综合评价；③ 从掌握的大量文献中选择本学科的新理论、新技术或新动向的题目；④ 与自己科研内容和方向有关的题目。

综述选题时，还要注意以下几点：① 题目要明确具体，选题的范围不宜太大，越具体越容易收集文献，写作目的也越明确，容易深入。如选题"肺癌治疗的研究进展"，其写作内容要包括肺癌的手术治疗、化疗、免疫治疗、中医治疗等所有与肺癌治疗有关的内容，题材很大。若根据作者的经验和掌握资料的情况，只写"肺癌中医治疗的研究进展"，或"肺癌手术治疗的研究进展"，就很具体，容易写清楚和透彻；② 题目要结合自己的工作，只有在自己熟悉的工作范围内才能写出切合实际的文章；③ 要注意客观条件，确定文献的来源是否充足，是否有保证；④ 题目要有创新、有实用价值。

（二）收集资料

综述论文题目确定之后，即应在可能的范围内广泛收集有关的中文和外文文献资料。文献资料是撰写综述的基础，围绕中心内容的文献越多越全越好。参考文献的多少常被作为衡量一篇综述文章价值的指标之一。选择文献应先看近期的（近 2~3 年），后看远期的。在收集资料时，应注意所收集到的资料应具备以下特点：① 选材重点放在新资料上，并注意资料的权威性。必要时，也可选用年代较远的，但在该领域较权威的资料；② 选择具有代表性和典型的材料；③ 可适当引用一些不同观点的资料。

（三）整理资料

资料收集全后，首先要进行阅读整理、去粗取精。在广泛阅读资料的基础上，再深入复习几篇具有代表性的文章，注意必须找到原文阅读，特别是有权威性的文献应细读。在阅读文献过程中应做好读书卡片或笔记，为综述成文做好准备。阅读文献要达到以下目的：① 充分了解学术界在此专题方面的发展情况；② 了解与该题目有关的一些材料，为撰写综述打下基础；③ 在阅读过程中，了解他人的写法，给自己写综述提供参考。

（四）撰写

就文献综述撰写工作而言，一般是阅读和收集文献的时间较长，一旦开始撰写，即应在短期内完成初稿，在初稿每一页应留有一定空白，以便再补充文献，进行下一步的整理修改，最后形成全文。综述文章的完成虽然依靠大量的资料，但决不是文献资料的罗列堆积，而是一种知识再创造的学术过程，是在作者掌握一定数量的文献资料后，先把文献归类，从中选出有理论和实践意义的资料作为参考，在舍弃一些意义不大的内容后，先列出文献综述的书写提纲，如确定前言写什么、中心部分分几个大标题、下面又有几个分标题、应介绍什么内容、小结的内容写什么等，使文章大体有个轮廓，然后根据此提纲进行写作，切忌将文献综述写成"剪贴"式的文章。

三、综述论文的书写格式及内容

综述论文的文题、作者署名、摘要、关键词等部分的书写要求与科研论文相一致。正文写作格式如下。

（一）引言（前言）部分

主要说明综述的立题依据和综述目的，介绍有关概念或定义和讨论范围，并介绍综述的有关护理问题的现状、存在问题、争论的焦点和发展趋势等。前言应起到概况和点明主题的作用，使读者对综述内容有一个初步了解。前言部分不宜过长，文句要简练，重点突出。

（二）中心部分

中心部分是综述论文的主体部分，也是综述全文的重点。这部分内容包括提出问题、分析问题和解决问题的过程，通过比较各专家学者的论据，结合作者自己的研究成果、经验和观点，从不同角度来阐述有关护理问题的历史背景、现状、争论焦点或存在问题、发展方向和解决办法等。主体部分无固定的写作格式，一般由作者在列出的写作提纲中确定几个要论述的问题，分段叙述。内容要紧扣主题，要有根据，切忌主观臆断。在写作过程中要引用各种文献资料来帮助说明问题，引文资料的选择要具有理论和实践意义，要有创新的内容，并且比较成熟可靠。引用他人资料要严肃，不可歪曲原作精神，要尊重别人的工作。论述问题要明确，对不同观点一般将肯定的意见写在前面，否定的见解写在后面，作者还可结合自己的研究和工作经验发表观点。注意避免只片面描写符合自己观点的资料。

（三）小结

小结部分要对文章的主要内容扼要地做出总结，应与前言部分相呼应。对有关论述的问题、存在的问题和今后研究方向，作者可提出自己的观点和见解。注意对有争议的学术观点，小结时用词要恰如其分、留有余地。

(四) 参考文献

参考文献是综述论文的重要组成部分。因为综述论文写作内容主要依据参考文献而来，故综述列出的文献量要比一般科研论文多，一般杂志要求综述文献列出 10~20 篇左右。参考文献可标明所引用资料的来源，进而体现综述的可信度，有利于读者据此去查阅原始文献，同时作者的版权也受到了保护和尊重。引用文献的基本原则有：① 必须是作者亲自阅读的较新、较有价值的参考文献；② 尽量选用权威性如核心期刊发表的文献；③ 尽量引用一次性文献，不选用未公开发表的文献，避免引用或少引用教材或专科书的资料，因为其为二次文献，时效性较差；④ 选用权威、知名学者发表的文献。

综述论文初稿完成后，要反复修改和补充，力求完善，包括检查文章内容是否概括了所讨论的护理问题的历史背景，分析推论是否客观，引用文献是否充分等。综述中一般不用图解和照片，若为了说明问题必须用图解时，也需在图的文字叙述中注明"参见原文图解"。综述发表前，最好请有关专家和同行审阅，进行补充和修改，使论点更完善，这也是一种严谨的科学态度。

四、论文实例分析

题目：高血压社区干预研究进展

【引言（前言）部分】

原文：

我国 1991 年对 15 岁以上 94 万人群进行抽样普查，高血压标化患病率为 11.2%，与 1979~1980 年相比，10 年间患病率增加了 25%[1]。目前我国高血压患者已经达到 1.3 亿[2]。高血压是心脑血管病诸多危险因素中最重要的独立危险因素。此外，我国以高血压及并发心、脑血管疾病为主的慢性病医疗费用以每年 17.7% 的速度递增[3]，给国家和个人带来严重的社会问题和沉重的经济负担。国内外关于如何控制高血压进行了大量研究，一致认为高血压流行是一个群体现象，对人群采取适当的干预，可降低高血压的发病率、致残率和死亡率[4]。而社区干预是控制高血压最有效的方法，现对高血压社区干预的研究现状综述如下。

分析：

文章第一段为综述的引言部分，此部分不宜过长，它以简明的文字介绍文章的立题依据和综述目的，它虽不是论文的主体，但读者通过引言部分可了解本文的轮廓，对综述内容有一个初步了解，并引出正文。本文立题的依据为我国高血压的发病率很高，且呈上升趋势；高血压是心脑血管病诸多危险因素中最重要的独立危险因素；医疗费用逐年递增；给国家和个人带来严重的社会问题和沉重的经济负担。说明高血压是威胁人类健康的重大疾病，需要进行研究。且国内外的研究一致认为对人群采取适当的干预，可降低高血压的发病率、致残率和死亡率。所以作者以此为题进行综述。不足之处是未说明综述的目的，如是为社区护理人员进行高血压患者的干预提供参考，还是通过综述找出高血压社区干预的下一步研究方向。

【中心部分】

原文：

1. 社区干预定义及干预策略

高血压社区干预是指对社区内高血压患者进行有计划、有组织的一系列活动,以创造有利于健康的环境,改变人们的行为和生活方式,降低危险因子,从而促进健康,提高高血压患者的生活质量[5]。干预策略采用全人群策略和高危人群策略相结合的方法[6]。全人群策略是指对干预社区内全体人群进行健康教育,减少高血压的发病。高危人群策略是指对高血压患者进行检出、治疗,减少并发症。

2. 社区干预方法

对文献进行分析,可将干预方法概括为以下几种:合作管理、健康教育、行为干预、心理干预等。

2.1 合作管理 也称医患互动式合作管理[3]。社区建有高血压三级管理网络,专人进行逐级检查指导工作。全科医生任干预的主要实施者,为每个患者建立健康档案,定期查体,定期发放健康知识宣传手册。与患者建立固定的联系,定期对患者进行随访和个体化指导。这种服务模式使干预者和患者能保持持久联系,深受患者和家属的欢迎。

2.2 健康教育 目前国内外学者一致认为,健康教育是控制和预防高血压的重要手段[6]。教育形式包括不定期的医学讲座、定期出宣传板报、赠送宣传画页或小册子、组织看录像等。内容上针对高血压危险因素如肥胖、不合理饮食、过量饮酒、负性情绪等以及高血压病因、临床表现、用药、监测血压进行健康教育。在健康教育时,特别重视对女性的教育[7],因为女性的知识行为对家人更有影响,在自己接受干预的同时,也让家人接受干预。

2.3 行为干预 即改变患者不良的生活方式,养成良好的行为习惯。首先建立合理膳食模式[8],限制钠盐的摄入,采用低脂低热量饮食。为动态观察膳食结构的变化,给患者发放日历,记录每天摄入的食物的种类。限制烟酒。在合理饮食的同时,还要经常参加体力劳动和体育锻炼,促进热量的消耗,减少多余的脂肪,控制体重,增强体力[9]。

2.4 心理干预 最常用的干预方法有心理支持和放松疗法。心理支持是针对高血压患者不同的心理症状,用关怀、启发、鼓励、说服等方式[10],有的研究者请心理医师给患者做暗示、预防性谈话、强化性治疗[11],建议患者平时要有一定范围的人际交往,培养自我控制能力,遇事果断,在困难面前不回避,能够扬长避短[12]。放松疗法包括松弛-默想[12]、事件松弛法[12]、气功、太极拳法[12]、放松静坐法[13]、倾听音乐法[13]、兴趣培养法[13]、催眠暗示法[13]、放松训练[14]等。

3. 社区干预效果

3.1 提高高血压患者服药依从性。肖冬梅等[15]通过对老年高血压患者进行社区服药行为干预,干预组的规律服药率提高了60.32%,间断服药率提高了55.81%,与对照组相比差异有显著性。张雅雯等[16]对90例社区高血压患者的护理干预研究结果显示,实验组患者在按时检查、饮食控制、服药方法、自我监测等4个方面行为的遵医率均比对照组患者的高,并且差异有显著性。这些说明通过社区干预,高血压患者对非药物治疗控制高血压知识和对高血压后果的相关知识的知晓率提高,个体能够主动、自觉地改善不良行为,改变了对药物治疗的认识,从而提高了服药依从性。

3.2 对脑卒中发病率和死亡率的影响。20世纪90年代大量文献研究报告表明,社区干预可有效控制脑卒中的发病率和死亡率。方向华等[17]对"中国七城市脑卒中干预试验"的资料作进一步分析,发现3年中干预组脑卒中发病的危险减少了29%,死亡减少了40%。

周艳宏等[18]对长沙市部分社区高血压患者进行综合性干预，结果显示干预组脑卒中发病率下降约50%。

3.3 防止临界高血压转为持续高血压。王育珊等[19]对广州市180例老年临界高血压患者进行社区干预，结果干预组在高血压知识和行为改善方面提高很多。两年后由临界高血压发展成高血压的，干预组为30.89%，对照组为58.70%，干预组确诊为高血压的发病率明显低于对照组，差别有显著性。这说明了社区干预可使患者减轻体重、控制钠盐、戒烟戒酒、适量运动、保持心理平衡，是治疗临界高血压的有效措施。

3.4 建立良好的医患关系。医务人员对高血压患者进行各种知识讲座和心理咨询，走进社区，走进患者家中，甚至进行一对一式个体指导，医患沟通极为便捷，患者在治疗中遇到困难及时得到帮助。

4. 社区干预的实施者

以上大多是社区医生或心理医生的研究结果，护士承担的高血压患者社区干预和对干预的研究不是很多。可能因为我国目前社区护士的角色以二级预防为主，主要护理活动中包括了家访、测血压、健康教育、协助患者进行心电图检查、血化验等[20]。其实护士与患者及家属的接触最频繁、最紧密，这将便于护士有效地进行教育和干预。通过健全社区护理的相关政策、重视护士在社区护理中的作用，加强对社区护士的培训，护士可成为高血压社区护理的主力军。

分析：

此部分是综述的主体部分。主体部分的叙述是没有固定格式的，有的综述是按问题的发展依年份顺序介绍，也有的综述是按问题的现状加以阐述的。一般由若干部分组成，每部分均冠以小标题。不论以何种形式论述，这部分内容均包括论点和论据两大部分。一般是先提出问题，然后围绕所提出的问题进行分析与论述。对于层次或观点较多的内容，可根据撰写目的，分别罗列小标题，组成若干个小部分，然后在每个小标题下论述一个观点、一个事件或一个侧面内容。本文中，"社区干预定义及干预策略、"社区干预方法"、"社区干预效果"和"社区干预的实施者"是作者在文章中论述的主要问题。围绕这几个主要问题，作者从不同角度对高血压的社区干预进行了阐述，并引用大量文献资料对自己的观点进行论述，说明观点的来龙去脉，揭示问题的实质。文章中引用的资料应确切无误，论据、论证充分有力，说理令人信服。对不同观点、甚至相反观点，要客观如实反映。综述者本人的观点也可以在其中进行表明，但不应占主要地位。

【小结部分】

原文：

5. 小结

虽然高血压社区干预的研究已经很多，但仍有研究的空白，例如，如何建立社区干预管理体系？在众多的综合干预手段中，哪种干预手段起到关键性作用？干预的核心是什么？科学、准确、有效的干预评价标准是什么？这些都是亟待解决的问题。总之，开展高血压患者社区干预，帮助高血压患者掌握知识、树立健康观念、建立健康的行为和生活方式、减少危险因素，促进健康和提高生活质量是有必要和有意义的。

参考文献（20篇，略）

分析：

此部分是文章的小结部分。本段对综述的主要内容进行总结，同时作者还提出了自己的观点，"虽然高血压社区干预的研究已经很多，但仍有研究的空白。""开展高血压患者社区干预，帮助高血压患者掌握知识、树立健康观念、建立健康的行为和生活方式、减少危险因素，促进健康和提高生活质量是有必要和有意义的"，并进一步提出了高血压社区干预的研究方向。

本书中所介绍的几种护理论文的书写格式是大多数研究者较常选用的。护理学术论文的内容和形式多样、格式不一，并不要求完全按照一种格式进行写作。提出格式的主要目的是便于研究者在写作过程中组织资料和归纳内容。

（侯淑肖）

附录1 随机数字表

03	47	43	73	36	96	47	36	46	96	63	71	33	26	16	80	60	11	14	10
97	74	24	67	42	81	14	57	42	53	32	37	27	07	36	08	24	51	79	89
55	59	36	64	89	99	63	58	32	09	06	07	23	51	48	78	12	20	03	06
14	18	52	63	01	36	54	21	54	78	89	56	12	32	56	87	54	78	85	25
19	18	25	56	44	39	52	38	27	88	97	54	59	56	78	06	90	96	23	70
84	75	95	65	08	02	73	42	55	41	87	85	52	91	05	70	00	88	75	18
07	41	25	65	21	76	33	50	82	97	77	77	90	96	59	87	91	25	38	05
25	68	95	35	87	35	20	96	87	59	36	22	15	29	39	39	72	23	63	46
14	90	84	45	00	23	52	84	39	00	03	06	07	19	00	71	64	05	71	95
66	67	40	67	56	54	52	01	74	94	80	04	04	33	46	09	04	33	46	09
11	27	94	06	08	96	56	45	09	79	13	77	44	22	78	89	97	60	49	04
11	05	65	09	23	20	25	45	17	53	77	58	16	64	36	16	86	20	50	90
33	96	02	75	05	07	30	52	37	35	99	49	37	00	49	52	13	70	27	14
19	06	09	19	10	45	65	04	57	22	77	16	85	66	60	44	59	56	78	06
68	49	60	10	70	29	17	12	00	45	59	34	38	63	88	11	40	78	33	89
10	45	65	04	13	56	62	18	68	49	20	15	80	68	34	30	48	51	84	08
13	07	51	49	56	02	42	51	51	21	30	02	64	19	87	82	27	55	26	80
58	69	52	35	02	03	99	87	54	84	95	02	02	23	22	65	32	51	44	08
48	78	52	02	01	11	51	48	02	55	87	98	74	85	98	66	47	05	09	36
30	20	51	85	89	63	54	21	63	25	16	45	21	54	84	78	54	65	87	06
58	45	96	82	31	65	82	02	07	60	63	92	22	35	85	15	31	99	73	68
25	36	11	84	12	14	54	28	88	47	22	66	13	09	98	42	90	35	57	29
69	35	01	30	06	35	15	84	24	30	12	48	61	76	62	99	35	80	07	31
08	05	32	21	81	91	72	83	60	58	22	66	59	65	78	52	05	06	27	54
35	26	15	47	59	35	19	18	20	40	10	98	88	75	22	04	16	04	61	78
23	52	07	09	91	80	76	37	04	05	20	10	95	09	72	87	48	51	74	65
65	32	15	29	47	71	70	07	66	33	54	41	90	16	04	97	57	19	02	85
29	38	19	24	25	02	09	06	20	40	10	98	96	93	52	44	76	58	25	02

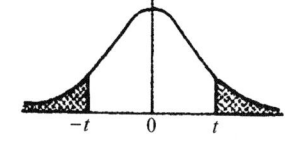

附录2 t 界值表

自由度 ν	单侧: 0.25 双侧: 0.50	0.20 0.40	0.10 0.20	0.05 0.10	0.025 0.05	0.01 0.02	0.005 0.01	0.0025 0.005	0.001 0.002	0.0005 0.001
1	1.000	1.376	3.078	6.314	12.706	31.821	63.657	127.321	318.309	636.619
2	0.816	1.061	1.886	2.920	4.303	6.965	9.925	14.089	22.327	31.599
3	0.765	0.978	1.638	2.353	3.182	4.541	5.841	7.453	10.215	12.924
4	0.741	0.941	1.533	2.132	2.776	3.747	4.604	5.598	7.173	8.610
5	0.727	0.920	1.476	2.015	2.571	3.365	4.032	4.773	5.893	6.869
6	0.718	0.906	1.440	1.943	2.447	3.143	3.707	4.317	5.208	5.959
7	0.711	0.896	1.415	1.895	2.365	2.998	3.499	4.029	4.785	5.408
8	0.706	0.889	1.397	1.860	2.306	2.896	3.355	3.833	4.501	5.041
9	0.703	0.883	1.383	1.833	2.262	2.821	3.250	3.690	4.297	4.781
10	0.700	0.879	1.372	1.812	2.228	2.764	3.169	3.581	4.144	4.587
11	0.697	0.876	1.363	1.796	2.201	2.718	3.106	3.497	4.025	4.437
12	0.695	0.873	1.356	1.782	2.179	2.681	3.055	3.428	3.930	4.318
13	0.694	0.870	1.350	1.771	2.160	2.650	3.012	3.372	3.852	4.221
14	0.692	0.868	1.345	1.761	2.145	2.624	2.977	3.326	3.787	4.140
15	0.691	0.866	1.341	1.753	2.131	2.602	2.947	3.286	3.733	4.073
16	0.690	0.865	1.337	1.746	2.120	2.583	2.921	3.252	3.686	4.015
17	0.689	0.863	1.333	1.740	2.110	2.567	2.898	3.222	3.646	3.965
18	0.688	0.862	1.330	1.734	2.101	2.552	2.878	3.197	3.610	3.922
19	0.688	0.861	1.328	1.729	2.093	2.539	2.861	3.174	3.579	3.883
20	0.687	0.860	1.325	1.725	2.086	2.528	2.845	3.153	3.552	3.850
21	0.686	0.859	1.323	1.721	2.080	2.518	2.831	3.135	3.527	3.819
22	0.686	0.858	1.321	1.717	2.074	2.508	2.819	3.119	3.505	3.792
23	0.685	0.858	1.319	1.714	2.069	2.500	2.807	3.104	3.485	3.768
24	0.685	0.857	1.318	1.711	2.064	2.492	2.797	3.091	3.467	3.745
25	0.684	0.856	1.316	1.708	2.060	2.485	2.787	3.078	3.450	3.725
26	0.684	0.856	1.315	1.706	2.056	2.479	2.779	3.067	3.435	3.707
27	0.684	0.855	1.314	1.703	2.052	2.473	2.771	3.057	3.421	3.690
28	0.683	0.855	1.313	1.701	2.048	2.467	2.763	3.047	3.408	3.674
29	0.683	0.854	1.311	1.699	2.045	2.462	2.756	3.038	3.396	3.659
30	0.683	0.854	1.310	1.697	2.042	2.457	2.750	3.030	3.385	3.646
31	0.682	0.853	1.309	1.696	2.040	2.543	2.744	3.022	3.375	3.633
32	0.682	0.853	1.309	1.694	2.037	2.449	2.738	3.015	3.365	3.622
33	0.682	0.853	1.308	1.692	2.035	2.445	2.733	3.008	3.356	3.611
34	0.682	0.852	1.307	1.691	2.032	2.441	2.728	3.002	3.348	3.601
35	0.682	0.852	1.306	1.690	2.030	2.438	2.724	2.996	3.340	3.591
36	0.681	0.852	1.306	1.688	2.028	2.434	2.719	2.990	3.333	3.582
37	0.681	0.851	1.305	1.687	2.026	2.431	2.715	2.985	3.326	3.574
38	0.681	0.851	1.304	1.686	2.024	2.429	2.712	2.980	3.319	3.566
39	0.681	0.851	1.304	1.685	2.023	2.426	2.708	2.976	3.313	3.558
40	0.681	0.851	1.303	1.684	2.021	2.423	2.704	2.971	3.307	3.551
50	0.679	0.849	1.299	1.676	2.009	2.403	2.678	2.937	3.261	3.496
60	0.679	0.848	1.296	1.671	2.000	2.390	2.660	2.915	3.232	3.460
70	0.678	0.847	1.294	1.667	1.994	2.381	2.648	2.899	3.211	3.435
80	0.678	0.846	1.292	1.664	1.990	2.374	2.639	2.887	3.195	3.416
90	0.677	0.846	1.291	1.662	1.987	2.368	2.632	2.878	3.183	3.402
100	0.677	0.845	1.290	1.660	1.984	2.364	2.626	2.871	3.174	3.390
200	0.676	0.843	1.286	1.653	1.972	2.345	2.601	2.839	3.131	3.340
500	0.675	0.842	1.283	1.648	1.965	2.334	2.586	2.820	3.107	3.310
1000	0.675	0.842	1.282	1.646	1.962	2.330	2.581	2.813	3.098	3.300
∞	0.6745	0.8416	1.2816	1.6449	1.9600	2.3263	2.5758	2.8070	3.0902	3.2905

注：表上右上角图中的阴影部分表示概率 P，以后附表同此。

附录3 χ^2 界值表

自由度 ν	概率 P												
	0.995	0.990	0.975	0.950	0.900	0.750	0.500	0.250	0.100	0.050	0.025	0.010	0.005
1						0.02	0.10	0.45	1.32	2.71	3.84	5.02	6.63	7.88
2	0.01	0.02	0.05	0.10	0.21	0.58	1.39	2.77	4.61	5.99	7.38	9.21	10.60
3	0.07	0.11	0.22	0.35	0.58	1.21	2.37	4.11	6.25	7.81	9.35	11.34	12.84
4	0.21	0.30	0.48	0.71	1.06	1.92	3.36	5.39	7.78	9.49	11.14	13.28	14.86
5	0.41	0.55	0.83	1.15	1.61	2.67	4.35	6.63	9.24	11.07	12.83	15.09	16.75
6	0.68	0.87	1.24	1.64	2.20	3.45	5.35	7.84	10.64	12.59	14.45	16.81	18.55
7	0.99	1.24	1.69	2.17	2.83	4.25	6.35	9.04	12.02	14.07	16.01	18.48	20.28
8	1.34	1.65	2.18	2.73	3.49	5.07	7.34	10.22	13.36	15.51	17.53	20.09	21.95
9	1.73	2.09	2.70	3.33	4.17	5.90	8.34	11.39	14.68	16.92	19.02	21.67	23.59
10	2.16	2.56	3.25	3.94	4.87	6.74	9.34	12.55	15.99	18.31	20.48	23.21	25.19
11	2.60	3.05	3.82	4.57	5.58	7.58	10.34	13.70	17.28	19.68	21.92	24.72	26.76
12	3.07	3.57	4.40	5.23	6.30	8.44	11.34	14.85	18.55	21.03	23.34	26.22	28.30
13	3.57	4.11	5.01	5.89	7.04	9.30	12.34	15.98	19.81	22.36	24.74	27.69	29.82
14	4.07	4.66	5.63	6.57	7.79	10.17	13.34	17.12	21.06	23.68	26.12	29.14	31.32
15	4.60	5.23	6.27	7.26	8.55	11.04	14.34	18.25	22.31	25.00	27.49	30.58	32.80
16	5.14	5.81	6.91	7.96	9.31	11.91	15.34	19.37	23.54	26.30	28.85	32.00	34.27
17	5.70	6.41	7.56	8.67	10.09	12.79	16.34	20.49	24.77	27.59	30.19	33.41	35.72
18	6.26	7.01	8.23	9.39	10.86	13.68	17.34	21.60	25.99	28.87	31.53	34.81	37.16
19	6.84	7.63	8.91	10.12	11.65	14.56	18.34	22.72	27.20	30.14	32.85	36.19	38.58
20	7.43	8.26	9.59	10.85	12.44	15.45	19.34	23.83	28.41	31.41	34.17	37.57	40.00
21	8.03	8.90	10.28	11.59	13.24	16.34	20.34	24.93	29.62	32.67	35.48	38.93	41.40
22	8.64	9.54	10.98	12.34	14.04	17.24	21.34	26.04	30.81	33.92	36.78	40.29	42.80
23	9.26	10.20	11.69	13.09	14.85	18.14	22.34	27.14	32.01	35.17	38.08	41.64	44.18
24	9.89	10.86	12.40	13.85	15.66	19.04	23.34	28.24	33.20	36.42	39.36	42.98	45.56
25	10.52	11.52	13.12	14.61	16.47	19.94	24.34	29.34	34.38	37.65	40.65	44.31	46.93
26	11.16	12.20	13.84	15.38	17.29	20.84	25.34	30.43	35.56	38.89	41.92	45.64	48.29
27	11.81	12.88	14.57	16.15	18.11	21.75	26.34	31.53	36.74	40.11	43.19	46.96	49.64
28	12.46	13.56	15.31	16.93	18.94	22.66	27.34	32.62	37.92	41.34	44.46	48.28	50.99
29	13.12	14.26	16.05	17.71	19.77	23.57	28.34	33.71	39.09	42.56	45.72	49.59	52.34
30	13.79	14.95	16.79	18.49	20.60	24.48	29.34	34.80	40.26	43.77	46.98	50.89	53.67
40	20.71	22.16	24.43	26.51	29.05	33.66	39.34	45.62	51.80	55.76	59.34	63.69	66.77
50	27.99	29.71	32.36	34.76	37.69	42.94	49.33	56.33	63.17	67.50	71.42	76.15	79.49
60	35.53	37.48	40.48	43.19	46.46	52.29	59.33	66.98	74.40	79.08	83.30	88.38	91.95
70	43.28	45.44	48.76	51.74	55.33	61.70	69.33	77.58	85.53	90.53	95.02	100.42	104.22
80	51.17	53.54	57.15	60.39	64.28	71.14	79.33	88.13	96.58	101.88	106.63	112.33	116.32
90	59.20	61.75	65.65	69.13	73.29	80.62	89.33	98.65	107.56	113.14	118.14	124.12	128.30
100	67.33	70.06	74.22	77.93	82.36	90.13	99.33	109.14	118.50	124.34	129.56	135.81	140.17

附录4 T界值表（两样本比较的秩和检验用）

	单侧	双侧
1行	$P=0.05$	$P=0.10$
2行	$P=0.025$	$P=0.05$
3行	$P=0.01$	$P=0.02$
4行	$P=0.005$	$P=0.01$

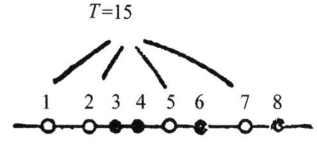

n_1 (较小 n)	\\				n_2-n_1						
	0	1	2	3	4	5	6	7	8	9	10
2				3—13	3—15	3—17	4—18	4—20	4—22	4—24	5—25
						3—19	3—21	3—23	3—25	4—26
3	6—15	6—18	7—20	8—22	8—25	9—27	10—29	10—32	11—34	11—37	12—39
		6—21	7—23	7—26	8—28	8—31	9—33	9—36	10—38	10—41
			6—27	6—30	7—32	7—35	7—38	8—40	8—43
				6—33	6—36	6—39	7—41	7—44
4	11—25	12—28	13—31	14—34	15—37	16—40	17—43	18—46	19—49	20—52	21—55
	10—26	11—29	12—32	13—35	14—38	14—42	15—45	16—48	17—51	18—54	19—57
		10—30	11—33	11—37	12—40	13—43	13—47	14—50	15—53	15—57	16—60
			10—34	10—38	11—41	11—45	12—48	12—52	13—55	13—59	14—62
5	19—36	20—40	21—44	23—47	24—51	26—54	27—58	28—62	30—65	31—69	33—72
	17—38	18—42	20—45	21—49	22—53	23—57	24—61	26—64	27—68	28—72	29—76
	16—39	17—43	18—47	19—51	20—55	21—59	22—63	23—67	24—71	25—75	26—79
	15—40	16—44	16—49	17—53	18—57	19—61	20—65	21—69	22—73	22—78	23—82
6	28—50	29—55	31—59	33—63	35—67	37—71	38—76	40—80	42—84	44—88	46—92
	26—52	27—57	29—61	31—65	32—70	34—74	35—79	37—83	38—88	40—92	42—96
	24—54	25—59	27—63	28—68	29—73	30—78	32—82	33—87	34—92	36—96	37—101
	23—55	24—60	25—65	26—70	27—75	28—80	30—84	31—89	32—94	33—99	34—104
7	39—66	41—71	43—76	45—81	47—86	49—91	52—95	54—100	56—105	58—110	61—114
	36—69	38—74	40—79	42—84	44—89	46—94	48—99	50—104	52—109	54—114	56—119
	34—71	35—77	37—82	39—87	40—93	42—98	44—103	45—109	47—114	49—119	51—124
	32—73	34—78	35—84	37—89	38—95	40—100	41—106	43—111	44—117	45—122	47—128
8	51—85	54—90	56—96	59—101	62—106	64—112	67—117	69—123	72—128	75—133	77—139
	49—87	51—93	53—99	55—105	58—110	60—116	62—122	65—127	67—133	70—138	72—144
	45—91	47—97	49—103	51—109	53—115	56—120	58—126	60—132	62—138	64—144	66—150
	43—93	45—99	47—105	49—111	51—117	53—123	54—130	56—136	58—142	60—148	62—154
9	66—105	69—111	72—117	75—123	78—129	81—135	84—141	87—147	90—153	93—159	96—165
	62—109	65—115	68—121	71—127	73—134	76—140	79—146	82—152	84—159	87—165	90—171
	59—112	61—119	63—126	66—132	68—139	71—145	73—152	76—158	78—165	81—171	83—178
	56—115	58—122	61—128	63—135	65—142	67—149	69—156	72—162	74—169	76—176	78—183
10	82—128	86—134	89—141	92—148	96—154	99—161	103—167	106—174	110—180	113—187	117—193
	78—132	81—139	84—146	88—152	91—159	94—166	97—173	100—180	103—187	107—193	110—200
	74—136	77—143	79—151	82—158	85—165	88—172	91—179	93—187	96—194	99—201	102—208
	71—139	73—147	76—154	79—161	81—169	84—176	86—184	89—191	92—198	94—206	97—213

附录 5 问卷示例

问卷编号_____

调查日期_____

1. 年龄_____岁
2. 性别： ① 男； ② 女
3. 民族： ① 汉族； ② 其他_____
4. 文化程度： ① 小学或以下； ② 初中； ③ 高中或中专； ④ 专科及以上
5. 您是否患有以下慢性疾病（可多选）：
   ① 高血压； ② 糖尿病； ③ 心血管疾病； ④ 脑血管疾病； ⑤ 其他_____
6. 下列是一些人们常常用来描述他们自己的陈述，请阅读每一个陈述，然后在右边的适当选项上打"√"，来表示你<u>最近 1 周内</u>最恰当的感觉。

您的感觉	很少	有些	中等程度	非常明显
1. 我觉得比平常紧张和着急				
2. 我无缘无故地感到害怕				
3. 我容易心里烦乱或觉得惊恐				
4. 我觉得我可能将要发疯				
5. 我觉得一切都很好，也不会发生什么不幸				
6. 我手脚发抖打颤				
7. 我因为头痛，颈痛和背痛而苦恼				
8. 我感觉容易衰弱和疲乏				
9. 我觉得心平气和，并且容易安静坐着				
10. 我觉得心跳很快				
11. 我因为一阵阵头晕而苦恼				
12. 我有晕倒发作或觉得要晕倒似的				
13. 我呼气吸气都感到很容易				
14. 我手脚麻木和刺痛				
15. 我因为胃痛和消化不良而苦恼				
16. 我常常要小便				
17. 我的手常常是干燥而温暖的				
18. 我脸红发热				
19. 我容易入睡并且睡得很好				
20. 我做恶梦				

7. 您对护理工作有什么意见和建议_____

主要参考文献

1. 肖顺贞. 护理学研究. 长沙：湖南科学技术出版社，2001.
2. 肖顺贞. 护理研究. 第3版. 北京：人民卫生出版社，2006.
3. 杜敏士. 护理研究. 第6版. 台北：华杏出版社，1997.
4. 梁万年. 医学科研方法学. 北京：人民卫生出版社，2002.
5. 郭秀花. 实用医学调查分析技术. 北京：人民军医出版社，2005.
6. 李竹，郑俊池. 新编实用医学统计方法与技能. 北京：中国医药科技出版社，1998.
7. 方积乾，孙振球. 卫生统计学. 第5版. 北京：人民卫生出版社，2005.
8. 李立明，黄悦勤. 临床流行病学. 北京：人民卫生出版社，2002.
9. 孙振球，徐勇勇. 医学统计学. 北京：人民卫生出版社，2002.
10. 梁万年. 临床医学研究方法. 北京：北京科学技术出版社，2002.
11. 陈平雁，黄浙明. SPSS 13.0统计软件应用教程. 北京：人民卫生出版社，2005.
12. 马斌荣. SPSS for Windows Ver. 11.5在医学统计中的应用. 第3版. 北京：科学出版社，2004.
13. 王克芳. 护理科研. 北京：北京大学医学出版社，2006.
14. 肖顺贞. 临床科研设计. 北京：北京大学医学出版社，2003.
15. Polit, DF, Beck, CT. Essentials of Nursing Research：Methods, Appraisal, and Utilization. 6th. Philadelphia：Lippincott Williams & Wilkins. 2006.

后 记

经全国高等教育自学考试指导委员会同意，由全国高等教育自学考试指导委员会医药学类专业委员会负责高等教育自学考试医药学类专业教材的组编工作。《护理学研究》（二）教材由北京大学护理学院刘宇副教授担任主编。参加编写的人员有北京大学护理学院刘宇（第一、二章），中国协和医科大学护理学院赵雁（第三章），中山大学护理学院张俊娥（第四章），北京大学护理学院陆虹（第五章）、王志稳（第六章）、侯淑肖（第七章）等多位老师。最后刘宇副教授统稿。

全国高等教育自学考试指导委员会医药学类专业委员会组织该教材的审稿会。北京大学护理学院肖顺贞教授担任主审，中国协和医科大学护理学院刘华平教授、北京大学公共卫生学院康晓平教授参加审稿并提出改进意见。

全国高等教育自学考试指导委员会医药学类专业委员会最后审定通过本教材。

全国高等教育自学考试指导委员会
医药学类专业委员会
2007 年 1 月

全国高等教育自学考试
社区护理学专业（独立本科段）

护理学研究（二）自学考试大纲

（含考核目标）

全国高等教育自学考试指导委员会　制定

课程自学考试大纲出版前言

为了适应社会主义现代化建设事业对培养人才的需要，我国在 20 世纪 80 年代初建立了高等教育自学考试制度；经过 20 多年的发展，高等教育自学考试已成为我国高等教育基本制度之一。高等教育自学考试是个人自学、社会助学和国家考试相结合的一种高等教育形式，是我国高等教育体系的一个重要组成部分。实行高等教育自学考试制度，是落实宪法规定的"鼓励自学成才"的重要措施，是提高中华民族思想道德和科学文化素质的需要，也是造就和选拔人才的一种途径。应考者通过规定的专业考试课程并经思想品德鉴定达到毕业要求的，可以获得毕业证书；国家承认学历并按照规定享有与普通高等学校毕业生同等的有关待遇。

从 20 世纪 80 年代初期开始，各省、自治区、直辖市先后成立了高等教育自学考试委员会，开展了高等教育自学考试工作，多年来为国家培养造就了大批专门人才。为科学、合理地制定高等教育自学考试标准，提高教育质量，全国高等教育自学考试指导委员会（以下简称"全国考委"）组织各方面的专家对高等教育自学考试专业设置进行了调整，统一了专业设置标准。全国考委陆续制定了 200 多个专业考试计划。在此基础上，各专业委员会按照专业考试计划的要求，从造就和选拔人才的需要出发，编写了相应专业的课程自学考试大纲，进一步规定了课程学习和考试的内容与范围，有利于社会助学，使个人自学要求明确，考试标准规范化、具体化。

全国考委按照国务院发布的《高等教育自学考试暂行条例》的规定，根据教育测量学的要求，对高等教育自学考试课程的自学考试大纲进行了探索、研究与建设。目前，为更好地贯彻党的十六大和全国考委五届二次会议精神，以"三个代表"重要思想为指导，全国考委办公室及其各个专业委员会在 2003 年开始较大幅度地对新一轮的课程自学考试大纲组织修订或重编。

全国考委医药学类专业委员会在考试大纲建设过程中结合高等教育自学考试工作的实践，参照全日制普通高等学校相关课程的教学基本要求，并力图反映学科内容的发展变化、体现自学考试的特点，组织制定了《护理学研究（二）自学考试大纲》，现经教育部批准，颁发施行。

《护理学研究（二）自学考试大纲》是该课程编写教材和自学辅导书的依据，也是个人自学，社会助学和国家考试的依据，各地教育部门、考试机构应认真贯彻执行。

全国高等教育自学考试指导委员会

二〇〇七年二月

目 录

- Ⅰ 课程性质与设置目的 …………………………………………………… (167)
- Ⅱ 课程内容与考核目标 …………………………………………………… (168)
  - 第一章 绪 论 ………………………………………………………… (168)
  - 第二章 社区护理研究的基本程序 …………………………………… (168)
  - 第三章 文献的查询与利用 …………………………………………… (169)
  - 第四章 社区护理研究中科研设计的内容与方法 …………………… (170)
  - 第五章 社区护理研究中常用的资料收集方法 ……………………… (171)
  - 第六章 社区护理研究中常用的统计学方法 ………………………… (173)
  - 第七章 社区护理研究论文的撰写 …………………………………… (174)
- Ⅲ 有关说明与实施要求 …………………………………………………… (176)
- 附录 试题类型举例 ……………………………………………………… (178)
- 后 记 ……………………………………………………………………… (180)

Ⅰ 课程性质与设置目的

《护理学研究（二）》是高等教育自学考试社区护理学专业（独立本科段）的考试课程。课程内容主要包括护理学研究的基本步骤及基本思路、常用的科研设计类型、收集资料的方法、统计学分析以及护理论文的写作知识等。

设置本课程的目的是帮助自学应考者理解和掌握护理学研究的基本步骤、基本知识和基本技能，并能将所学理论与方法逐步应用于社区护理研究实践中。同时通过本课程的学习使自考生能具备一定的科研能力及论文写作技巧，从而帮助社区护理工作者更好地开展社区护理科研活动，进而通过科研活动促进社区护理质量的提高。

Ⅱ 课程内容与考核目标

第一章 绪 论

一、学习目的和要求

通过本章内容的学习，考生应了解国内外护理研究的发展概况，深刻理解护理研究的基本概念及社区护理研究的内容与特点。同时，考生也应了解有关人体实验的伦理规范及护理研究中伦理问题的监督机制，理解护理研究中的伦理原则及如何体现在社区护理科研实践中。

二、课程内容

第一节 概述
一、护理研究的基本概念
二、护理研究的发展概况
三、社区护理研究的内容与特点

第二节 护理科研中的伦理原则
一、有关人体实验的伦理规范
二、护理研究中的伦理原则
三、护理研究中伦理问题的监督机制

三、考核知识点与要求

1. 概述
(1) 识记：护理研究的基本概念。
(2) 领会：护理研究的发展趋势；社区护理研究的内容与特点。
2. 护理科研中的伦理原则
(1) 识记：著名的两个人体实验伦理规范的名称；知情同意的概念。
(2) 领会：护理科研中应遵循的基本的伦理原则；伦理审查委员会的构成特点、职责及审查内容。

第二章 社区护理研究的基本程序

一、学习目的和要求

通过本章的学习，考生可以了解社区护理研究的基本程序及主要步骤，理解如何进行社区护理科研选题，收集、整理、分析资料时的注意事项，以及科研结果如何进行总结与应用等。

二、课程内容

第一节　研究工作的准备
一、研究课题的选择
二、建立研究假设
三、进行科研设计
四、其他准备工作
第二节　研究资料的收集
一、资料收集的基本原则
二、资料收集阶段的管理
第三节　研究资料的整理与分析
一、资料的整理
二、资料的分析
第四节　研究结果的总结与应用
一、研究结果的总结
二、研究结果的应用

三、考核知识点与要求

1. 研究工作的准备
（1）识记：假设、自变量、依变量、外变量的概念。
（2）领会：社区护理科研选题的来源与选题时的注意事项；建立研究假设的目的；进行科研设计的主要内容；选择观察项目的注意事项；进行预试验的目的。

2. 研究资料的收集
（1）识记：资料收集的基本原则。
（2）领会：资料收集阶段管理的主要内容。

3. 研究资料的整理与分析
（1）识记：资料整理的基本步骤。
（2）领会：资料整理的各步骤的基本方法。
（3）应用：根据有关资料初步设计整理表。

第三章　文献的查询与利用

一、学习目的和要求

通过本章的学习，了解文献的类型，理解有关文献及文献检索的基本概念、文献检索的基本步骤和基本方法，能运用基本的文献检索方法进行文献的检索，并且能够熟悉医学文献检索工具及数据库的基本使用方法，了解可获取护理信息的网络资源。同时能够领会如何提高阅读文献效率的方法。

二、课程内容

第一节　基本概念
一、文献的概念
二、文献的类型
三、文献检索的基本知识与基本检索方法
第二节　医学文献检索工具及数据库
一、医学文献检索工具
二、医学文献检索数据库
三、网络护理信息资源
第三节　提高阅读文献效率的方法
一、文献查阅的基本技巧
二、积累与记录文献的方法

三、考核知识点与要求

1. 基本概念
(1) 识记：信息、知识、文献、文献检索的概念；文献的外表特征与内容特征。
(2) 领会：文献的类型；文献检索工具的类型；文献检索的基本途径；文献检索的基本步骤与方法。
(3) 应用：能使用文献检索的方法如工具法、追溯法及分段法进行文献的查询。
2. 医学文献检索工具及数据库
(1) 识记：MEDLINE 数据库中的英文字段名称的中文含义。
(2) 领会：《中文科技资料目录》（医药卫生）、《中国医学文摘》（护理学）以及《国外医学》（护理学分册）的检索途径。
3. 提高阅读文献效率的方法
　　领会：文献查阅的基本技巧。

第四章　社区护理研究中科研设计的内容与方法

一、学习目的和要求

通过本章的学习，了解量性研究和质性研究的特点，理解量性研究中实验性研究、类实验性研究和非实验性研究中的主要设计类型及各自特点，掌握不同类型的抽样方法，理解社区护理研究中的偏倚类型与控制方法。

二、课程内容

第一节　量性研究和质性研究
一、量性研究

二、质性研究

第二节 实验性研究、类实验性研究和非实验性研究

一、实验性研究

二、类实验性研究

三、非实验性研究

第三节 抽样方法

一、基本概念

二、概率抽样

三、非概率抽样

第四节 社区护理研究中的偏倚与控制

一、基本概念

二、选择性偏倚

三、信息性偏倚

四、混杂性偏倚

三、考核知识点与要求

1. 量性研究和质性研究
（1）识记：量性研究、质性研究的概念。
（2）领会：量性研究中常见的科研设计类型及特点；质性研究的 3 个主要类别。

2. 实验性研究、类实验性研究和非实验性研究
（1）识记：实验性研究、类实验性研究和非实验性研究的概念；自身对照、组间对照、配对对照的概念；实验性研究、类实验性研究和非实验性研究中常用的科研设计类型。
（2）领会：实验性研究必备的 3 个基本内容；实验性研究与非实验性研究的根本区别；设对照组的目的；常用的设对照的方法；实验性研究、类实验性研究和非实验性研究的优点和局限性。

3. 抽样方法
（1）识记：总体、样本、抽样、概率抽样、非概率抽样的概念。
（2）领会：常用的概率抽样和非概率抽样的方法及其特点。
（3）应用：根据文献实例判断出研究中所选用的具体抽样方法。

4. 社区护理研究中的偏倚与控制
（1）识记：随机误差和系统误差（偏倚）的概念；偏倚的主要类型；选择性偏倚、信息性偏倚和混杂性偏倚的概念。
（2）领会：选择性偏倚、信息性偏倚、混杂性偏倚产生的主要原因及相应的控制方法。

第五章 社区护理研究中常用的资料收集方法

一、学习目的和要求

通过本章学习，考生应能理解不同类型的资料收集方法的特点及使用方法和注意事项；

理解研究工具的信度和效度的概念及其表达方式，并能掌握对研究工具的信度进行初步测定的方法。

二、课程内容

第一节　问卷调查法

一、量表

二、自设问卷

三、问卷调查法收集资料的形式

四、问卷调查法的优缺点

第二节　访谈法

一、概念

二、访谈法的类型

三、访谈法的优缺点

第三节　观察法

一、观察法的分类

二、观察者与被观察者的关系

三、观察法的优缺点

第四节　测量法与档案记录法

一、测量法

二、档案记录法

第五节　研究工具性能的测定

一、效度

二、信度

三、考核知识点与要求

1. 问卷调查法
（1）识记：量表的几种形式。
（2）领会：自设问卷的基本过程及注意事项；问卷调查法收集资料的形式及在使用中的注意事项；问卷调查法的优缺点。

2. 访谈法
（1）识记：访谈法的概念。
（2）领会：访谈法使用时的注意事项；访谈法的类型及其特点；访谈法的优缺点。

3. 观察法
（1）识记：观察者与被观察者之间的关系类型。
（2）领会：观察法的分类及其特点；有助于结构式观察法有效实施的主要措施；观察者与被观察者之间的不同关系类型的特点；观察法的优缺点。

4. 测量法与档案记录法
　　领会：测量法的特点及在护理研究中可测量的内容；社区中常见的档案记录资料的类型及对护理研究的重要性。

5. 研究工具性能的测定
（1）识记：信度和效度的概念；信度的不同特征与测量方法；效度的多种表达形式。
（2）领会：内容效度的测评方法；重测信度使用时的注意事项；信度和效度的关系。
（3）应用：根据所给数据计算研究工具的折半信度。

第六章 社区护理研究中常用的统计学方法

一、学习目的和要求

通过本章内容的学习，考生应了解统计学中的基本概念、社区护理研究中常用的统计学分析方法，会区分科研资料的类型，并根据研究目的与资料类型选择恰当的统计学分析方法，而有关具体的运算公式和运算过程则不作为本书的考核点。

二、课程内容

第一节 概述
一、统计学中的几个基本概念
二、科研资料的类型
三、常用统计分析方法的分类与选择
第二节 计量资料常用的统计学分析方法
一、计量资料的描述性统计
二、计量资料的推断性统计
第三节 计数资料常用的统计学分析方法
一、计数资料的描述性统计
二、计数资料的推断性统计
第四节 等级资料常用的统计学分析方法
一、等级资料的描述性统计
二、等级资料的推断性统计
第五节 相关分析
一、计量资料的相关分析
二、等级资料的相关分析
三、计数资料的相关分析
第六节 统计表和统计图
一、统计表
二、统计图

三、考核知识点与要求

1. 概述
（1）识记：抽样误差、概率的概念。
（2）领会：P 值的含义、假设检验的目的、统计学分析方法的选择原则。

（3）应用：区分科研资料的类型。

2. 计量资料常用的统计学分析方法
（1）识记：计量资料常用的描述性统计指标和推断性统计方法。
（2）领会：各描述性统计指标、t 检验的适用条件。
（3）应用：根据研究目的和资料类型选择恰当的统计学分析方法。

3. 计数资料常用的统计学分析方法
（1）识记：计数资料常用的描述性统计指标和推断性统计方法。
（2）领会：率、构成比和相对比的含义、应用相对数指标时的注意事项、χ^2 检验中各种方法的适用条件。
（3）应用：根据研究目的和资料类型选择恰当的统计学分析方法。

4. 等级资料常用的统计学分析方法
（1）识记：等级资料常用的描述性统计指标和推断性统计方法。
（2）领会：秩和检验的适用范围。
（3）应用：根据研究目的和资料类型选择恰当的统计学分析方法。

5. 相关分析
（1）识记：相关系数的概念、表示不同相关程度的 r 值范围。
（2）领会：相关分析结果中 r 值和 P 值的含义、Peanson 相关分析和 Spearman 相关分析的适用条件。
（3）应用：根据研究目的与资料类型，选用恰当的相关分析方法。

6. 统计表和统计图
（1）识记：统计表的种类、结构和格式要求；统计图的绘制要求。
（2）领会：绘制统计表的注意事项、各种统计图形的适用条件。
（3）应用：根据资料特点及数据表达目的选择恰当的统计图形。根据统计表的绘制要求指出统计表实例中的错误，并进行修正。

第七章　社区护理研究论文的撰写

一、学习目的和要求

通过本章学习，了解社区护理研究论文的种类；掌握各种护理研究论文的书写格式及书写时的注意事项。

二、课程内容

第一节　护理科研论文的书写方法
一、文题、作者署名和单位
二、摘要与关键词
三、论文正文
四、参考文献
五、论文实例分析

第二节　护理经验（体会）论文和个案研究论文的书写方法

一、护理经验（体会）论文

二、个案研究论文

第三节　护理综述论文的书写方法

一、综述论文的特点

二、综述论文的写作步骤

三、综述论文的书写格式和内容

四、论文实例分析

三、考核知识点与要求

1. 护理科研论文的书写方法
(1) 识记：护理科研论文的概念；科研论文的组成部分；摘要的概念；关键词的概念；论文正文的组成部分；参考文献的撰写格式。
(2) 领会：文题书写的注意事项；作者署名和单位书写的注意事项；摘要书写的注意事项；关键词书写的注意事项；前言、材料与方法、结果、讨论等部分的主要书写内容及注意事项。
(3) 应用：对不符合书写要求的论文题目进行修改；按照正确格式进行参考文献的书写。

2. 护理经验（体会）论文的书写方法
(1) 识记：护理经验（体会）论文的概念和书写格式。
(2) 领会：护理经验（体会）论文各组成部分的书写要求。

3. 个案研究论文的书写方法
(1) 识记：个案研究的概念、基本步骤和书写格式。
(2) 领会：个案研究论文各组成部分的书写要求。

4. 综述论文的书写方法
(1) 识记：护理综述论文的概念和写作步骤。
(2) 领会：综述选题的来源；综述选题的注意事项；综述中引用文献的基本原则。

Ⅲ 有关说明与实施要求

为使大纲在自学考试的个人自学、社会助学和命题考试的过程中起到其应有的作用，对有关问题作如下说明，并提出实施要求。

一、大纲的目的和作用

《护理学研究（二）》自学考试大纲是根据社区护理专业自学考试计划的要求，结合自学考试的特点而确定。其目的是对个人自学、社会助学和课程考试命题进行指导和规定。

《护理学研究（二）》自学考试大纲明确了课程学习的内容及深度广度，规定了《护理学研究（二）》考试的范围和标准。因此，它是编写自学考试教材和辅导书的依据，是社会助学组织进行自学辅导的依据，是自学者学习教材、掌握课程内容知识范围和程度的依据，也是进行自学考试命题的依据。

二、大纲与教材的关系

大纲是进行学习和考核的依据，教材是学习掌握课程知识基本内容的主要参考书，教材内容是大纲所规定的课程知识和内容的扩展与发挥。当教材内容与大纲要求有不一致时，以大纲规定为准。

三、关于自学教材

指定教材：《护理学研究（二）》，全国高等教育自学考试指导委员会组编，刘宇主编，北京大学医学出版社，2007年版。

四、关于自学方法的指导

本课程共8学分。课程内容主要包括护理学研究的基本步骤及基本思路、常用的科研设计类型、收集资料的方法、统计学分析方法以及护理论文写作知识等。在自学中除了要识记和领会基本概念、基本理论之外，还要结合实际工作情况应用所学知识尝试开展社区护理研究。自学者在学习该教材的同时可以多阅读期刊杂志中的有关研究论文，来加强考生对书本中理论知识的理解。特别是对于未在社区工作过的自学应考者，应在学习过程中主动观摩或参与社区护理工作，以便深刻理解各知识点在社区护理研究工作中的实际应用情况。

五、对社会助学的要求

在助学活动中，助学者应当依据大纲规定的考试内容和考核目标，认真学习和领会指定教材，并辅以科研实例，对应考者进行有效辅导，把握好助学方向。

助学者应当正确引导应考者处理好学习知识和提高能力之间的关系，使应考者能将知识转化为实际应用能力。

助学者应指导应考者系统全面地学习教材，掌握全部考试内容和考核知识点，在此基础上突出重点内容，切忌盲目猜题压题。

六、对考核内容和考核目标的说明

本课程要求应考者学习和掌握的知识点内容都作为考核的内容。课程中各章的内容均由若干知识点组成，在自学考试中成为考核知识点。因此，课程大纲中所规定的考试内容是分解为考核知识点给出的。由于各知识点在课程中的地位、作用依据知识自身的特点不同，自学考试将对各知识点分别按 3 个认知（或叫能力）层次确定其考核要求。

3 个能力层次从低到高用教育测量学的语言表述依次是：识记、领会、简单应用及综合应用。

识记：要求应考者能够对大纲中的知识点，如定义、公式、性质、法则等有清晰准确的认识，并能够做出正确的判断和选择。

领会：要求应考者能够对大纲中的概念、法则、性质、要求、注意事项等有一定的理解，清楚它与有关知识点的联系与区别，并能够做出正确的表述与解释。

简单应用：要求应考者能够运用本大纲中各部分的少数几个知识点，解决简单的计算或应用问题。

综合应用：要求应考者在对大纲中的概念、公式、法则、性质、要求、注意事项等熟悉和理解的基础上，分析、计算或解决比较复杂的一些问题。

七、关于考试命题的若干规定

1. 本考试为闭卷考试，考试时间为 150 分钟。试卷采用的题型包括：单项选择题、多项选择题、名词解释题、简答题、应用题等。各种题型的具体形式可参见本大纲附录。

2. 本大纲各章节所规定的基本要求、知识点及其细目都属于考核内容。考试命题既要覆盖到章，又要避免面面俱到。要注意突出课程的重点、章节的重点，加大重点内容的覆盖度。

3. 命题不应有超出大纲中考核知识点范围的题，考核目标不得高于大纲中所规定的相应的最高能力层次。命题着重考核自学者对基本概念、基本知识和基本理论是否了解或掌握，基本方法是否会使用或熟练掌握。

4. 本课程在试卷中对不同能力层次要求的分数比例大约为：识记 30%，领会 30%，简单应用 20%，综合应用 20%。

5. 试题的难度可以分为：易、较易、较难和难 4 个等级。每份试卷中不同难度试题的分数比例一般为 2：3：3：2。需要注意的是，难度与能力层次并不存在对应关系。每个能力层次对于不同的考生都存在不同的难度。

附录　试题类型举例

一、单项选择题（下列 4 个备选答案中只有一个是正确的，请选出并将其代码写在题干后面的括号内，多选、错选均不得分）

1. 社区护理研究问题主要来自于（　　）

    A. 阅读文献

    B. 论文报告

    C. 他人工作

    D. 社区护理实践

2. 重测信度常用来反映研究工具信度的特征是（　　）

    A. 稳定性

    B. 等同性

    C. 敏感性

    D. 内在一致性

二、多项选择题（下列 5 个备选答案中至少有两个是正确的，请将正确选项前的代码写在题干后面的括号内，多选、少选、错选均不得分）

1. 设对照组的目的是（　　）

    A. 使每个受试对象有同等机会被抽取进入试验组

    B. 便于进行护理干预

    C. 使研究结果具有可比性

    D. 排出与研究无关的干扰因素的影响

    E. 保证足够的样本数

2. 下列有关问卷设计中的注意问题的描述正确的是（　　）

    A. 开放式问题排在问卷的开头部分

    B. 隐私性问题排在问卷的最后

    C. 问卷不宜过长，填写时间不宜超过 30 分钟

    D. 问卷开头应有指导语

    E. 开放式问题应留出足够的空间以便填写

三、名词解释

1. 护理研究

2. 摘要

四、简答题

1. 问卷法收集资料的优点有哪些?

2. 简述研究工具的信度和效度之间的关系。

五、应用题

请按照参考文献书写格式完成下列文献的正确书写:

(1) 查阅中华护理杂志 2002 年,第 37 卷,第 10 期,第 774～775 页,由程金莲、杨志明、王瑞英、李清、张晋昕发表的文章,题为"对高血压患者服药依从性的调查"。

(2) 查阅邹恂主编,由北京大学医学出版社 2004 年出版的"现代护理新概念与相关理论(第 3 版)"一书 75～90 页。

后 记

《护理学研究（二）自学考试大纲》是根据全国高等教育自学考试社区护理学专业（独立本科段）考试计划的要求，由医药学类专业委员会组织编写。2007年1月全国考委医药学类专业委员会对本大纲组织审稿。

参加《护理学研究（二）自学考试大纲》编写的有：北京大学护理学院刘宇、陆虹副教授；王志稳、侯淑肖讲师，中国协和医科大学护理学院赵雁、中山大学护理学院张俊娥讲师等。

北京大学护理学院肖顺贞教授担任主审，中国协和医科大学护理学院刘华平教授、北京大学公共卫生学院康晓平教授参加审稿并提出改进意见。

大纲编审人员付出了辛勤劳动，特此表示感谢。

全国高等教育自学考试指导委员会
医药学类专业委员会
2007 年 3 月